零距离上岗 高职高专
财经基础课系列规划教材

经济法基础

（第2版）

姜 琳 主 编
刘艳平 韩 宇 孔令秋 副主编

電子工業出版社
Publishing House of Electronics Industry
北京 · BEIJING

图书在版编目（CIP）数据

经济法基础 / 姜琳主编. —2 版. —北京：电子工业出版社，2016.4
（零距离上岗）
高职高专财经基础课系列规划教材
ISBN 978-7-121-28425-0

Ⅰ. ①经… Ⅱ. ①姜… Ⅲ. ①经济法－中国－高等职业教育－教材 Ⅳ. ①D922.29

中国版本图书馆 CIP 数据核字(2016)第 057132 号

策划编辑：晋　晶
责任编辑：杨洪军
印　　刷：北京京海印刷厂
装　　订：北京京海印刷厂
出版发行：电子工业出版社
北京市海淀区万寿路 173 信箱　　邮编 100036
开　　本：787×980　1/16　印张：16.25　字数：374 千字
版　　次：2010 年 6 月第 1 版
2016 年 4 月第 2 版
印　　次：2016 年 4 月第 1 次印刷
定　　价：38.00 元

凡所购买电子工业出版社图书有缺损问题，请向购买书店调换。若书店售缺，请与本社发行部联系，联系及邮购电话：（010）88254888。
质量投诉请发邮件至 zlts@phei.com.cn，盗版侵权举报请发邮件至 dbqq@phei.com.cn。
服务热线：（010）88258888。

前　言

本书是根据教育部高职高专经济管理专业人才培养方案，结合职业教育教学的实际需要，吸收近年来国内外经济法领域的发展成果和其他同类教材的先进经验编撰而成的。

本次修订后，全书体系更加合理，共11章，系统介绍了经济法的基础知识、经济纠纷的解决途径、企业法律制度、公司法、合同法、市场规制法律制度、工业产权法、金融法、税法、会计法与审计法、劳动合同法与社会保险法。每章的内容都按照学习目标、引导案例、基本内容、练习题的模式进行编排，中间穿插了“案例聚焦”、“相关链接”、“法律提示”等栏目，便于学生理解、掌握和应用所学知识。本书力求达到理论与实践技能相结合，教与学互动，强化学生对经济法知识的掌握与运用。本书可以作为经济管理及其他相关专业经济法课程的教材，也可供成人院校、民办独立院校及相关人士阅读参考。

本书由哈尔滨金融学院的姜琳担任主编并负责全书的统稿工作。哈尔滨金融学院的刘艳平、黑龙江司法警官职业学院的韩宇和哈尔滨学院的孔令秋担任副主编。具体分工如下：庞洋（哈尔滨职业技术学院）编写第1章；姜琳编写第2、3、7章；韩宇编写第4、5章；刘艳平编写第6、8章；王涵（东北农业大学文法学院）编写第9章；刘巍巍（哈尔滨金融学院）编写第10、11章；孔令秋负责全书的筹划，以及课后习题的整理与课件制作。

本书在编写过程中参阅和借鉴了大量的相关书籍、报纸、学术论文和网站资料，在此对原作者表示衷心的感谢。由于经济法本身是一门不断发展的学科，加之作者水平有限，书中的缺点和错误在所难免，恳请专家、读者不吝赐教。

编　者

目　录

第1章 经济法概述

学习目标

通过本章的学习，要求：理解经济法的内涵；掌握经济法的概念及特点；了解经济法的形式和体系，能够判断某一部法律是否归属经济法体系；掌握经济法律关系要素的概念及内容；了解经济法律关系的发生、变更和消灭；掌握经济法律责任的概念、特征和承担方式。

引导案例

新中国成立以来特别是改革开放30多年来，中国的立法工作取得了举世瞩目的成就。截至2015年10月底，中国已制定现行宪法和有效法律共294部、行政法规717部、地方性法规9 909部，涵盖社会关系各个方面的法律部门已经齐全，各个法律部门中基本的、主要的法律已经制定，相应的行政法规和地方性法规比较完备，法律体系内部总体做到科学和谐统一，中国特色社会主义法律体系已经形成。中国特色社会主义法律体系是以宪法为统帅，以法律为主干，以行政法规、地方性法规为重要组成部分，由宪法相关法、民法商法、行政法、经济法、社会法、刑法、诉讼与非诉讼程序法等多个法律部门组成的有机统一整体。

思考题：

（1）有中国特色社会主义法律体系是如何划分的？

（2）经济法为什么能成为独立的部门法？

1.1 经济法的含义

1.1.1 经济法的概念

经济法最早在法国空想社会主义者摩莱里的《自然法典》（1755年）中使用。1842年，德国空想共产主义者德萨米在《公有法典》一书中也使用了经济法这个概念。现代经济法的概念始于第一次世界大战期间的德国。为了战争需要，德国颁布了一系列国家干预经济的法规，有的直接以经济法命名，如《煤炭经济法》（1919年）。1979年，我国开始使用经济法这一词汇。

普通高等院校法律专业从1980年开始开设经济法课程。

经济法是一门新兴学科，对经济法的概念和范围的界定尚存争议。但我国大多数学者认同如下概念：经济法是调整因国家对经济活动的管理所产生的社会经济关系的法律规范的总称。

因此，经济法是国家干预市场、经济的法律规范，是以社会整体利益为本位的，属于公法的范围。同时，由于经济法调整的对象是经济关系，因此，经济法区别于国内法体系中的民法、行政法等而成为独立的法律。

【相关链接】经济法与民法、行政法的关系

民法主要调整平等主体间的财产关系，即横向的经济关系。

经济法主要调整国家和企业之间及企业内部等纵向经济关系或行政管理关系，不是平等主体之间的经济关系。

行政法的行政是指国家行政机关进行的执行、管理活动。经济法调整的经济管理关系和行政法调整的行政管理关系都是纵向的管理关系。经济法的经济管理关系大多是由行政机关作为管理主体形成的行政管理关系，行政法的行政管理关系中也有相当部分涉及经济领域，并具有经济性的内容，因此这部分行政管理关系也可称为经济管理关系。

本书考虑到经济管理专业学生专业知识需求的特殊性，仍将部分调整平等主体间财产关系的法律列入经济法中。

1.1.2 经济法的特征

经济法除具有国家意志性、特殊规范性和强制性等一般法律的基本特征外，还具有自己的特征。

1．综合性

经济法的综合性包括：在调整手段上，经济法运用民事、行政、刑事、诉讼及专业技术等手段有机地结合起来对经济关系进行综合调整，以维护社会经济秩序；在经济法律体系上上，经济法既包括若干部门经济法，又包括有法律、法令、条例、细则和办法等许多规范形式的经济法律规范，既有实体法规范，又有程序法规范；在调整范围上，经济法调整的内容具体包括工业、农业、商贸、财政、税收、金融、统计、审计、会计、海关、物价、环保、土地等范畴。

2．经济性

经济法的调整对象是经济关系，因此经济法的经济性体现在经济法往往把经济制度、经济活动的内容和要求直接规定为法律。

3．政策性

经济法的任务就是运用行政手段实现一定经济体制和经济政策的要求，这主要表现在经济法可根据国家意志的需要赋予政策以法的效力，并根据政策的变化而变化，在经济法的执法和司法力度方面，也无不受政策的影响。

1.1.3　经济法的形式

经济法的形式，有的教材也称为经济法的渊源，是指经济法的存在或表现形式。我国是成文法国家，但是由于起步较晚，还未形成经济法典这一法律形式。现阶段，我国经济法的形式包括以下几个方面。

1．宪法

作为根本法的宪法具有最高法律效力，也是制定其他法律的依据。经济法以宪法为渊源，主要是从中吸收有关经济制度的精神，如国家实行社会主义市场经济；国家加强经济立法，完善宏观调控等。

2．法律

法律是由全国人民代表大会及其常委会制定的规范性文件，在地位和效力上仅次于宪法。以法律形式表现的经济法构成其主体和核心部分，如《中华人民共和国物权法》、《中华人民共和国合伙企业法》、《中华人民共和国税收征收管理法》、《中华人民共和国会计法》等。

3．行政法规

行政法规是指由国务院制定的规范性文件，其地位和效力次于宪法和法律。大多经济法以该种形式存在。如《中华人民共和国公司登记管理条例》、《中华人民共和国企业法人登记管理条例》、《中华人民共和国劳动合同法实施条例》等。

4．地方性法规

地方性法规是地方人民代表大会制定的规范性文件，其不得与宪法、法律和行政法规相抵触。

5．部门规章

部门规章是指国务院的组成部门及其直属机构在其职权范围内制定的规范性文件，如中国人民银行颁发的《人民币银行结算账户管理办法》、《支付结算办法》等。

6．司法解释

司法解释是最高人民法院在总结审判经验的基础上发布的指导性文件和法律解释，这也是经济法的重要形式之一。如最高人民法院颁发的《关于审理不正当竞争民事案件应用法律若干问题的解释》、《〈中华人民共和国担保法〉若干问题的解释》等。

7．国际条约或协定

国际条约或协定是指我国作为国际法主体同外国或地区缔结的双边、多边协议和其他具有条约、协定性质的文件。上述文件生效以后，对缔约国的国家机关、团体和公民具有法律上的约束力，因而，国际条约或协定便成为经济法的重要形式之一，如我国加入世界贸易组织与相关国家签订的协议、我国与有关发达国家签订的双边投资保护协定等。

1.1.4 经济法体系

1. 经济组织法

经济组织法即经济组织的法律制度，主要是企业法律制度，包括公司法、合伙企业法、独资企业法及涉外企业法。

2. 经济管理法

经济管理法指国家在组织管理和协调经济活动中形成的法律制度，其构成经济法的核心内容，主要包括市场和特定行业管理、财税税收、金融证券、会计和审计、土地和资源的开发与利用、计划和产业政策等法律制度。

3. 经济活动法

经济活动法是指调整经济主体在经济流通和交换过程中发生的权利义务关系而产生的法律制度，主要包括体现国家意志参与或国家直接参与的合同法律规范、反不正当竞争法律规范和保护消费者法律规范。

1.2 经济法律关系

1.2.1 经济法律关系的概念

法律关系是指法律规范在调整人们行为过程中形成的权利义务关系。由于调整对象的不同，会形成不同的法律关系。如调整平等主体之间的财产与人身关系的是民事法律关系，调整刑事犯罪与惩罚关系的是刑事法律关系。任何法律关系都具有三个基本构成要素，即主体、内容和客体。这三个要素缺一不可，其中任何一个发生变更，都可能引起法律关系的变更。

经济法律关系是指由经济法律规范规定和调整而形成的权利义务关系。经济法律关系包括主体、客体和内容三个要素。

1.2.2 经济法律关系的主体

1. 经济法律关系主体的概念

经济法律关系的主体是指在经济法律关系中享有权利、承担相应义务的组织或个人。这里的组织包括立法机关、执法机关、企业或非营利组织；个人可以是本国公民，也可以是外国人。享有一定权利的叫作权利主体，承担一定义务的则称为义务主体。

2．经济法律关系主体资格的取得

经济法律关系主体资格是指当事人参与经济法律关系，享有一定权利和承担一定义务的资格或能力。

经济法律关系主体资格的取得，一般采用法律规定一定条件或规定一定程序成立的方式予以确认，包括依照宪法和法律由国家各级权力机关批准成立；依照法律和法规由国家各级行政机关批准成立；依照法律、法规或章程由经济组织自身批准成立；依照法律、法规由主体自己向国家有关机关申请并经核准登记成立；由法律、法规直接赋予一定身份而成立等各种情形。

未取得经济法律关系主体资格的组织或个人，不能参与经济法律关系，也不能享有相应的权利和承担相应的义务，不受法律保护。

【相关链接】内部机构是否可以成为经济法律关系的主体

不是所有的内部机构都可以成为经济法律关系的主体。根据有关规定，经济组织的内部机构虽然不具有独立法人资格，但是在一定条件下也是经济法律关系的主体。法律规定中的“内部机构”前面加上了一个“经济组织”的限定，因此事业单位的内部机构不能成为经济法律关系的主体，只有经济组织的内部机构在一定条件下才可以成为经济法律关系的主体。如担负企业一定生产经营职能的分支机构、职能科室和基层业务活动的组织等，可以作为经济法律关系主体，依法与企业订立承包或租赁等责任制合同；另外类似分公司、分店等，虽然不具有独立法人资格，但是也可以依法作为经济法律关系的主体。

3．经济法律关系主体的内容

（1）经济管理主体。经济管理主体，即行使经济管理职权的各级国家机关。从横向上看，作为经济管理主体的国家机关包括行政机关和权力机关；从纵向上看，经济管理主体应包括中央和地方机关；从地方机关的级别上看，经济管理主体应包括所有级别的地方机关。

（2）经济活动主体。

1）企业。企业是指依法设立的以营利为目的，从事生产经营活动的具有独立或相对独立法律人格的组织，包括各类法人企业及其他非法人企业。

2）事业单位。事业单位是指国家为了社会公益目的，由国家机关举办或其他组织利用国有资产举办的，从事教育、科技、文化、卫生等活动的社会服务组织。事业单位一般要接受国家行政机关的领导，要有其组织或机构的表现形式，要成为法人实体。它们往往以法人资格参与经济法律关系。

3）社会团体。社会团体是指中国公民自愿组成，为实现会员共同意愿，按照其章程开展活动的非营利性社会组织。它们也以法人资格参与经济法律关系。

4）农村承包经营户、个体工商户。农村承包经营户是指农村集体经济组织的成员，在法律允许的范围内，按照承包合同规定从事商品经营的形式。个体工商户是指公民个人不雇用或少量雇用他人，以营利为目的，从事生产经营的个体经济。他们以“户”的名义参与经济法律关系，其一般承担连带无限责任。

5）公民个人。国家机关和国家作为整体，除作为经济管理主体之外，在一定条件下也是经济活动主体，如国家对外签订政府贷款和担保合同、对内对外发行政府债券、政府部门出让土地使用权等。

1.2.3 经济法律关系的客体

1. 经济法律关系客体的概念

经济法律关系的客体是指经济法律关系主体享有权利和承担义务所共同指向的对象。经济法律关系客体是权利义务依附的目标和载体，是确定权利行使与否和义务履行与否的客观标准，也是确立权利义务关系性质和具体内容的依据。

【案例聚焦】

2012 年 12 月 1 日，陈曦在重庆远东百货有限公司（简称远东百货公司）购买了生产日期为 2012 年 9 月 26 日的汇某堂枇杷蜂蜜、生产日期为 2012 年 10 月 11 日的汇某堂洋槐蜂蜜和生产日期为 2012 年 7 月 9 日的伟多利枣花蜂蜜、生产日期为 2012 年 7 月 10 日的伟多利枸杞蜂蜜、生产日期为 2012 年 7 月 20 日的伟多利洋槐蜂蜜共计 21 瓶，价款共计 873.3 元。该批产品外包装标签上标注了质量等级为一级品，食品安全标准符合 GB 14963 要求，但卫生部发布的《食品安全国家标准蜂蜜》（GB 14963—2011）中无一级品等级，该标准于 2011 年 10 月 20 日实施。陈曦向重庆市江北区人民法院起诉，请求退货，远东百货公司退还全部货款，增加赔偿一倍货款。

在这里双方争议的焦点为洋槐蜂蜜的品质，为争议双方权利义务所共同指向的对象，是经济法律关系的客体。

2. 经济法律关系客体的分类

（1）物。物是指可以被人们控制和支配，有一定经济价值并以物质形态表现出来的物体。在经济法律关系当中，物主要指有体物。那些不能被人们控制或支配，或即使可被人们控制和支配，但无一定经济价值的物，都不能作为经济法律关系的客体。

（2）行为。行为是指经济法律关系主体以意思表示为要素，设立、变更、终止权利义务的合法行为。其包括经济管理行为、完成一定工作的行为和提供一定劳务的行为。

（3）智力成果。智力成果是指人们通过智力劳动创造的精神财富或精神产品。认定智力成果应遵循以下标准：要有一定的载体；要有现实的或可以实现的经济价值；要有专门的经济法律和法规所认可。

依靠智力成果产生的权利叫作知识产权，是由智力劳动者对其成果依法享有的一种权利，如专利权、专有技术、著作权等。随着社会进步和科学技术的发展，智力成果在社会财富中日益重要，其成为经济法律关系的客体也就是一种必然。

（4）权利。在现实经济生活中，权利也可能成为经济法律关系的客体。权利本是经济法律关系的内容，但是，当某种权利成为另一种权利的对象时，该权利就成为经济法律关系客体的组成部分。如财产所有权的客体为财产，当财产所有权在财产转让法律关系中成为这一法律关系指向的对象时，财产所有权就构成该法律关系的客体。

1.2.4　经济法律关系的内容

1. 经济法律关系内容的概念

经济法律关系的内容是指经济法律关系主体享有的权利和承担的义务。这是经济法律关系的核心，直接体现了经济法律关系主体的利益和要求，因而，没有权利和义务的经济法律关系是不存在的。因此，经济法律关系的内容应包括经济权利和经济义务。

2. 经济权利

经济权利是指经济法律关系的双方主体依法享有的权利，即公民或组织（包括经济组织和政府组织）依据经济法所具有的自己为或不为和要求他人为或不为的资格。经济权利可分为经济管理者享有的经济权利和经济竞争者享有的经济权利。其包括经济管理权、经济调控权、所有权、经营管理权、法人财产权、经济职权、经济债权和工业产权等。

（1）经济管理者享有的经济权利。经济管理者享有的经济权利实质是一种经济管理职权，是存在于相对独立的经济性领域内的国家权力。经济管理机关的权限必须由组织法加以界定，经济管理机关必须在其权限范围内正确行事，否则就应当承担相应的法律后果。

（2）经济竞争者（被管理者）享有的经济权利。经济竞争者享有的经济权利是指经济组织或公民为实现经济目的，满足自身经济利益，依据经济法律、法规或约定所享有的自己为或不为和要求他人为或不为一定行为的可能性。

3. 经济义务

经济义务是指经济法律关系主体在国家协调经济运行过程中，为了满足权利主体的要求，依法必须为或不为一定行为的责任。这是以相对权利而存在的，是法律对经济法律关系主体行为的限制和约束。

经济义务具有以下特征。

（1）经济义务法定或约定。经济义务可分为法定义务和约定义务，即法律、法规规定的义务和合同、协议约定的义务。由于义务是为法律关系主体设定的具有法律后果的约束，因而义务的设定必须严格限制，不能做扩大性解释，这对于保障经营者自由经营的权利尤其具有重大的意义。

（2）经济义务必须履行。只有遵守经济义务才能保证经济权利，因而享有经济权利必然要承担经济义务，必须履行。

1.2.5 经济法律关系的发生、变更和消灭

经济法律规范本身并不能必然在经济法律关系主体之间形成权利和义务关系，只有在一定的经济法律事实出现后，才能使经济法律关系以经济法律规范为依据而发生、变更和消灭。因此，经济法律关系的发生、变更和消灭需要具备三个条件：一是经济法律规范，这是经济法律关系产生的基本依据；二是经济法律关系主体，即权利与义务的实际承担者；三是经济法律事实，是指能引起经济法律关系发生、变更和消灭的客观现象。

法律事实是一种客观存在的社会生活中出现的事实，不是当事人主观的内心意思，根据法律事实的发生是否具有直接的人的意志性而将法律事实分为事件与法律行为。

事件是指不以经济法律关系主体的主观意志为转移而产生的法律事实，包括自然现象和社会现象。自然现象如自然灾害，社会现象如战争、会计政策变更等。法律行为是指以经济法律关系主体意志为转移的，为达到一定经济目的而进行的有意识的活动。

法律事实能否引起一定的法律后果或者引起何种特定的法律后果，最终都取决于法律的规定。只有为法律规范支配的事实，才是法律事实。有的法律关系的发生、变更和消灭，只需一个法律事实出现即可成立。有的法律关系的发生、变更和消灭则需要两个或者两个以上的法律事实同时具备。引起某一法律关系发生、变更和消灭的数个法律事实的总和，称为事实构成。

法律事实出现时产生的法律后果包括：一是引起经济法律关系的产生，只有通过法律事实，才能使经济法律所规定的权利和义务转化为当事人实际享有的权利和承担的义务；二是引起经济法律关系的变更，通常包括主体变更、内容变更、客体变更；三是引起经济法律关系的消灭，使主体之间的权利义务不再存在。

1.3 经济法律责任

1.3.1 经济法律责任的概念

法律责任是指因违反了法定义务或约定义务而由行为人承担的不利后果。在国家干预和调控经济的过程中，经济法律关系主体如果因为故意或者过失而违反经济法律、法规，给其他组织或个人造成损失的，也应当承担不利的后果。所以，经济法律责任是指在国家干预和调控社会经济过程中，因主体违反经济法律、法规而依法应承担的具有强制性的不利的法律后果。

1.3.2　经济法律责任的特征

1．经济性

经济性是经济法的重要特征，也是经济法律责任的重要特征。由于经济法律责任发生在国家对经济管理和经济协调活动的过程中，主要表现为经济法律关系主体违反经济法定义务，因此要承担相应的责任。虽然经济法律责任的实现方式包括经济制裁、行政制裁和刑事制裁，即制裁方式并非都具有经济性，但经济制裁是一种重要的责任方式。

2．否定性

经济法律责任是由于违反经济法律规范所规定的法定义务和当事人之间的约定义务，给对方造成了一定的直接的或间接的损失，并给整个经济秩序的有序运行造成了一定的影响，因此法律会对这种行为给予否定性评价，对违反法定或约定义务的一方给予相应的惩罚。

3．强制性

法律的强制性是法律与其他社会规范的重要区别。法律的强制性主要体现在法律责任的承担上。经济法律责任同样也是一种法定的强制性义务，责任的具体形式由经济法律规范予以明文规定，并由国家强制力保证实施。

4．单向性

根据法律的基本原理，权利和义务是对等的，没有无权利的义务，也没有无义务的权利；不能要求一方只享有权利而不承担义务，也不能要求另一方只承担义务而不享有权利。经济法律关系中，权利和义务同样具有对等性，但经济法律责任作为一种否定性的义务只能由违反经济法律、法规所规定的法定义务或约定义务的一方承担，具有单向性的特征。但事实上，经济法律责任的单向性与权利义务对等理论并不矛盾，因为经济法律责任是经济法律关系主体一方因没有履行法定义务或约定义务而应承担的第二义务或后续性义务。

1.3.3　经济法律责任的构成

经济法律责任的构成是认定经济法律责任时所必须考虑的因素。由于经济法律责任会给责任主体带来法定的不利后果，因此必须科学、合理地确定法律责任的构成，保证当事人双方的合法权益，以维持社会秩序、促进社会经济的发展。一般认为，经济法律责任的构成包括责任主体、违法行为或违约行为、损害结果、因果关系、主观过错五个方面。

1．责任主体

经济法律责任的实现首先要有承担者。经济法律活动中，经济法律责任主体是由于违反法律、违约或其他法律规定的事由而承担法律责任的自然人、法人或其他社会组织，而且经济法律责任主体必须具有一定的权利能力和行为能力。由于经济法律责任产生于国家对经济进行宏观调控和管理的过程中，所以国家也是经济法律责任的主体。例如，当国家机关以国家名义不正确地行使权力，实施错误吊销营业执照或超额罚款行为而给当事人造成损失时，国家就会成为经济法律责任主体，并承担国家赔偿责任。

2．违法行为或违约行为

经济法律责任的核心构成要素是违法行为或违约行为的存在。违法行为或违约行为包括作为和不作为两类。作为是指行为主体以积极的行动，实施了法律所禁止或合同所不允许的行为；不作为是指行为主体以消极的行动，不履行法律所规定的或合同所约定的义务。例如，行为人违反产品质量法或知识产权法的有关规定，生产伪劣产品或销售侵权产品的行为，以及国家机关擅自审批、擅自减免税款的行为就是以积极的行动实施了法律所禁止或合同所不允许的行为，即以作为的方式触犯了相应的法律规定，因而产生了相应的法律责任；而纳税主体不履行纳税义务，偷税漏税，或者国家机关工作人员玩忽职守、不履行法定义务的行为就是不作为，同样要承担法律责任。

3．损害结果

损害结果是法律所保护的合法权益遭受了侵害的证明，所以经济法律责任承担主体的行为必须给国家、社会或个人造成了损害结果。损害结果是指违法行为或违约行为侵犯他人或社会的权利和利益所造成的损失和伤害。损害结果既包括实际损害，也包括间接损害；既包括有形的损害，也包括无形的损害；既包括对国家和社会的损害，也包括对个人的损害。

4．因果关系

因果关系是违法行为或违约行为与损害结果之间的必然联系。经济法律责任的承担要求行为与损害事实之间必须具有内在的、必然的引起和被引起的关系。因果关系是归责的基础和前提，是认定经济法律责任的基本依据。因果关系对于认定经济法律行为责任主体和决定经济法律责任范围都具有重要意义。因果关系必须是客观存在的，不能以人的意志为转移。经济法律活动中，因果关系极为复杂，一个结果可能由多个原因造成，即一果多因；一个原因也可能导致多个结果，即一因多果。无论是哪种情况，在认定事实的时候，都必须分析哪些原因是与法律责任认定有关的因素，并排除一些偶然的因素，正确认定因果关系。一般情况下，如果违法行为仅仅是损害事实产生的外部的、偶然的条件，则不应要求经济法主体承担经济法律责任。

5．主观过错

经济法律责任的承担不仅要具备客观方面的条件，还必须具备主观方面的条件。主观方面就是指行为人在实施某种行为时是否有主观过错。主观过错是指行为人实施违法行为或违约行为时的主观心理状态。它是法律责任构成的要件之一。不同的主观心理状态对认定经济法律关系主体是否承担经济法律责任及承担何种经济法律责任有着直接的联系。主观过错包括故意和过失两类。故意是指明知自己的行为会发生危害社会的结果，希望或者放任这种结果发生的心理状态；过失是指应当预见自己的行为可能发生危害社会的结果，因为疏忽大意而没有预见，或者已经预见而轻信能够避免，以致发生这种结果的心理状态。当然，也有个别的经济违法行为实行无过错责任原则，但这是特殊原则，适用范围较小，并且法律对哪些行为适用无过错责任原则具有明确的规定。

1.3.4 经济法律责任的承担方式

根据法律的规定，经济法律关系主体对其违法行为必须承担经济法律责任。由于经济法律是由国家制定的具有强制性的规范性文件，所以经济法律责任只能由国家通过对违法主体实施一定的强制性措施和强制要求其承担一定的不利后果而实现。概括起来，经济法律责任的承担方式主要有民事责任、行政责任和刑事责任三种。

1. 民事责任

民事责任，是指由于民事违法、违约行为或根据法律规定所应承担的不利民事法律后果。

民事责任具有以下主要特征：

（1）强制性。民事责任的强制性是其区别于道德责任和其他社会责任的基本标志。在民事主体违反合同或者不履行其他义务，或者由于过错侵害国家、集体的财产，侵害他人财产、人身时，法律规定应当承担民事责任。当民事主体不主动承担民事责任时，通过国家有关权力机构强制其承担责任，履行民事义务。

（2）财产性。民事责任以财产责任为主、非财产责任为辅。一方不履行民事义务的行为，给他方造成财产和精神上的损失，通常通过财产性赔偿的方式予以恢复。

（3）补偿性。民事责任以弥补民事主体所受的损失为限。就违约责任而言，旨在使当事人的利益达到合同获得适当履行的状态；侵权责任，旨在使当事人的利益恢复到受损害以前的状态。

民事责任的承担方式，又称为民事责任的形式，是指民事主体承担民事责任的具体措施。承担民事责任的方式主要有：

（1）停止侵害。这种责任形式适用于侵权行为正在进行或仍在延续中，受害人可依法要求侵害人立即停止其侵害行为。

（2）排除妨碍。不法行为人实施的侵害行为使受害人无法行使或不能正常行使自己的财产权利、人身权利的，受害人有权请求排除妨碍。

（3）消除危险。行为人的行为对他人人身和财产安全造成威胁，或者存在着侵害他人人身或财产的可能，他人有权要求行为人采取有效措施消除危险。

（4）返还财产。不法行为人非法占有财产，权利人有权要求其返还。

（5）恢复原状。恢复权利被侵害前的原有状态。

（6）修理、重作、更换。将被损害的财产通过修理、重新制作或者更换损坏的部分，使财产恢复到原有正常状态。

（7）赔偿损失。行为人因违反合同或者侵权行为而给他人造成损害，应以其财产赔偿受害人所受的损失。

【案例聚焦】

2015 年 3 月 15 日，王某去某大型超市购物，由于超市在举办促销活动，购物者多，王某在乘坐自动扶梯时被挤倒在地，后经医院诊治为胸部、颈部骨折。王某将超市诉至法院要求索赔。法院判决超市赔偿王某住院伙食补助费 1 000 元、营养费 1 800 元、交通费 239 元、精神损害抚慰金 5 000 元。

（8）支付违约金。行为人因违反合同规定的义务，而应按照合同的约定，向权利人支付一定数额的货币作为违约的惩罚的责任形式。

（9）消除影响、恢复名誉。行为人因其侵害了公民或者法人的人格、名誉而应承担的，在影响所及的范围内消除不良后果、将受害人的名誉恢复到未受侵害时的状态的责任形式。

（10）赔礼道歉。违法行为人向受害人公开认错、表示歉意的责任形式，既可由加害人向受害人口头表示，也可以由加害人以写道歉书的形式进行。

2. 行政责任

行政责任是指经济法主体违反经济法律法规依法应承担的行政法律后果。

行政责任的特征包括：行政责任是行政法律关系主体违反行政法律义务，而不是其他法律义务的后果；这种违反义务的行为没有超出行政法律规定的限度，因此适用行政法上的制裁措施；行政法律责任对于责任的承受者，是一种否定性的评价；行政法律责任只能由有关的国家机关依照行政法规定的条件和程序予以追究。

行政责任包括行政处罚和行政处分。

（1）行政处罚。这是指行政主体对行政相对人违反行政法律规范尚未构成犯罪的行为所给予的法律制裁。行政处罚分为人身自由罚（行政拘留）、行为罚（责令停产停业、吊销暂扣许可证和执照）、财产罚（罚款、没收财物）和声誉罚（警告）等多种形式。根据《行政处罚法》的规定，行政处罚的具体种类有：

1）警告。这是行政主体对违法者实施的一种书面形式的谴责和告诫。

2）罚款。这是指行政主体强制违法相对方承担金钱给付义务的处罚形式。

3）没收违法所得、没收非法财物。这是由行政主体实施的将行政违法行为人的违法收入、物品或者其他非法占有的财物收归国家所有的处罚方式。

4）责令停产停业。这是限制违法相对方从事生产、经营活动的处罚形式。一般常附有限期整顿的要求，如果受罚人在限期内纠正了违法行为，则可恢复生产、营业。

5）暂扣或者吊销许可证、暂扣或者吊销执照。这是禁止违法相对方从事某种特许权利或资格的处罚，行政主体依法收回或暂扣违法者已获得的从事某种活动的权利或资格的证书。吊销许可证、执照是对违法者从事某种活动或者其享有的某种资格的彻底取消；而暂扣许可证和执照，则是中止行为人从事某项活动的资格，待行为人改正以后或经过一定期限后，再发还。

6）行政拘留。这是对违反治安管理的人，依法在短期内限制其人身自由的处罚。

7）法律、行政法规规定的其他行政处罚。

（2）行政处分。这是指对违反法律规定的国家机关工作人员或被授权、委托的执法人员所实施的内部制裁措施。

根据《公务员法》，对违法违纪应当承担纪律责任的公务员给予的行政处分种类有警告、记过、记大过、降级、撤职、开除六类。

3. 刑事责任

刑事责任是指触犯刑法的犯罪人所应承受的由国家审判机关（法院）给予的制裁后果，即刑罚。刑罚是法律责任中最严厉的责任形式。

刑事责任具有以下特征：

（1）强制性。刑事责任是一种由犯罪行为所引起的国家强制犯罪人承担的法律责任。

（2）严厉性。刑事责任是性质最为严重、否定性评价最为强烈、制裁后果最为严厉的法律责任。

（3）专属性。刑事责任只能由犯罪的个人或单位承担，具有专属性，不可转嫁，不能替代。这与“刑罚止于一人”的思想和原则是一致的。

（4）准据性。刑事责任是犯罪事实的综合反映，也是刑法规范的现实化，刑事责任为确定刑罚提供根据和标准。

刑事责任包括主刑和附加刑两类。

（1）主刑，这是对犯罪分子适用的主要刑罚方法。包括：

1）管制。这是对犯罪分子不实行关押，但是限制其一定的自由，交由公安机关管束和监督的刑罚。期限为 3 个月以上 2 年以下。

2）拘役。这是剥夺犯罪分子短期的人身自由的刑罚，由公安机关就近执行。期限为 1 个月以上 6 个月以下。

3）有期徒刑。这是剥夺犯罪分子一定期限的人身自由，实行劳动改造的刑罚。期限为 6 个月以上 15 年以下。

4）无期徒刑。这是剥夺犯罪分子终身自由，实行劳动改造的刑罚。

5）死刑。这是剥夺犯罪分子生命的刑罚。

【案例聚焦】

上海市第一中级人民法院2013年2月25日做出一审宣判，认定两名淘宝店主境外代购大量商品偷逃税款，犯有走私普通货物罪，两人均被判处有期徒刑一年，缓刑一年六个月。其中一人被处罚金10万元人民币，另一人被处罚金8.1万元，扣押在案的走私物品予以没收。

（2）附加刑。这是补充、辅助主刑适用的刑罚方法。附加刑可以附加于主刑之后作为主刑的补充，同主刑一起适用；也可以独立适用。包括：

1）罚金。这是强制犯罪分子或者犯罪的单位向国家缴纳一定数额金钱的刑罚。

2）剥夺政治权利。这是剥夺犯罪分子参加国家管理和政治活动权利的刑罚。剥夺的具体政治权利是指选举权和被选举权；言论、出版、集会、结社、游行、示威自由的权利；担任国家机关职务的权利；担任国有公司、企业、事业单位和人民团体领导职务的权利。

3）没收财产。这是指没收犯罪分子个人所有财产的一部分或者全部，强制无偿地收归国有的刑罚。

【相关提示】

罚金是由人民法院强制被判了刑的人在一定的期限内缴纳一定数量的金钱，它和判处有期徒刑、无期徒刑、死刑，或者剥夺政治权利、没收财产一样，是一种刑罚，前提必须是被判处罚金的人构成了犯罪。

罚款分为两种：一种是由人民法院依据民法或诉讼法做出的，罚款的对象是有妨碍民事诉讼行为的人；另一种是由行政机关依照行政法规做出的，罚款的对象是违反治安管理或者违反工商、税收等这样一些行政法规的人。

练　习　题

一、单项选择题

1．下列各项中，属于行政法规的是（　　）。

A．财政部制定的《会计从业资格管理办法》

B．国务院制定的《中华人民共和国外汇管理条例》

C．全国人民代表大会常务委员会制定的《中华人民共和国矿产资源法》

D．河南省人民代表大会常务委员会制定的《河南省消费者权益保护条例》

2．下列选项中，最早提出“经济法”概念的是（　　）。

A．摩莱里　　B．德萨米　　C．蒲鲁东　　D．恩格斯

3．甲、乙双方签订一份修理一台精密设备的合同，由此形成的法律关系客体是（　　）。

A．乙方修理的该设备　　B．甲、乙双方

C．乙方承接修理设备的劳务行为　　D．甲、乙双方承担的权利和义务

4．下列各项客观事实中，属于法律行为的有（　　）。

A．某服装厂与供货商订立了一份合同　　B．某沙漠三天没下雨

C．战争爆发　　D．海底火山爆发

5．下列各项中，不属于行政责任范围的是（　　）。

A．开除　　B．罚金　　C．责令停产　　D．吊销执照

二、多项选择题

1．下列各项中，属于民事责任形式的有（　　）。

A．返还财产　　B．支付违约金　　C．责令停产停业　　D．罚金

2．下列各项中，能够引起法律关系消灭的法律事件有（　　）。

A．合同双方认真履行了合同　　B．企业乙侵犯了丙的专利权

C．发生了地震　　D．突然爆发了战争

3．下列各项中，（　　）属于行政责任的形式。

A．赔偿损失　　B．拘留

C．责令停产、停业　　D．没收违法所得

4．下列各项中，能够引起法律关系发生、变更和消灭的事实有（　　）。

A．自然灾害　　B．公民死亡　　C．签订合同　　D．提起诉讼

5．下列各项中，可以成为经济法主体的是（　　）。

A．某市国家税务机关　　B．承包经营企业

C．某社会团体　　D．公司设立的分公司

三、案例分析题

2015年3月15日，赵某在A家电商场购买了一台价格为6 000元知名品牌的冰箱，商场负责送货上门。冰箱运到后，赵某在家试机，发现冰箱不制冷，冷冻室有流水现象。经查，该冰箱为质量问题而被其他客户退回来的次品，但家电商场经理却故意隐瞒了实情。赵某提出退还要求，但被拒绝。赵某遂向人民法院提起诉讼。

问题：在本案中，经济法律关系主体、客体和内容分别是什么？

第 2 章

经济纠纷的解决途径

学习目标

通过本章的学习，要求：了解经济纠纷的概念和内容；掌握仲裁和诉讼的概念、仲裁协议、诉讼管辖规定；理解经济仲裁和诉讼的基本原则；了解经济仲裁和诉讼的程序。

引导案例

2013 年 6 月 20 日，甲公司购买乙公司产品一宗，给乙公司出具了一张欠条，但没有注明还款日期。乙公司因种种原因，一直未向甲公司催要欠款。2015 年 7 月 15 日，乙公司向甲公司催要货款，甲公司未能偿还。2015 年 8 月 2 日，乙公司起诉至法院，要求偿还欠款及利息。甲公司辩称，该欠款欠条形成时间是 2013 年 6 月 20 日，到原告起诉时已经超过两年诉讼时效；即使未过诉讼时效，由于欠条没有约定利息，也不应该承担利息。

思考题：

（1）本案应如何确定诉讼时效的起算时间？

（2）法院应如何处理本案？

经济纠纷也称经济争议，是指经济法律关系主体之间因经济权利和经济义务的矛盾而引起的争议。经济纠纷包括：平等主体之间涉及经济内容的纠纷，如经济合同纠纷、经济侵权纠纷；公民、法人或其他组织作为行政管理相对人与行政机关之间因行政管理所发生的涉及经济内容的纠纷，如纳税人与税务机关就纳税事务发生争议等。

为了保护当事人的合法权益，维持社会经济秩序，必须利用有效手段及时解决这些纠纷。在我国，解决经济纠纷的途径和方式主要有协商、调解、仲裁、民事诉讼、行政复议、行政诉讼。

作为平等主体的当事人之间发生的经济纠纷适用仲裁或民事诉讼方式解决；当公民、法人或者其他组织认为行政机关的具体行政行为侵犯其合法权益时，可采取申请行政复议或提起行政诉讼的方式解决。在程序上，经济诉讼适用于民事诉讼法，所以，经济诉讼是民事诉讼的组成部分。本书所指的主要是平等主体的当事人之间发生的经济纠纷，适用仲裁或民事诉讼方式解决。

2.1　仲裁

对经济纠纷进行仲裁主要依据《中华人民共和国仲裁法》(简称《仲裁法》)，该法于 1994 年 8 月 31 日第八届全国人民代表大会常务委员会第九次会议通过。其主要目的是保证公正、及时地仲裁经济纠纷，保护当事人的合法权益，保障社会主义市场经济健康发展，也是仲裁活动进行的基本法律依据。

2.1.1　仲裁概述

1．仲裁的概念及特点

仲裁是指平等主体的公民、法人和其他组织之间发生的合同纠纷和其他财产权益纠纷，在争议发生前或争议发生后达成书面仲裁协议，自愿将争议事项提交双方同意的仲裁机构审理，并由其做出具有约束力的裁决，双方当事人对此有义务执行的一种解决争议的方法。

仲裁的特点如下：

(1)自愿性。当事人的自愿性是仲裁最突出的特点。仲裁以双方当事人自愿协商为基础，并由双方当事人自愿选择的中立第三者进行裁判。因此，仲裁是最能充分体现当事人意思自治原则的争议解决方式。

(2)专业性。经济纠纷涉及诸多专业知识，我国仲裁法规定，仲裁机构都备有分专业的、由专家组成的仲裁员名册供当事人进行选择，专家仲裁成为经济仲裁的重要特点。另外，仲裁机构独立于行政机构和其他机构，仲裁机构之间也无隶属关系，具有极大的独立性。这些都表明仲裁具有专业性。

(3)经济性。仲裁实行一裁终局制，仲裁裁决一经仲裁庭做出即发生法律效力。这样，当事人之间的纠纷能够迅速得以解决，使得仲裁所需费用相对减少。更为主要的是，由于仲裁的自愿性、专业性使当事人之间隔阂较小，且商业秘密不必公之于世，对双方当事人之间今后的商业机会影响较小。

2．仲裁法的概念

仲裁法是指由国家制定或认可的，规定仲裁的范围和基本原则、仲裁机构的地位及设立、仲裁庭的组成和仲裁程序的进行、当事人和仲裁机构在仲裁活动中必须遵守的行为规则、仲裁裁决的效力及其执行等内容以及调整，由此引起的仲裁法律关系的法律规范的总称。

【相关链接】仲裁法有狭义和广义之分

狭义的仲裁法又称形式意义上的仲裁法，专指仲裁法典，如《仲裁法》。

广义的仲裁法又称实质意义上的仲裁法，是指国家制定或认可的关于仲裁的一切法律规定。

3．仲裁的范围

根据《仲裁法》的规定，平等主体的公民、法人和其他组织之间发生的合同纠纷和其他财产权益纠纷，可以仲裁。

下列纠纷不能提请仲裁：

（1）关于婚姻、收养、监护、扶养、继承纠纷；

（2）依法应当由行政机关处理的行政争议。

【法律提示】

劳动争议的仲裁和农业集体经济组织内部的农业承包合同纠纷的仲裁不适用于《仲裁法》，而由别的法律予以调整。

4．仲裁的基本制度

（1）协议仲裁。当事人采用仲裁方式解决纠纷，应当双方自愿，达成仲裁协议。没有仲裁协议，一方申请仲裁的，仲裁委员会不予受理。

（2）或裁或审制度。或裁或审制度是指争议发生前或发生后，当事人有权选择解决争议的途径，或者双方达成仲裁协议，将争议提交仲裁解决，或者争议发生后向人民法院提起诉讼。

当事人达成仲裁协议，一方向人民法院起诉的，人民法院不予受理，但仲裁协议无效的除外。

（3）一裁终局。仲裁实行一裁终局制度，即仲裁庭做出的仲裁裁决为终局裁决。裁决做出后，当事人就同一纠纷再申请仲裁或向法院起诉的，仲裁委员会或法院不予受理。

2.1.2 仲裁机构

1．仲裁委员会

由于仲裁委员会应由当事人协议选定，仲裁不实行级别管辖和地域管辖。因此，仲裁委员会可以在直辖市和省、自治区人民政府所在地的市设立，也可以根据需要在其他设区的市设立，不按行政区划层层设立。仲裁委员会独立于行政机关，与行政机关没有隶属关系。仲裁委员会之间也没有隶属关系。

【法律提示】仲裁委员会的人员构成

仲裁委员会的主任、副主任和委员由法律、经济贸易专家和有实际工作经验的人员担任。仲裁委员会的组成人员中，法律、经济贸易专家不得少于 2/3。

2．仲裁协会

中国仲裁协会是社会团体法人。中国仲裁协会实行会员制。各仲裁委员会是中国仲裁协会的法定会员。中国仲裁协会是仲裁委员会的自律性组织，根据由全国会员大会制定的章程对仲裁委员会及其组成人员、仲裁员的违纪行为进行监督；根据《仲裁法》和《中华人民共和国民事诉讼法》（简称《民事诉讼法》）的有关规定制定仲裁规则和其他仲裁规范性文件。

2.1.3　仲裁协议

1．仲裁协议的概念

仲裁协议是指当事人双方自愿将已经发生的或将来可能发生的纠纷提交仲裁机构进行裁决的共同意思表示。

仲裁协议应当以书面形式订立。口头达成仲裁的意思表示无效。

仲裁协议包括合同中订立的仲裁条款和以其他书面方式在纠纷发生前或者纠纷发生后达成的请求仲裁的协议。其他书面形式包括以合同书、信件和数据电文（包括电报、电传、传真、电子数据交换和电子邮件）等形式达成的请求仲裁的协议。

2．仲裁协议的内容

（1）法定内容。包括：请求仲裁的意思表示；仲裁事项；选定的仲裁委员会。

（2）约定内容。包括：仲裁机构适用的仲裁规则；涉外仲裁中适用的实体法律；仲裁裁决的效力；仲裁费用的负担。

仲裁协议对仲裁事项或仲裁委员会没有约定或者约定不明确的，当事人可以补充协议；达不成补充协议的，仲裁协议无效。

3．仲裁协议的效力

仲裁协议一经依法成立，即具有法律约束力。仲裁协议独立存在，合同的变更、解除、终止或无效，不影响仲裁协议的效力。

有下列情形之一的，仲裁协议无效：

（1）约定的仲裁事项超出法律规定的仲裁范围的；

（2）无民事行为能力人或者限制民事行为能力人订立的仲裁协议；

（3）一方采取胁迫手段，迫使对方订立仲裁协议的。

仲裁庭有权确认合同的效力。当事人对仲裁协议的效力有异议的，可以请求仲裁委员会做出决定或请求法院做出裁定。一方请求仲裁委员会做出决定，另一方请求法院做出裁定的，由法院裁定。当事人对仲裁协议的效力有异议，应当在仲裁庭首次开庭前提出。

当事人达成仲裁协议，一方向法院起诉未声明有仲裁协议，法院受理后，另一方在首次开庭前提交仲裁协议的，法院应当驳回起诉，但仲裁协议无效的除外；另外一方在首次开庭前未对法院受理该案提出异议的，视为放弃仲裁协议，法院应当继续审理。

2.1.4 仲裁程序

1．仲裁的申请和受理

（1）仲裁的申请。当事人申请仲裁应当符合下列条件：有仲裁协议；有具体的仲裁请求和事实、理由；属于仲裁委员会的受理范围。

当事人申请仲裁，应当向仲裁委员会递交仲裁协议、仲裁申请书及副本。

【法律提示】仲裁申请书应当载明事项

- 当事人的姓名、性别、年龄、职业、工作单位和住所，法人或者其他组织的名称、住所和法定代表人或者主要负责人的姓名、职务；
- 仲裁请求和所根据的事实、理由；
- 证据和证据来源、证人姓名和住所。

（2）仲裁的受理。仲裁委员会收到仲裁申请书之日起 5 日内，认为符合受理条件的，应当受理，并通知当事人；认为不符合受理条件的，应当书面通知当事人不予受理，并说明理由。

2．仲裁庭的组成

仲裁庭可以由三名仲裁员或者一名仲裁员组成。由三名仲裁员组成的，设首席仲裁员。当事人约定由三名仲裁员组成仲裁庭的，应当各自选定或者各自委托仲裁委员会主任指定一名仲裁员，第三名仲裁员由当事人共同选定或者共同委托仲裁委员会主任指定。第三名仲裁员是首席仲裁员。当事人约定由一名仲裁员成立仲裁庭的，应当由当事人共同选定或由共同委托仲裁委员会主任指定仲裁员。仲裁委员会应当将仲裁庭的组成情况书面通知当事人。当事人也有权提出回避申请。

3．开庭和裁决

仲裁应当开庭进行。当事人协议不开庭的，仲裁庭可以根据仲裁申请书、答辩书及其他材料做出裁决。仲裁不公开进行。当事人协议公开的，可以公开进行，但涉及国家秘密的除外。

4．裁决的撤销与执行

当事人提出证据证明裁决有下列情形之一的，可以向仲裁委员会所在地的中级人民法院申请撤销裁决：没有仲裁协议的；裁决的事项不属于仲裁协议的范围或者仲裁委员会无权仲裁的；仲裁庭的组成或者仲裁的程序违反法定程序的；裁决所根据的证据是伪造的；对方当事人隐瞒了足以影响公正裁决的证据的；仲裁员在仲裁该案时有索贿受贿，徇私舞弊，枉法裁决行为的。

人民法院经组成合议庭审查核实裁决有前款规定情形之一的，应当裁定撤销。人民法院认定该裁决违背社会公共利益的，应当裁定撤销。

当事人应当履行裁决。一方当事人不履行的，另一方当事人可以依照《民事诉讼法》的有关规定向法院申请执行。受申请的法院应当执行。当事人申请执行仲裁裁决案件，由被执行人住所地或者被执行的财产所在地的中级法院管辖。

2.2　经济诉讼

诉讼是指国家审判机关即法院依照法律规定，在当事人和其他诉讼参与人的参加下，依法解决诉讼的活动。在程序上，经济诉讼适用于民事诉讼法，所以，经济诉讼是民事诉讼的组成部分。

我国 1991 年 4 月 9 日第七届全国人民代表大会第四次会议通过了《中华人民共和国民事诉讼法》(简称《民事诉讼法》)，该法 2007 年 10 月 28 日第十届全国人民代表大会常务委员会第三十次会议《关于修改〈中华人民共和国民事诉讼法〉的决定》第一次修正，2012 年 8 月 31 日第十一届全国人民代表大会常务委员会第二十八次会议《关于修改〈中华人民共和国民事诉讼法〉的决定》第二次修正。

2.2.1　民事诉讼法的基本制度

1．公开审判制度

人民法院审理民事案件，除法律规定的情况外，审判过程及结果应当向群众、社会公开。

2．合议制度

由三名以上单数审判人员组成合议庭对民事案件进行审理的制度。按合议制组成的审判组织，称为合议庭。

3．回避制度

为确保案件审理的公正性与案件有利害关系的审判人员或其他有关人员，不得参与本案的审理活动或诉讼活动的审判制度。

4．两审终审制度

我国的两审终审制度是指我国一个民事案件经过两级人民法院审判后即告终结的制度。

2.2.2 民事诉讼管辖

1．级别管辖

级别管辖是上下级法院在受理第一审民事案件的分工和权限。一般按案件影响的大小、繁简程度和诉讼标的金额大小来确定级别管辖。

基层人民法院管辖第一审民事案件，法律另有规定的除外。

中级法院管辖下列第一审民事案件：重大涉外案件，指争议标的额大或案情复杂或居住在国外的当事人人数众多的涉外案件；在本辖区有重大影响的案件。

高级法院管辖案件：管辖在本辖区有重大影响的第一审民事案件。

最高人民法院管辖的第一审民事案件：在全国有重大影响的案件。

2．地域管辖

地域管辖是指同级人民法院间在各自辖区受理第一审民事案件的分工和权限。

在地域管辖问题上一般采用“原告就被告”的原则。即通常由被告住所地人民法院管辖，被告住所地与经常居住地不一致的，由经常居住地人民法院管辖。

【案例聚焦】

2015 年原告甲县某水泥有限责任公司与被告王某（住在乙县）发生水泥买卖关系，但尚未签订书面买卖合同。后双方因水泥款结算问题发生纠纷，原告遂于 2 月向公司所在地甲县人民法院提起诉讼，法院受理后于 3 月 1 日送达民事诉状副本等法律文书给被告王某，王某于 3 月 18 日提出管辖异议。

地域管辖原则具有法定性，属于人民法院主动审查范畴，本案的当事人在没有签订书面买卖合同的情况下，应当按照法律规定由被告住所地人民法院管辖，不能因为当事人超过提出管辖异议时间而当然拥有管辖权，所以甲县人民法院应当将本案移送到乙县人民法院。

下列特殊的民事诉讼，由原告住所地人民法院管辖：原告住所地与经常居住地不一致的，由原告经常居住地人民法院管辖；对不在中华人民共和国领域内居住的人提起的有关身份关系的诉讼；对下落不明或者宣告失踪的人提起的有关身份关系的诉讼；对被劳动教养的人提起的诉讼；对被监禁的人提起的诉讼。夫妻一方离开住所地超过一年，另一方起诉离婚的案件，由原告住所地人民法院管辖。夫妻双方离开住所地超过一年，一方起诉离婚的案件，由被告经常居住地人民法院管辖；没有经常居住地的，由原告起诉时居住地的人民法院管辖。

当两个以上人民法院对同一案件都有管辖权时，原告可以选择其中一个法院起诉；原告向两个以上有管辖权的人民法院起诉的，由最先立案的人民法院管辖。

对于一审合同纠纷，双方当事人在纠纷发生前或纠纷发生后，可以以书面的方式约定管辖法院。因不动产纠纷提起的诉讼，由不动产所在地人民法院管辖。

【重要提示】

因继承遗产纠纷提起的诉讼，由被继承人死亡时住所地或者主要遗产所在地人民法院管辖。有动产、不动产的由不动产所在地为主要遗产所在地，动产有多项的，价值高的动产所在地为遗产所在地。

2.2.3　民事诉讼证据

根据民事诉讼法律规定的民事诉讼证据的表现形式为标准，我国民事诉讼证据的表现形式可以分为书证、物证、视听资料、证人证言、当事人陈述、鉴定结论、勘验笔录七种。

举证责任是指当事人对自己提出的主张，有提出相应证据并加以证明的责任。若当事人对自己的主张不能提供证据或者提供的证据不能证明自己的主张，就可能导致人民法院做出对自己不利的裁判。举证责任包括两个方面的内容：一是由谁提供证据证明案件事实，即举证责任由谁承担；二是举不出证据证明案件事实的后果由谁承担。

依据我国《民事诉讼法》的规定，经济诉讼原则上实行“谁主张，谁举证”的举证责任，即无论是原告、被告、共同诉讼人、诉讼代表人，还是诉讼中的第三人，都有责任对自己的主张提供证据并加以证明。当然，在当事人及其诉讼代理人因客观原因不能自行收集证据，或者人民法院认为审理案件需要的证据，人民法院应当调查收集。

【相关提示】举证责任倒置

下列经济诉讼中，对原告提出的侵权事实，被告否认的，由被告负责举证：

（1）因产品制造方法发明专利引起的专利侵权诉讼；

（2）高度危险作业致人损害的侵权诉讼；

（3）因环境污染引起的损害侵权赔偿诉讼；

（4）建筑物或者其他设施以及建筑物上的搁置物、悬挂物发生倒塌、脱落、坠落致人损害的侵权诉讼；

（5）饲养动物致人损害的侵权诉讼；

（6）有关法律规定由被告承担举证责任的其他诉讼。

2.2.4 民事诉讼当事人及诉讼代理人

1．民事诉讼当事人

民事诉讼当事人包括原告、被告、共同诉讼人、诉讼代表人、第三人。

（1）原告。原告是认为自己的民事权益受到侵害，或者与他人发生争议，为维护其合法权益而向人民法院提起诉讼，引起诉讼程序发生的人。

（2）被告。被告是指被诉称侵犯原告民事权益或与原告发生民事权益争议，被人民法院通知应诉的人。

（3）共同诉讼人。当事人一方或双方各为二人以上，其诉讼标的是共同的，或者是同一种类，人民法院认为可以合并审理并经当事人同意的民事诉讼为共同诉讼。共同诉讼人是指共同诉讼中的当事人一方或双方为二人以上共同起诉或共同应诉的人。

（4）诉讼代表人。诉讼代表人是指众多当事人的一方推选出的代表，为维护本方的利益而进行诉讼活动的人。诉讼代表人代表本方当事人进行诉讼，不同于共同诉讼人。诉讼代表人是本案实体法律关系的主体，而不同于法定代表人和诉讼代理人。

（5）第三人。民事诉讼的第三人，是指对他人争议的诉讼标的有独立的请求权，或者虽无独立的请求权，但案件的处理结果与其有法律上的利害关系而参加诉讼的人。分为有独立请求权的第三人和无独立请求权的第三人。

2．诉讼代理人

民事诉讼代理人，是指根据法律规定或者当事人的委托，代当事人进行民事诉讼活动的人。被代替或协助的当事人称为被代理人。

代理无诉讼行为能力的当事人进行民事活动的为法定诉讼代理人，该诉讼代理是一种全权代理。

根据当事人、法定代表人或者法定代理人的委托，代为进行诉讼活动的人为委托诉讼代理人。

【重要提示】

委托诉讼代理人包括律师、当事人的近亲属、社会团体和当事人所在单位推荐的人，以及经人民法院许可的公民。但无民事行为能力人、限制民事行为能力人或者可能损害被代理人利益的人以及人民法院认为不宜作为诉讼代理人的人，不能作为诉讼代理人。

2.2.5 民事诉讼程序

1．第一审普通程序

第一审普通程序，是人民法院审理第一审民事案件所适用的最基本的程序。它具体包括起诉、受理、审理前的准备、开庭审理。

（1）起诉。原告依法向人民法院提出诉讼请求的行为。起诉必须具备的条件是：原告是与本案有直接利害关系的公民、法人和其他组织；有明确的被告；有具体的诉讼请求和事实、理由；属于人民法院受理民事诉讼的范围和受诉人民法院管辖。

（2）受理。人民法院经过审查起诉，认为符合法定条件，予以立案的诉讼活动。人民法院收到民事诉状或者口头起诉，经审查，符合起诉条件的，应当在 7 日内立案，并及时通知当事人，认为不符合起诉条件的，应当在 7 日内裁定不予受理。原告对裁定不服的，可以提起上诉。

（3）审理前的准备。审理前的准备是指人民法院在受理案件后进入开庭审理之前所进行的准备工作。主要有：送达起诉状副本和提出答辩状；告知当事人诉讼权利义务及合议庭组成人员；审阅诉讼材料，调查收集必要的证据；当事人的追加。

（4）开庭审理。

1）开庭准备。人民法院确定开庭日期后，应当在开庭三日前通知当事人和其他诉讼参与人。通知当事人用传票，通知其他的诉讼参与人应用通知书。对于公开审理的案件，人民法院应当在开庭审理前三日发布公告，公告当事人姓名、案由和开庭的时间、地点，以便群众旁听、记者采访报道。

在开庭审理时，应进行法庭调查，包括：当事人陈述；证人出庭作证；出示物证、书证和视听资料；宣读鉴定结论；宣读勘验笔录。

【相关知识】

当事人对自己提出的主张，有责任提供证据，即谁主张，谁举证。当事人及其诉讼代理人因客观原因不能自行收集的证据，或者人民法院认为审理案件需要的证据，人民法院应当调查收集。

当事人对自己提出的诉讼请求所依据的事实或者反驳对方诉讼请求所依据的事实有责任提供证据加以证明。没有证据或者证据不足以证明当事人的事实主张的，由负有举证责任的当事人承担不利后果。

【案例聚焦】

原告辛某于 2015 年 11 月 23 日向被告车某的账号上汇款 30 000 元。原告称上述款项是被告与其合伙做石油生意自己给被告汇的出资款，因石油生意没做成，故被告的行为已经构成不当得利，原告要求被告退还出资款 30 000 元；被告辩称，其与原告之间不存在合伙关系，原告所主张的 30 000 元汇款系原告向自己偿还借款，请求法院依法驳回原告的诉讼请求。对上述 30 000 元的汇款的性质，原、被告均没有证据证明。

在本案中，原告应当对“被告获得30 000元汇款没有法律上的依据”提供相应的证据加以证明。现原告未能证明，应当承担举证不能的结果，即法院应判决驳回原告的诉讼请求。

2）法庭辩论。作为定案的所有证据，都必须经过法庭的辩论和质证。即使是不得在公开开庭时出示的证据，也必须经过双方当事人的辩论和质证。

3）评议和宣判。合议庭的人员在法庭调查和法庭辩论的基础上，认定案件事实，确定适用的法律，最后宣告案件的审理结果，是开庭审理的最后阶段。

2．简易程序

简易程序是指基层人民法院及其派出法庭审理简单民事案件和简单经济纠纷案件所适用的程序。

对简单的民事案件，原告可以口头起诉。当事人双方可以同时到基层人民法院或者它派出的法庭，请求解决纠纷。基层人民法院或者它派出的法庭可以当即审理，也可以另定日期审理。可以用简便方式随时传唤当事人、证人。简单的民事案件由审判员一人独任审理，但必须有书记员记录。审判人员可以根据案件的具体情况，简化案件审理的方式和步骤，不受普通程序中关于开庭审理阶段和顺序的限制。

【重要提示】

适用简易程序审理民事案件，人民法院应当在立案之日起三个月内审结，且为不变期间，当事人或法院都不得申请延长。

3．第二审程序

第二审程序是人民法院审理上诉案件所适用的诉讼程序。在民事诉讼中，当事人不服人民法院第一审判决或裁定而提起上诉，人民法院受理后即进入第二审程序。

【重要提示】

二审与一审程序的区别在于：审判程序发生的原因不同；审级不同；审判组织不同；审理对象不同，二审审理一审法院的判决；审理的方式不同，二审可以开庭审理或者径行判决；裁判的效力不同，二审审结后的裁判是发生法律效力的裁判，不得上诉。

（1）提起第二审程序的条件。法定的上诉对象是指依法可以上诉的判决和裁定。可以上诉的判决包括：地方各级人民法院适用普通程序和简易程序审理的第一审判决；第二审人民法院发回原审人民法院重审后所做出的判决。可以上诉的裁定有：人民法院做出的不予受理的裁定；人民法院对当事人的管辖异议做出的裁定；驳回起诉的裁定。

【重要提示】

> 提起第二审程序必须有法定的上诉人和被上诉人；必须在法定的上诉期内提出上诉；必须提交上诉状。

（2）上诉的受理。上诉的受理是指人民法院通过法律程序，对当事人提起的上诉进行审查，给符合上诉条件的案件予以受理的行为。上诉状应当通过原审人民法院提出，并按照对方当事人或者代表人的人数提出副本。当事人直接向第二审人民法院上诉的，第二审人民法院应当在五日内将上诉状移交原审人民法院。

（3）上诉案件的审理。法院在审理前的准备工作有：组成合议庭，审阅案卷，询问当事人、证人，进行调查。

（4）对一审判决的裁判。第二审人民法院对上诉案件，经过审理，按照下列情形，分别处理：原判决认定事实清楚、适用法律正确的，判决驳回上诉，维持原判决；原判决适用法律错误的，依法改判；原判决认定事实错误，或者原判决认定事实不清、证据不足，裁定撤销原判决，发回原审人民法院重审，或者查清事实后改判；原判决违反法定程序，可能影响案件正确判决的，裁定撤销原判决，发回原审人民法院重审。当事人对重审案件的判决、裁定，可以上诉。

【重要提示】

> 人民法院审理对判决的上诉案件，应当在第二审立案之日起三个月内审结。有特殊情况需要延长的，由本院院长批准。人民法院审理对裁定的上诉案件，应当在第二审立案之日起三十日内做出终审裁定。对裁定的上诉案件的审结期限，不能延长。

练　习　题

一、单项选择题

1．甲、乙因某不动产发生纠纷，甲欲通过诉讼方式解决。其选择诉讼管辖法院的下列表述中，符合法律规定的是（　　）。

A．甲只能向甲住所地法院提起诉讼

B．甲只能向乙住所地法院提起诉讼

C．甲只能向该不动产所在地法院提起诉讼

D．甲可以选择向乙住所地或该不动产所在地法院提起诉讼

2．甲、乙因买卖货物发生合同纠纷，甲向法庭提出诉讼。开庭审理时，乙提出双方签有仲

裁协议，应通过仲裁方式解决。对该案件的下列处理方式中，符合法律规定的是（　　）。

A．仲裁协议有效，法院驳回甲的起诉

B．仲裁协议无效，法院继续审理

C．由甲、乙协商确定纠纷的解决方式

D．视为甲、乙已放弃仲裁协议，法院继续审理

3．根据《中华人民共和国仲裁法》的规定，下列关于仲裁程序的表述中，错误的是（　　）。

A．仲裁以不公开审理为原则

B．仲裁庭仲裁纠纷时，其中一部分事实清楚，可以就该部分先行裁决

C．裁决书自做出之日起发生法律效力

D．仲裁一律开庭进行

4．由中法合资成立的甲公司在北京与德国乙公司签订一份购销合同，合同约定乙公司向甲公司出售三台医疗检测仪。经甲公司检测发现其中两台仪器存在严重质量问题，经交涉未能解决，于是甲公司向我国人民法院起诉，要求乙公司承担违约责任。下列（　　）说法是正确的。

A．只能适用我国的民事诉讼法

B．只能适用德国的民事诉讼法

C．如果双方选择适用第三国民事诉讼法，也可以适用第三国民事诉讼法

D．双方没有做出选择，由人民法院决定适用我国或德国的民事诉讼法

二、多项选择题

1．下列有关仲裁的表述中，正确的是（　　）。

A．仲裁实行自愿原则

B．仲裁实行级别管辖和地域管辖

C．收养、监护关系不适用于仲裁

D．仲裁由双方当事人自愿选择的中立第三者进行裁判

2．下列关于仲裁审理的表述中，符合仲裁法律制度规定的有（　　）。

A．除当事人协议外，仲裁开庭进行　　B．仲裁员不实行回避制度

C．当事人可以自行和解　　D．仲裁庭可以进行调解

3．下列案件中，适用《民事诉讼法》的有（　　）。

A．公民名誉权纠纷案件

B．企业与银行因票据纠纷提起诉讼的案件

C．纳税人与税务机关因税收征纳争议提起诉讼的案件

D．劳动者与用人单位因劳动合同纠纷提起诉讼的案件

4．甲企业得知竞争对手乙企业在M地的营销策略将进行重大调整，于是到乙企业设在N地的分部窃取乙企业内部机密文件，随之采取相应对策，给乙企业在M地的营销造成重大损失。

乙企业经过调查掌握了甲企业的侵权证据，拟向法院提起诉讼。其可以选择提起诉讼的法院有(　　)。

A．甲住所地法院　　B．乙住所地法院

C．M 地法院　　D．N 地法院

5．根据《仲裁法》和《民事诉讼法》的规定，下列各项中，表述正确的有(　　)。

A．仲裁不公开进行，诉讼一般应公开进行

B．仲裁不实行回避制度，诉讼则实行回避制度

C．仲裁实行一裁终局制度，而诉讼则实行两审终审制度

D．仲裁必须由双方自愿达成仲裁协议才可进行，而诉讼只要有一方当事人起诉即可进行

三、案例分析题

位于某市甲区的天南公司与位于乙区的海北公司签订合同，约定海北公司承建天南公司位于丙区的新办公楼，合同中未约定仲裁条款。新办公楼施工过程中，天南公司与海北公司因工程增加工作量、工程进度款等问题发生争议。双方在交涉过程中通过电子邮件约定将争议提交某仲裁委员会进行仲裁。其后天南公司考虑到多种因素，向人民法院提起诉讼，请求判决解除合同。

法院在不知道双方曾约定仲裁的情况下受理了本案，海北公司进行了答辩，表示不同意解除合同。在一审法院审理过程中，原告申请法院裁定被告停止施工，法院未予准许。开庭审理过程中，原告提交了双方在履行合同过程中的会谈录音带和会议纪要，主张原合同已经变更。被告质证时表示，对方在会谈时进行录音未征得本方同意，被告事先不知道原告进行了录音，而会议纪要则无被告方人员的签字，故均不予认可。一审法院经过审理，判决驳回原告的诉讼请求。原告不服，认为一审判决错误，提出上诉，并称双方当事人之间存在仲裁协议，法院对本案无诉讼管辖权。

问题：

（1）何地法院对本案具有诉讼管辖权？

（2）假设本案起诉前双方当事人对仲裁协议的效力有争议，可以通过何种途径加以解决？

第3章

企业法律制度

学习目标

通过本章的学习，要求：了解企业及企业法的基本知识；掌握个人独资企业设立条件、设立程序，个人独资企业的投资人及事务管理，个人独资企业的解散与清算；掌握合伙企业、合伙企业法的概念，合伙企业的设立程序；理解合伙企业的财产、事务执行及债务清偿等有关的法律规定；掌握外商投资企业的概念和法律特征，中外合资经营企业注册资本与投资总额的关系，中外合资经营企业与中外合作经营企业的区别；熟悉外商投资企业的设立条件和程序、组织形式、投资者的出资方式和出资比例、利润的分配、经营管理等内容。

引导案例

2013年3月，甲、乙、丙、丁设立一合伙企业。为提高企业运作效率，经全体合伙人商议决定，委托甲单独执行合伙企业事务，乙、丙、丁不参加执行合伙企业事务。2013年8月，乙与丙达成协议，将其在合伙企业中的全部财产份额转让给丙。随后通知甲、丁，但丁表示不同意。2013年9月，该合伙企业与大地公司签订一买卖合同，大地公司依约交付货物后，合伙企业迟迟未交付货款。因联系上的便利，且认为合伙人需对合伙企业的债务承担无限连带责任，大地公司遂直接向丙要求以丙个人财产清偿货款。

思考题：

（1）由甲单独执行合伙企业事务是否符合相关法律规定？

（2）乙、丙之间转让财产份额的行为是否符合相关法律规定？

（3）大地公司直接向丙要求以丙个人财产清偿货款是否合理？

3.1　企业法律制度概述

3.1.1　企业概述

1．企业的概念和特征

企业是指依法设立的以营利为目的，从事生产经营活动的具有独立或相对独立的法律人格的组织。作为现代经济关系最活跃、最重要的主体，企业的本质特征有以下几点：

（1）企业必须依法设立。

（2）企业是一种组织。

（3）企业是从事营利性活动的经济组织。

（4）企业具有独立或相对独立的法律人格。

【法律提示】

自然人是基于自然出生而依法在民事上享有权利和承担义务的个人。在我国，公民在民事法律地位上和自然人同义。为此，自然人的能力包括民事权利能力和民事行为能力。

法人是具有民事权利能力和民事行为能力，依法独立享有民事权利和承担民事义务的组织。

法人必须同时具备四个条件，缺一不可，即依法成立，有必要的财产和经费，有自己的名称、组织机构和场所，能够独立承担民事责任。

2．企业的分类

企业在长期发展过程中形成了多种形态，依照不同的标准，可以对企业做不同的分类。

（1）依照企业投资者的出资方式和责任形式的不同可以分为公司制企业、合伙企业和个人独资企业。

（2）依照法律地位的不同可以分为法人企业和非法人企业。

（3）依照企业的所有制性质的不同可以分为国有企业、集体企业和私营企业。

除此之外，依照企业生产经营规模的大小还可以分为大型企业、中型企业和小型企业；依照企业的存在与社会公共利益的关系亲疏可以分为公用企业和非公用企业；依照企业的主要经营的性质可以分为工业企业、农业企业、交通运输企业、金融企业等。

3.1.2　企业法

企业法是调整企业在设立、组织、活动、终止过程中发生的社会关系的法律规范的总称。企业法是由调整企业的全部法律规范组成的，也就是调整企业从设立到终止发生的社会关系的全部法律规范，不能简单地将企业法理解为是某一部企业法律或法规。

新中国成立以来，随着我国经济体制不断的改革和适应市场经济的要求，我国制定了一系列企业的法律法规。我国现行的关于企业方面的法律、法规包括《中华人民共和国公司法》、《中华人民共和国合伙企业法》、《个人独资企业法》、《中华人民共和国中外合资经营企业法》、《中华人民共和国中外合作经营企业法》、《中华人民共和国外资企业法》、《中华人民共和国乡村集体所有制企业条例》、《中华人民共和国私营企业暂行条例》、《国有企业监事会暂行条例》等。

3.2 个人独资企业法

3.2.1 个人独资企业的概念和法律特征

1．个人独资企业的概念

个人独资企业，是指依照《中华人民共和国个人独资企业法》在中国境内设立，由一个自然人投资，财产为投资人个人所有，投资人以其个人财产对企业债务承担无限责任的经营实体。

2．个人独资企业的法律特征

（1）个人独资企业是由一个自然人投资的企业。我国在法律上将自然人称为公民。公民从出生时起到死亡时止，具有民事权利能力，依法享有民事权利，承担民事义务。

（2）个人独资企业的财产为投资人个人所有。个人独资企业只有一个自然人作为投资人，也就是个人独资企业的财产只来源于这个投资人的投资，因此，这个企业的财产应当归属这个投资人所有。个人独资企业投资人对所投资企业的财产享有占有、使用、收益和处分的权利。

（3）个人独资企业的投资人以其个人财产对企业债务承担无限责任。这是个人独资企业的一个重要特点，它表现在责任形式上就是个人独资企业的投资人作为债务人，要以其全部个人财产对其所投资的个人独资企业债务承担责任。

【案例聚焦】

家住山东的张知于 2015 年 2 月 1 日夜间接到在北京读大学的儿子张小强的电话。请他赶紧到北京帮助处理债务纠纷。原来张小强在读大学二年级时就做起了计算机生意并注册了个人公司，生意较好。但 1 月的一笔近 20 万元的生意因上当受骗，卖出的都是假冒伪劣产品。按合同约定张小强要赔偿全部损失。但张小强称自己财产仅有 6 万元，无偿还能力，于是对方要求其家长负连带责任，并声称若不偿还，就起诉到法院。张小强怕事态闹大，无奈请父母出面帮助解决。在本案中，个人独资企业的投资人作为债务人，要以其全部个人财产对其所投资的个人独资企业债务承担责任，因此，对方要求张小强的家长张知承担责任是完全没有法律依据、得不到法院支持的。

（4）个人独资企业是一个经营实体。个人独资企业在设立时必须是一个经营实体，而在成立后也必须持续地作为一个经营实体存在，不能名存实亡，成为一个虚置的名称。

3.2.2 个人独资企业的设立

1．个人独资企业的设立条件

（1）投资人为一个自然人。投资人只能是具有中国国籍的自然人，投资人应当具备完全民事行为能力。另外，法官、检察官、警察、公务员和军人不能成为个人独资企业的投资人。

（2）有合法的企业名称。个人独资企业的名称是其作为经营实体对外交往的标志。企业只准使用一个名称，并且在登记主管机关辖区内不得与已登记注册的同行业企业名称相同或近似。企业名称应当由以下几个部分组成：字号或商号、行业或经营特点、组织形式及企业所在地省、市或县等行政区划名称（几类特殊企业除外）。个人独资企业名称不能含“有限”、“有限责任”等字样。个人独资企业的名称要与其从事的营业的地域范围相符合。

（3）有投资人申报的出资。按我国现行管理体制，个人独资企业投资人应当向各级企业登记主管机关申报其出资。具体申报的出资数量在法律未做明确规定，所以一元钱开办个人独资企业，在理论上是可行的。

（4）有固定的生产经营场所和必要的生产经营条件。个人独资企业要进行生产经营，也要具备必要的场地和生产经营设施，如机器设备、营销柜台等。

（5）有必要的从业人员。个人独资企业可以依法招用职工，投资人可以自行管理企业事务，也可以委托或者聘用其他具有民事行为能力的人负责企业的事务管理。

2．个人独资企业的设立程序

申请设立个人独资企业，应当由投资人或其委托的代理人向个人独资企业所在地的登记机关提交设立申请书、投资人身份证明、生产经营场所使用证明等文件。委托代理人申请设立登记时，应当出具投资人的委托书和代理人的合法证明。

个人独资企业不得从事法律、行政法规禁止经营的业务；从事法律、行政法规规定须报经有关部门审批的业务，应当在申请设立登记时提交有关部门的批准文件。

个人独资企业设立申请书应当载明下列事项：企业的名称和住所；投资人的姓名和居所；投资人的出资额和出资方式；经营范围。

个人独资企业的名称应当与其责任形式及从事的营业相符合。

登记机关应当在收到设立申请文件之日起 15 日内，对符合本法规定条件的，予以登记，发给营业执照；对不符合本法规定条件的，不予登记，并应当给予书面答复，说明理由。

个人独资企业设立分支机构，应当由投资人或者其委托的代理人向分支机构所在地的登记机关申请登记，领取营业执照。分支机构经核准登记后，应将登记情况报该分支机构隶属的个人独资企业的登记机关备案。分支机构的民事责任由设立该分支机构的个人独资企业承担。

3．个人独资企业成立日期及其法律效力

个人独资企业的营业执照的签发日期，为个人独资企业成立日期。在领取个人独资企业营业执照前，投资人不得以个人独资企业名义从事经营活动。

3.2.3 个人独资企业的投资人及事务管理

1．个人独资企业财产归属关系和个人独资企业无限责任

（1）个人独资企业财产的概念。个人独资企业的财产，指为经营个人独资企业所集合的各种财产的总称，包括投资人的出资财产和个人独资企业在生产经营过程中所取得的各种收益的总和。

个人独资企业的收益主要包括：个人独资企业的营业收入，即个人独资企业通过市场交易取得的利润；个人独资企业接受的捐赠财产；个人独资企业获得的赔偿，即当他人侵犯个人独资企业的合法权益时，向其支付的赔偿金；个人独资企业在经营过程中形成的无形资产，如商号、商誉等；以个人独资企业名义取得的各种知识产权。

（2）个人独资企业财产的性质。《个人独资企业法》第十七条规定，个人独资企业投资人对本企业的财产依法享有所有权。因此，无论是投资人的出资，还是个人独资企业取得的收益，其所有权均依法为个人独资企业的投资人享有。

（3）个人独资企业财产归属关系。个人独资企业投资人对本企业的财产依法享有所有权，其有关权利可以依法进行转让或继承。

（4）个人独资企业无限责任。个人独资企业投资人在申请企业设立登记时明确以其家庭共有财产作为个人出资的，应当依法以家庭共有财产对企业债务承担无限责任。

【法律提示】

确定个人独资企业投资人应以其家庭共有财产承担无限责任的前提是，该投资人在向登记机关申请设立个人独资企业时明确是以其家庭共有财产作为个人出资，也就是说，投资人是否以家庭共有财产承担责任，取决于他在申请企业设立登记时是否明确自己是以家庭共有财产作为个人出资。如果投资人在向登记机关申报出资时，没有说明是以家庭共有财产出资，就不能要求投资人以其家庭共有财产承担无限责任。

2．个人独资企业事务管理的方式

个人独资企业投资人可以自行管理企业事务，也可以委托或者聘用其他具有民事行为能力的人负责企业的事务管理。

投资人委托或者聘用他人管理个人独资企业事务，应当与受托人或者被聘用的人签订书面合同，明确委托的具体内容和授予的权利范围。受托人或者被聘用的人员应当履行诚信、勤勉

义务，按照与投资人签订的合同负责个人独资企业的事务管理。投资人对受托人或者被聘用的人员职权的限制，不得对抗善意第三人。

【法律提示】

投资人委托或者聘用的管理个人独资企业事务的人员不得有下列行为：① 利用职务上的便利，索取或收受贿赂；② 利用职务或工作上的便利侵占企业财产；③ 挪用企业的资金归个人使用或借贷给他人；④ 擅自将企业资金以个人名义或以他人名义开立账户储存；⑤ 擅自以企业财产提供担保；⑥ 未经投资人同意，从事与本企业相竞争的业务；⑦ 未经投资人同意，同本企业订立合同或进行交易；⑧ 未经投资人同意，擅自将企业商标或其他知识产权转让给他人使用；⑨ 泄露本企业的商业秘密；⑩ 法律、行政法规禁止的其他行为。

3. 个人独资企业事务管理的内容

（1）会计事务。个人独资企业应当依法设置会计账簿，进行会计核算。生产、经营规模较小又确无建账能力的个体工商户，经过主管税务机关核准，可以不设置账簿，聘请注册会计师或者经过税务机关认可的财会人员，代为建账和办理财务。

（2）用工管理事务。个人独资企业招用职工的，应当依法与职工签订劳动合同，保障职工的劳动安全，按时、足额发放职工工资。

（3）社会保障事务。个人独资企业应当按照国家规定参加社会保险，为职工缴纳社会保险费。

3.2.4　个人独资企业的解散和清算

1. 个人独资企业的解散

个人独资企业的解散是指个人独资企业终止活动，使其民事主体资格消灭的行为，其既包括自行解散，也包括强制解散。

（1）自行解散。

1）投资人决定解散。个人独资企业是由一个自然人投资，财产为投资者个人所有。由于只有一个投资人，因此，投资人个人可以自己决定解散企业的问题。

2）投资人死亡或者被宣告死亡，无继承人或者继承人决定放弃继承。

（2）强制解散。

1）被依法吊销营业执照。个人独资企业的营业执照是个人独资企业依法成立和从事生产经营的标志。个人独资企业被依法吊销营业执照，当然就不能再从事生产经营活动。

2）法律、行政法规规定的其他情形。这是一种概括式的写法，主要是为了避免列举不全。

解散仅仅是个人独资企业消灭的原因，企业并非因解散的事实发生而立即消灭。企业的清算是处理解散企业未了的法律关系的程序，清算结束，进行注销登记，企业才最后消灭。

2．个人独资企业的清算

个人独资企业的清算是企业解散的法律后果，是对解散企业的财产进行清理，收回债权，偿还债务，如果有剩余财产，依法进行分配。清算结束后，企业作为经济实体的资格就消灭了。企业解散，无论是自行解散，还是强制解散，都必须依法进行清算。个人独资企业的清算方式有两种。

（1）投资人自行清算。个人独资企业的投资人自己对企业进行清算，因为个人独资企业是投资人一人投资，财产为投资人个人所有，不存在其他投资人的问题。

【法律提示】

投资人自行清算的，应当在清算前 15 日内书面通知债权人，无法通知的，应当予以公告，即规定了通知和公告两种方式。对个人独资企业明知的债权人，采取发通知书的方式；对不明知的债权人，采取公告的方式，如在公开发行的报纸上登载。企业债权人应当在接到通知之日起 30 日内，未接到通知的，应当在公告之日起 60 日内，向投资人申报其债权。

（2）债权人申请人民法院指定清算人进行清算。对于债权人申请人民法院指定清算人进行清算，也应当采取通知和公告两种方式。因为这种情况下是人民法院指定清算人，法院会告知其清算程序。

3．个人独资企业解散后原投资人责任

个人独资企业是一个自然人投资，企业财产为投资人个人所有，投资人是以其个人财产对企业债务承担无限责任。个人独资企业解散后，原投资人对个人独资企业存续期间的债务仍应承担偿还责任，但债权人在 5 年内未向债务人提出偿债请求的，该责任消灭。

个人独资企业解散时财产清偿顺序为：所欠职工工资和社会保险费用；所欠税款；其他债务。

3.3 合伙企业法

3.3.1 合伙企业法概述

合伙企业与个人独资企业相比有诸多的优点，如可以从众多的合伙人处筹集资本，合伙人共同偿还债务，合伙人对企业盈亏负有完全责任，有助于提高企业的信誉等。

1．合伙企业的概念

根据《中华人民共和国合伙企业法》的规定，合伙企业指自然人、法人和其他组织依照本法在中国境内设立的普通合伙企业和有限合伙企业。

普通合伙企业是指由普通合伙人组成，合伙人对合伙企业债务承担无限连带责任的合伙企业。

有限合伙企业是指由普通合伙人和有限合伙人组成，普通合伙人对合伙企业债务承担无限连带责任，有限合伙人以其认缴的出资额为限对合伙企业债务承担责任的合伙企业。普通合伙企业和有限合伙企业的区别如表 3-1 所示。

表 3-1　普通合伙企业和有限合伙企业的区别

	普通合伙企业	有限合伙企业
合伙人	有 2 个以上合伙人	2 个以上 50 个以下的合伙人；由普通合伙人和有限合伙人组成；至少有 1 个普通合伙人
出资方式	货币、实物、土地使用权、知识产权、劳务或其他财产权利	同左；有限合伙人不得以劳务出资
事务执行	共同执行和委托执行	由普通合伙人执行合伙事务；有限合伙人不执行合伙事务，不得对外代表有限合伙企业
竞业禁止	合伙人不得自营或同他人合作经营与本合伙企业相竞争的业务	有限合伙人可以同本有限合伙企业进行交易；但是，合伙协议另有约定的除外
关联交易	除合伙协议另有约定或经全体合伙人一致同意外，合伙人不得同本合伙企业进行交易	有限合伙人可以自营或同他人合作经营与本有限合伙企业相竞争的业务，但合伙协议另有约定的除外
出质（质押）	合伙人以其在合伙企业中的财产份额出质的，须经其他合伙人一致同意	有限合伙人可以将其在有限合伙企业中的财产份额出质，但合伙协议另有约定的除外
财产转让	除合伙协议另有约定外。合伙人向合伙人以外的人转让其在合伙企业中的全部或部分财产份额时，须经其他合伙人一致同意	有限合伙人可以按照合伙协议的约定向合伙人以外的人转让其在有限合伙企业中的财产份额，但应当提前 30 日通知其他合伙人
入伙人对入伙前企业债务的责任	对入伙前合伙企业的债务承担无限连带责任	新入伙的有限合伙人对入伙前有限合伙企业的债务，以其认缴的出资额为限承担责任
退伙人对退伙前企业债务的责任	退伙人对基于其退伙前的原因发生的合伙企业债务，承担无限连带责任	有限合伙人退伙后，对基于其退伙前的原因发生的有限合伙企业债务，以其退伙时从有限合伙企业中取回的财产承担责任

【法律提示】

国有独资公司、国有企业、上市公司及公益性的事业单位、社会团体不得成为普通合伙人。

2．合伙企业法的概念

合伙企业法有狭义和广义之分。狭义的合伙企业法是指由国家最高立法机关依法制定的规范合伙企业合伙关系的专门法律，即《中华人民共和国合伙企业法》（简称《合伙企业法》）。该法由第八届全国人民代表大会常务委员会第二十四次会议于 1997 年 2 月 23 日通过，自 1997 年 8 月 1 日起施行。2006 年 8 月 27 日第十届全国人大常委会第二十三届会议审议通过了《中华人民共和国合伙企业法修订案》，新《合伙企业法》于 2007 年 6 月 1 日起正式施行。广义的合伙企业法是指国家立法机关或其他有权部门依法制定的，调整合伙企业合伙关系的各种法律规范的总称，它包括《合伙企业法》及国家有关法律、行政法规和规章中关于合伙企业的法律规范。

3.3.2　合伙企业的设立

1．合伙企业的设立条件

（1）普通合伙企业的设立条件。

1）有两个以上合伙人。合伙人可以是自然人，也可以是法人。合伙人是自然人的，应当具有完全民事行为能力。

合伙人数应不少于两人，若出资人只有一人，则是独资企业而非合伙。合伙企业法未规定合伙企业的人数的上限，即合伙企业人数没有上限限制，这是大陆法系合伙立法的普遍做法。当然，由于合伙的人合性质，合伙人相互之间的信任尤为重要，所以实践中合伙人人数一般不会太多。

2）有书面合伙协议。合伙协议是依法由全体合伙人协商一致、以书面形式订立的合伙企业的契约。合伙协议经全体合伙人签名、盖章后生效。合伙人按照合伙协议享有权利，履行义务。修改或者补充合伙协议，应当经全体合伙人一致同意；但是，合伙协议另有约定的除外。合伙协议未约定或者约定不明确的事项，由合伙人协商决定；协商不成的，依照《合伙企业法》和其他有关法律、行政法规的规定处理。

合伙协议应当载明的事项包括：① 合伙企业的名称和主要经营场所的地点；② 合伙目的和合伙经营范围；③ 合伙人的姓名或者名称、住所；④ 合伙人的出资方式、数额和缴付期限；⑤ 利润分配、亏损分担方式；⑥ 合伙事务的执行；⑦ 入伙与退伙；⑧ 争议解决办法；⑨ 合伙企业的解散与清算；⑩ 违约责任。

3）有合伙人认缴或实际缴付的出资。合伙人可以用货币、实物、知识产权、土地使用权或者其他财产权利出资，也可以用劳务出资。合伙人以实物、知识产权、土地使用权或者其他财产权利出资，需要评估作价的，可以由全体合伙人协商确定，也可以由全体合伙人委托法定评估机构评估。合伙人以劳务出资的，其评估办法由全体合伙人协商确定，并在合伙协议中载明。

4）有合伙企业的名称和生产经营场所。普通合伙企业应当在其名称中标明“普通合伙”字样。

（2）有限合伙企业的设立条件。

1）有 2 个以上 50 个以下合伙人，法律另有规定的除外。有限合伙企业至少应当有一个普通合伙人。有限合伙企业仅剩有限合伙人的，应当解散；有限合伙企业仅剩普通合伙人的，应当转为普通合伙企业。

2）有书面合伙协议。有限合伙协议除符合《合伙企业法》第十八条的规定外，还应当载明下列事项：① 普通合伙人和有限合伙人的姓名或者名称、住所；② 执行事务合伙人应具备的条件和选择程序；③ 执行事务合伙人权限与违约处理办法；④ 执行事务合伙人的除名条件和更换程序；⑤ 有限合伙人入伙、退伙的条件、程序及相关责任；⑥ 有限合伙人和普通合伙人相互转变程序。

3）有合伙人认缴或实际缴付的出资。有限合伙人可以用货币、实物、知识产权、土地使用权或者其他财产权利作价出资。有限合伙人不得以劳务出资。有限合伙人应当按照合伙协议的约定按期足额缴纳出资；未按期足额缴纳的，应当承担补缴义务，并对其他合伙人承担违约责任。

4）有合伙企业的名称和生产经营场所。有限合伙企业名称中应当标明“有限合伙”字样。

2．合伙企业的设立程序

（1）向企业登记机关提出申请并提交相关文件。申请设立合伙企业，应当向企业登记机关提交登记申请书、合伙协议书、合伙人身份证明等文件。合伙企业的经营范围中有属于法律、行政法规规定在登记前须经批准的项目的，该项经营业务应当依法经过批准，并在登记时提交批准文件。

（2）企业登记机关审核，做出是否登记的决定。申请人提交的登记申请材料齐全、符合法定形式，企业登记机关能够当场登记的，应予当场登记，发给营业执照。除此之外，企业登记机关应当自受理申请之日起二十日内，做出是否登记的决定。予以登记的，发给营业执照；不予登记的，应当给予书面答复，并说明理由。

合伙企业的营业执照签发日期，为合伙企业成立日期。合伙企业领取营业执照前，合伙人不得以合伙企业名义从事合伙业务。

3.3.3 合伙企业的财产与事务执行

1. 合伙企业的财产

（1）合伙企业的财产构成。当合伙人的出资转入合伙企业时，就构成合伙企业的财产。合伙人的出资、以合伙企业名义取得的收益和依法取得的其他财产，均为合伙企业的财产。

（2）合伙企业的财产性质。合伙企业的合伙财产，具有共有财产性质，即由合伙人共同管理和使用。对合伙财产的占有、使用、收益和处分，均应当依据全体合伙人的共同意志进行，合伙存续期间除非有合伙人退伙等法定事由，合伙人不得请求分割合伙企业的财产。

（3）合伙企业的财产转让。合伙企业的财产转让是指合伙人将自己在合伙企业中的财产份额转让与他人。除合伙协议另有约定外，合伙企业存续期间，合伙人向合伙人以外的人转让其在合伙企业中的全部或者部分财产份额时，须经其他合伙人一致同意。合伙人之间转让在合伙企业中的全部或者部分财产份额时，应当通知其他合伙人。这一规定适用于合伙企业财产在合伙人之间的内部转让。合伙人依法转让其财产份额时，在同等条件下，其他合伙人有优先受让的权利，但合伙协议另有约定的除外。

合伙人以其在合伙企业中的财产份额出质的，须经其他合伙人一致同意。未经其他合伙人一致同意，合伙人以其在合伙企业中的财产份额出质的，其行为无效，由此给善意第三人造成损失的，由行为人依法承担赔偿责任。合伙人在合伙企业清算前，不得请求分割合伙企业的财产；但是，《合伙企业法》另有规定的除外。合伙人在合伙企业清算前私自转移或者处分合伙企业财产的，合伙企业不得以此对抗善意第三人。

2. 合伙企业的事务执行

（1）合伙事务执行的形式。根据我国《合伙企业法》的规定，合伙人执行合伙企业事务可以有两种形式：一是全体合伙人共同执行合伙企业事务；二是委托一名或数名合伙人执行合伙企业事务，其他合伙人不再执行合伙事务。有限合伙企业由普通合伙人执行合伙事务，有限合伙人不执行合伙事务，不得对外代表有限合伙企业，并非所有合伙事务的决定权都可以被授予个别合伙人。但合伙企业的下列事务必须经全体合伙人一致同意：① 改变合伙企业的名称；② 改变合伙企业的经营范围、主要经营场所的地点；③ 处分合伙企业的不动产；④ 转让或处分合伙企业的知识产权和其他财产权利；⑤ 以合伙企业名义为他人提供担保；⑥ 聘任合伙人以外的人担任合伙企业的经营管理人员。

（2）合伙人在执行合伙事务中的权利和义务。

1）根据《合伙企业法》的规定，合伙人在执行合伙事务中的权利包括：合伙人对执行合伙事务享有同等的权利；不执行合伙事务的合伙人有权监督执行事务合伙人执行合伙事务的情况；合伙人为了解合伙企业的经营状况和财务状况，有权查阅合伙企业会计账簿等财务资料；合伙人分别执行合伙事务的，执行事务合伙人可以对其他合伙人执行的事务提出异议，提出异议时，应当暂停该项事务的执行，如果发生争议，依合伙协议约定的办法或全体合伙人过半数通过的办法处理争议；被委托执行合伙事务的合伙人不按照合伙协议或全体合伙人的决定执行事务的，其他合伙人可以决定撤销该委托。

2）根据《合伙企业法》的规定，合伙人在执行合伙事务中的义务包括：由一个或数个合伙人执行合伙事务的，执行事务合伙人应当定期向其他合伙人报告事务执行情况及合伙企业的经营和财务状况；普通合伙人不得自营或者同他人合作经营与本合伙企业相竞争的业务，有限合伙人可以自营或者同他人合作经营与本有限合伙企业相竞争的业务，但合伙协议另有约定的除外；除合伙协议另有约定或者经全体合伙人同意外，合伙人不得同本合伙企业进行交易，有限合伙人可以同本有限合伙企业进行交易，但合伙协议另有约定的除外；合伙人不得从事损害本合伙企业利益的活动，如玩忽职守、泄露合伙企业的商业秘密等。

（3）合伙企业事务执行的决议办法。合伙人对合伙企业有关事项做出决议，依照《合伙企业法》或按照合伙协议约定的表决办法办理。法律未规定或合伙协议未约定或约定不明确的，实行合伙人一人一票并经全体合伙人过半数通过的表决办法。

（4）合伙企业的利润分配和亏损分担。由一个或数个合伙人执行合伙事务的，其执行合伙事务所产生的收益归全体合伙人，所产生的费用和亏损由全体合伙人承担。合伙企业的利润分配和亏损分担，按照合伙协议的约定办理；合伙协议未约定或约定不明确的，由合伙人协商决定；协商不成的，由合伙人按照实缴出资比例分配和分担；无法确定出资比例的，由合伙人平均分配和分担。合伙协议不得约定将全部利润分配给部分合伙人或由部分合伙人承担全部亏损。

（5）非合伙人合伙事务的执行。根据《合伙企业法》的规定，经全体合伙人同意，合伙企业可以聘任合伙人以外的人担任合伙企业的经营管理人员。被聘任的合伙企业的经营管理人员应当在合伙企业授权范围内履行职务。被聘任的合伙企业的经营管理人员，超越合伙企业授权范围履行职务，或者在履行职务过程中因故意或重大过失给合伙企业造成损失的，依法承担赔偿责任。

3.3.4　入伙与退伙

1．入伙

入伙，是指合伙企业存续期间，合伙人以外的第三人加入合伙，从而取得合伙人资格。

（1）入伙的条件。

1）必须经全体合伙人一致同意，合伙协议另有约定的除外。

2）依法订立书面入伙协议。订立入伙协议时，原合伙人应当向新合伙人如实告知原合伙企业的经营状况和财务状况。

（2）入伙的法律后果。入伙的新合伙人与原合伙人享有同等权利，承担同等责任。入伙协议另有约定的，从其约定。新合伙人对入伙前合伙企业的债务承担无限连带责任。新入伙的有限合伙人对入伙前有限合伙企业的债务，以其认缴的出资额为限承担责任。

【案例聚焦】

朱某与甲、乙两人商议合伙开办一小食品加工厂，三人商定各出资2万元，订立了书面协议。在准备生产过程中，发现资金仍然不够，朱某于是动员胞弟朱丙支持他们2万元。朱丙表示出资可以，但要参加合伙企业的盈余分配。经朱某与甲、乙两合伙人商议，对朱丙参加盈余分配表示同意，但约定朱丙不得参与合伙企业的经营活动，并正式写下书面协议。

问题：朱丙的出资行为能否视为新加入合伙企业？

分析提示：依据《合伙企业法》，他们有书面协议，朱丙参加盈余分配，不参与合伙企业的经营活动，应认为是新加入合伙企业。同时，有关约定也不违反法律规定。

2．退伙

退伙，是指合伙企业存续期间，合伙人退出合伙企业，从而丧失合伙人资格。

（1）自愿退伙。自愿退伙，是指合伙人基于自愿的意思表示而退伙。自愿退伙可以分为协议退伙和通知退伙两种。

1）协议退伙。我国《合伙企业法》规定，合伙协议约定合伙期限的，在合伙企业存续期间，有下列情形之一的，合伙人可以退伙：合伙协议约定的退伙事由出现；经全体合伙人一致同意；发生合伙人难以继续参加合伙的事由；其他合伙人严重违反合伙协议约定的义务。

2）通知退伙。我国《合伙企业法》规定，合伙协议未约定合伙期限的，合伙人在不给合伙企业事务执行造成不利影响的情况下，可以退伙，但应当提前30日通知其他合伙人。合伙人违反上述规定退伙的，应当赔偿由此给合伙企业造成的损失。

（2）法定退伙。法定退伙，是指合伙人因出现法律规定的事由而退伙。法定退伙分为当然退伙和除名两种。

1）当然退伙。我国《合伙企业法》规定，合伙人有下列情形之一的，当然退伙：作为合伙人的自然人死亡或者被依法宣告死亡；个人丧失偿债能力；作为合伙人的法人或者其他组织依法被吊销营业执照、责令关闭、撤销，或者被宣告破产；法律规定或者合伙协议约定合伙人必须具有相关资格而丧失该资格；合伙人在合伙企业中的全部财产份额被人民法院强制执行。退伙事由实际发生之日为退伙生效日。

2）除名。合伙人有下列情形之一的，经其他合伙人一致同意，可以决议将其除名：未履行出资义务；因故意或者重大过失给合伙企业造成损失；执行合伙事务时有不正当行为；发生合伙协议约定的事由。

（3）退伙的法律后果。

1）财产继承。合伙人死亡或者被依法宣告死亡的，对该合伙人在合伙企业中的财产份额享有合法继承权的继承人，按照合伙协议的约定或者经全体合伙人一致同意，从继承开始之日起，取得该合伙企业的合伙人资格。

【法律提示】

继承人不愿意成为合伙人，合伙企业应当向合伙人的继承人退还被继承合伙人的财产份额。合伙人的继承人为无民事行为能力人或限制民事行为能力人的，经全体合伙人一致同意，可以依法成为有限合伙人，普通合伙企业依法转为有限合伙企业。全体合伙人未能一致同意的，合伙企业应当将被继承合伙人的财产份额退还该继承人。

2）财产清算与损益分配。我国《合伙企业法》规定：合伙人退伙，其他合伙人应当与该退伙人按照退伙时的合伙企业财产状况进行结算，退还退伙人的财产份额。退伙人对给合伙企业造成的损失负有赔偿责任的，相应扣减其应当赔偿的数额。退伙时有未了结的合伙企业事务的，待该事务了结后进行结算。退伙人在合伙企业中财产份额的退还办法，由合伙协议约定或者由全体合伙人决定，可以退还货币，也可以退还实物。退伙人对基于其退伙前的原因发生的合伙企业债务，承担无限连带责任。有限合伙人退伙后，对基于其退伙前的原因发生的有限合伙企业债务，以其退伙时从有限合伙企业中取回的财产承担责任。合伙人退伙时，合伙企业财产少于合伙企业债务的，如果合伙协议约定亏损分担比例的，退伙人应当按照约定比例分担亏损。未约定的，退伙人应当与其他合伙人平均分担亏损。

3.3.5 合伙企业与第三人的关系

合伙企业与第三人的关系，主要表现在与善意第三人的关系，与合伙企业债权人的关系，与合伙人的债权人的关系等方面。

（1）与善意第三人的关系。合伙企业对合伙人执行合伙事务以及对外代表合伙企业权利的限制，不得对抗善意第三人。第三人有理由相信有限合伙人为普通合伙人并与其交易的，该有限合伙人对该笔交易承担与普通合伙人同样的责任。

（2）与合伙企业债权人的关系。合伙企业对其债务，应先以其全部财产进行清偿，合伙企业财产不足清偿到期债务的，各普通合伙人应当承担无限连带责任。承担债务的比例由合伙协议约定，未约定的由各合伙人平均分担。所谓“无限责任”即其承担责任不以出资额为限。所谓“连带责任”即① 每个合伙人均须对合伙企业债务负责，债权人可以请求全体、部分或个别合伙人清偿；被请求人即须清偿全部债务，不得以自己承担的份额为限拒绝。② 在合伙人内部，清偿的债务数额超过其应当承担的数额时，有权向其他合伙人追偿。

（3）与合伙人的债权人的关系。合伙企业中某一合伙人的债权人，不得以其债权抵消其对合伙企业的债务；也不得代位行使合伙人在合伙企业中的权利。合伙人的自有财产不足清偿其个人所负债务的，该合伙人可以以其从合伙企业中分取的收益用于清偿；债权人也可以依法请求人民法院强制执行该合伙人在合伙企业中的财产份额用于清偿。此时，其他合伙人有优先购买权；其他合伙人未购买，又不同意将该财产份额转让给他人的，依照本法为该合伙人办理退伙结算，或者办理削减该合伙人相应财产份额的结算。

3.3.6 合伙企业的解散和清算

1. 合伙企业的解散

合伙企业的解散，是指各合伙人解除合伙协议，合伙企业终止活动，合伙企业因某些法律事实的发生而使其民事主体资格归于消灭的法律行为。

《合伙企业法》规定，合伙企业有下列情形之一的，应当解散：① 合伙期限届满，合伙人决定不再经营；② 合伙协议约定的解散事由出现；③ 全体合伙人决定解散；④ 合伙人已不具备法定人数满 30 天；⑤ 合伙协议约定的合伙目的已经实现或者无法实现；⑥ 依法被吊销营业执照、责令关闭或者被撤销；⑦ 法律、行政法规规定的其他原因。

2. 合伙企业的清算

合伙企业解散后，应当进行清算，清算程序如下。

（1）确定清算人。清算人由全体合伙人担任；未能由全体合伙人担任清算人的，经全体合伙人过半数同意，可以自合伙企业解散事由出现后 15 日内指定一个或者数个合伙人，或者委托第三人，担任清算人。15 日内未确定清算人的，合伙人或者其他利害关系人可以申请人民法院指定清算人。

（2）通知和公告债权人。清算人自被确定之日起 10 日内将合伙企业解散事项通知债权人，并于 60 日内在报纸上公告。债权人应当自接到通知书之日起 30 日内，未接到通知书的自公告之日起 45 日内，向清算人申报债权，清算人应当对债权进行登记。清算期间，合伙企业存续，但不得开展与清算无关的经营活动。

【法律提示】财产清偿顺序

根据我国《合伙企业法》的规定，合伙企业财产在支付清算费用后，按下列顺序清偿：① 合伙企业所欠职工工资和社会保险费用、法定补偿金；② 合伙企业所欠税款；③ 合伙企业的债务；④ 返还合伙人的出资。合伙企业财产按上述顺序清偿后仍有剩余的，按照合伙协议约定的利润分配比例进行分配；合伙协议未约定分配比例的，由合伙人平均分配。合伙企业清算时其全部财产不足清偿其债务的，由合伙人以个人的财产，按照合伙协议约定的比例承担清偿责任；合伙协议未约定比例的，由合伙人平均承担清偿责任。

（3）清算结束。清算结束清算人应编制清算报告，经全体合伙人签章后报送登记机关，申请注销登记；注销登记后合伙企业消灭，但原普通合伙人对合伙企业存续的债务仍应承担无限连带责任；合伙企业不能清偿到期债务的，债权人也可以申请其破产，普通合伙人仍要承担无限连带责任。

【案例聚焦】

某合伙企业在清算时，其企业财产加上各合伙人的可执行财产，共计有50万元现金和价值150万元的实物。其负债为：职工工资10万元，银行贷款40万元和其他债务160万元，欠缴税款60万元。

根据我国《合伙企业法》的规定，合伙企业财产在支付清算费用后，按下列顺序清偿：① 合伙企业所欠职工工资和社会保险费用、法定补偿金；② 合伙企业所欠税款；③ 合伙企业的债务；④ 返还合伙人的出资。因此，应首先用现金50万元中的10万元偿还职工工资；其次用余下的现金40万元缴纳税款；再次以实物变现所得150万元中的20万元缴齐税款；最后用余下的130万元偿还银行贷款与其他债务，尚有70万元缺口。对于未能清偿的债务，由合伙人在今后继续承担连带清偿责任。债权人享有在清算结束后以原合伙人为连带债务人，继续请求清偿的权利。但是，如果债权人在连续5年内未向债务人提出清偿请求，则债务人的清偿责任归于消灭。

3.4　外商投资企业法

3.4.1　外商投资企业法概述

1. 外商投资企业概述

外商投资企业，是指外国投资者经中国政府批准，在中国境内投资举办的企业。

（1）外商投资企业的特征。

1）外商投资企业是外商直接投资举办的企业。

2）外商投资企业是吸引外国私人投资举办的企业。

3）外商投资企业是依照中国的法律和行政法规，经中国政府批准，在中国境内设立的企业。

（2）外商投资企业的种类。外商投资企业是一个总括概念，包括所有含有外资成分的企业。依照外商在企业注册资本和资产中所占股份和份额的比例不同及其他法律特征不同，可将外商投资企业分为三种类型：中外合资经营企业、中外合作经营企业和外商独资经营企业。

2. 外商投资企业法的概念

外商投资企业法是调整有关外商投资企业在经济运行中发生的社会关系的法律规范的总称。其主要内容包括外商投资企业的组织形式、设立与登记程序、法律地位、投资关系、法律文件、中外双方的权利义务、组织机构、管理关系、劳动关系、税收、外汇关系、解散和清算等。

我国对外商投资企业的法律保护，集中体现在我国外商投资企业的法律法规中。根据《中华人民共和国宪法》有关保护外商投资企业的规定，我国相继颁布了一系列有关调整外商投资企业关系的法律、法规及规章，主要包括《中华人民共和国中外合资经营企业法》（简称《中外合资经营企业法》）、《中华人民共和国中外合作经营企业法》（简称《中外合作经营企业法》）、《中华人民共和国外资企业法》（简称《外资企业法》）等。

3.4.2 中外合资经营企业法

1．中外合资经营企业概述

中外合资经营企业亦称股权式合营企业，是指由外国公司、企业和其他经济组织或个人同中国的公司、企业或其他经济组织，依照中国的法律和行政法规，经中国政府批准，设在中国境内的，由双方共同投资、共同经营，按照各自的出资比例共担风险、共负盈亏的企业。

中外合资经营企业具有如下法律特征：中国公民个人不能成为合营者；企业的组织形式为有限责任公司，具有法人资格；注册资本中外方合营者的出资比例一般不得低于25%；中外各方依照出资比例分享利润，分担风险，回收投资；不设股东会，其最高权力机构为董事会。

2．中外合资经营企业的设立

（1）中外合资经营企业的设立条件。中国境内设立的中外合资经营企业，应当能够促进中国经济的发展和科学技术水平的提高，有利于社会主义现代化建设。有下列情况之一的，不予批准：① 有损中国主权的；② 违反中国法律的；③ 不符合中国国民经济发展要求的；④ 造成环境污染的；⑤ 签订的协议、合同、章程显失公平，损害中外合资经营一方权益的。

（2）中外合资经营企业的设立程序。申请设立中外合资经营企业，应向审批机关报送下列正式文件：① 设立合资企业的申请书；② 合资各方共同编制的可行性研究报告；③ 由合资各方授权代表签署的合资企业协议、合同和章程；④ 由合资各方委派的合资企业的董事长、副董事长、董事人选名单；⑤ 审批机构规定的其他文件。

在中国境内设立的合资经营企业，必须经国务院对外经济贸易主管部门审查批准，发给批准证书。中外合资经营企业应当在收到审批机关发给的批准证书之日起1个月内向工商行政管理机关办理登记手续。

3．中外合资经营企业的注册资本和投资总额

中外合资经营企业的投资总额由中外投资各方各自的投资额和以合营企业的名义的借款这两部分组成，它等于合营企业的自有资金及该企业的借贷资金之和。

中外合资经营企业的注册资本是指为设立合营企业在登记管理机构登记的资本总额，应为合资各方在合营企业合同中认缴的出资额之和。

中外合资经营企业的注册资本和投资总额之间必须保持合理的比例关系。

（1）合营企业的投资总额在300万美元以下（含300万美元）的，其注册资本至少应占投

资总额的7/10，即股与债之比为7∶3。

（2）合营企业的投资总额在300万美元以上到1 000万美元的，其注册资本至少应占投资总额的1/2，即股与债之比为1∶1；但投资总额在420万美元以下的，注册资本不得少于210万美元。

（3）合营企业的投资总额在1 000万美元以上到3 000万美元的，其注册资本至少应占投资总额的2/5，即股与债之比为2∶3；但投资总额在1 250万美元以下的，注册资本不得低于500万美元。

（4）合营企业的投资总额在3 000万美元以上的，其注册资本至少应占投资总额的1/3，即股与债之比为1∶2（债可为股的2倍）；但投资总额在3 600万美元以下的，注册资本不得低于1 200万美元。

4．中外合资经营企业内合资各方的投资比例和投资方式

《中外合资经营企业法》第四条规定，在合营企业的注册资本中，外国合营者的投资比例一般不低于25%，即我国的法律只规定了外国合营方投资的最低限额，没有规定外资所占比例的最高限额。

根据《中外合资经营企业法》及《中外合资经营企业法实施条例》规定，合资经营企业各方可以以货币、实物、工业产权和专有技术及场地使用权等进行出资。

5．中外合资经营企业股份的转让

合资经营企业的股份转让是依法享有的权利，但在具体的转让中，还应遵守以下几个具体的法律原则：① 合资经营的任何一方转让其出资，必须经合资经营他方同意；② 合资经营一方转让其部分或全部出资额时，合资经营他方在同等条件下有优先购买权；③ 合资经营企业的股份转让必须经原审批机关批准并在工商行政管理机构办理相关的登记手续。

6．中外合资经营企业的管理制度

（1）根据《中外合资经营企业法》及《中外合资经营企业法实施条例》规定，合资经营企业应由中外双方根据各自的出资比例，共同承担管理的责任，共同参与企业的决策和管理活动。

（2）合资经营企业设立董事会，实行董事会领导下的经理负责制，这是合资经营企业管理体制的核心内容。

（3）根据《中外合资经营企业法》及《中外合理经营企业法实施条例》规定，合资经营企业应设立正、副总经理，全面主持企业的日常管理工作。

7．中外合资经营企业的经营期限、解散和清算

（1）中外合资经营企业的经营期限。中外合资经营企业的经营期限，按不同行业、不同情况，做不同的约定。约定了合资经营期限的企业，在合资各方同意的条件下可以延长，但应在经营期限届满前6个月向审查批准机关提出申请。审查批准机关应自接到申请之日起1个月内决定批准或不批准。

（2）中外合资经营企业的解散。解散的原因主要有：中外合资经营期限届满；企业发生严重亏损，无力继续经营；中外合资经营一方不履行中外合资经营协议、合同、章程规定的义务，致使企业无法继续经营；企业因自然灾害、战争等不可抗力遭受严重损失，无法继续经营；中外合资经营企业未达到其经营目的，同时又无发展前途；中外合资经营企业合同、章程规定的其他解散原因已经出现。

（3）中外合资经营企业的清算。中外合资经营企业宣告解散时，应当进行清算。合资企业应当按照有关的规定成立清算委员会，由清算委员会负责清算事宜。清算结束后，由清算委员会提出清算结束报告，提请董事会会议通过后，报告审批机关，并向登记管理机关办理注销登记手续，缴销营业执照。

3.4.3 中外合作经营企业法

1．中外合作经营企业概述

中外合作经营企业亦称契约式合营企业。它是由外国公司、企业和其他经济组织或个人同中国的公司、企业或者其他经济组织，依照中国的法律和行政法规，经中国政府批准，设在中国境内的，由双方通过合作经营企业合同约定各自的权利和义务的企业。

中外合作经营企业具有如下法律特征：属于契约型合营企业；企业形式多样化；组织机构和管理方式灵活；一般采取先让外方回收投资的做法，合作期满企业的资产均归中方所有。

2．中外合作经营企业的出资方式

中外合作者的投资或提供的合作条件可以是现金、实物、场地使用权、工业产权、非专利技术和其他财产权利。

3．中外合作经营企业法人资格的可选择性

合作企业符合中国法律关于法人条件规定的，依法取得法人资格。这就意味着法律允许合作企业办成企业法人，也允许其办成不具备法人条件的联营式企业。

4．中外合作经营企业各方利润的分配

合作各方按照合作企业合同的约定，分配收益或者产品，承担风险和亏损。这一规定说明合作企业的利润分配可以具有其自身的灵活性，即由合作各方在合同中约定和订明。

5．中外合作经营企业的组织管理形式

合作企业可以采取董事会负责制，也可以采取联合管理制。

6．中外合作经营企业结业时财产的处置

《中外合作经营企业法》规定，合作企业期满结业时，应当依照法定程序对企业的资产和债权债务进行清算。在此基础上，中外合作者应当依照合作企业合同的约定，确定合作企业财产的归属。在实践中，合作企业合同通常约定，外国合作者在合作期限内先行回收投资，而在合作期满时，合作企业的全部固定资产都无偿地归中方所有。

3.4.4 外资企业法

1．外资企业概述

外资企业亦称外商独资经营企业。它是指外国的公司、企业和其他经济组织或个人，依照中国的法律和行政法规，经中国政府批准，设在中国境内的，全部资本由外国投资者投资的企业。但其不包括外国公司、企业和其他经济组织在中国境内设立的分支机构。

外资企业的法律特征包括：外资企业的全部资本都由外国投资者投资，企业的利润、风险和亏损也由外国投资者独立承担，外国投资者可以是公司、企业、其他经济组织和个人；外资企业是依照中国法律在中国境内设立的企业；外资企业是独立的经济法律关系主体，能够自主经营、自负盈亏、独立承担民事责任。

2．我国对外资企业的监督管理

根据《外资企业法》及《外资企业法实施细则》的规定，对外资企业依法进行监督管理的具体措施有：① 外资企业必须遵守中国的法律，不得损害中国的公共利益；② 外资企业的设立，必须经过我国对外经贸部门的审查批准，并到工商行政管理机关注册登记，领取营业执照；③ 工商行政管理机关有权对外资企业的投资情况进行检查和监督；④ 我国财政税务机关有权监督外资企业的财务情况；⑤ 外资企业的各项保险应当向中国境内的保险公司投保；⑥ 外资企业的分立、合并或者终止，以及其他重要事项变更，必须报审批机关批准，并经行政管理机关办理变更登记手续；⑦ 外资企业应当缴纳税款。

3．外国投资者的出资

外国投资者可以用可自由兑换的外币出资，也可以用机器设备、工业产权、专有技术等作价出资。经审批机关批准，外国投资者也可以用其从中国境内兴办的其他外商投资企业获得的人民币利润出资。

外国投资者以工业产权、专有技术出资的，应满足两个条件：① 是外商投资者自己所有的；② 对工业产权、专有技术的作价应与国际上通常的作价原则一致，其作价金额不得超过外资企业注册资本的 20%。

外国投资者可以分期缴付出资，但最后一期出资应当在营业执照签发之日起 3 年内缴清。其中第一期出资不得少于外国投资者认缴出资额的 15%，并应在外资企业营业执照签发之日起 90 日内缴清。如不能按比例在法定期限内缴付出资，则外资企业批准证书自动失效。在缴付每期出资后，都应当聘请中国的注册会计师验证，并出具验资报告，报审批机关和工商行政管理机关备案。

4．外资企业的组织机构

外资企业的组织机构的设置，中国政府不加干涉，因此机构设置相对自由、灵活。根据《外资企业法》的规定，外资企业的组织形式为有限责任公司，经批准也可以为其他组织形式。

练 习 题

一、单项选择题

1．下列关于个人独资企业的表述中，正确的是（　　）。

A．个人独资企业的投资人可以是自然人、法人或其他组织

B．个人独资企业的投资人对企业债务承担无限责任

C．个人独资企业不能以自己的名义从事民事活动

D．个人独资企业具有法人资格

2．甲为某普通合伙企业的合伙人，该合伙企业经营手机销售业务。甲拟再设立一家经营手机销售业务的个人独资企业。下列关于甲能否设立该个人独资企业的表述中，符合《合伙企业法》规定的是（　　）。

A．甲经其他合伙人一致同意，可以设立该个人独资企业

B．甲可以设立该个人独资企业，除非合伙协议另有约定

C．甲如不执行合伙企业事务，就可以设立该个人独资企业

D．甲只要具有该合伙人的身份，就不可以设立该个人独资企业

3．下列关于个人独资企业法律特征的表述中，正确的是（　　）。

A．个人独资企业是独立的民事主体，可以独立地承担民事责任

B．个人独资企业具有法人资格

C．个人独资企业的投资人对企业债务承担有限责任

D．个人独资企业的投资人只能是中国公民

4．根据《合伙企业法》的规定，有限合伙人出现一定情形时当然退伙，下列不属于有限合伙人当然退伙情形的是（　　）。

A．有限合伙人丧失民事行为能力

B．有限合伙人死亡

C．有限合伙人被宣告破产

D．有限合伙人在合伙企业中的全部财产份额被人民法院强制执行

5．某普通合伙企业委托合伙人杨某执行合伙事务，根据《合伙企业法》的规定，下列关于杨某执行合伙事务的权利义务的表述中，正确的是（　　）。

A．只能由杨某对外代表该合伙企业

B．除合伙协议另有约定外，杨某可以自行决定改变该合伙企业主要经营场所的地点

C．除合伙协议另有约定外，杨某可以自行处分该合伙企业的不动产

D．杨某可以自营与该合伙企业竞争的业务

6．某外国投资者通过购买境内某公司股权设立中外合资经营企业，该合营企业的注册资本为700万美元。根据外伤投资企业法律制定的规定，该合营企业的投资总额最高应为（　　）万美元。

A．1 000　　B．1 400　　C．1 750　　D．2 100

7．2010年3月，甲、乙、丙、丁成立一有限合伙企业，甲为普通合伙人，乙、丙、丁为有限合伙人。2011年3月丙转为普通合伙人，2010年8月该合伙企业欠银行30万元，直至2012年3月合伙企业被宣告破产仍未偿还。下列关于甲、乙、丙、丁对30万元银行债务承担责任的表述中，符合《合伙企业法》规定的是（　　）。

A．乙、丁应以其认缴的出资额为限对30万元债务承担清偿责任，甲、丙承担无限连带责任

B．乙、丙、丁应以其认缴的出资额为限对30万元债务承担清偿责任，甲承担无限责任

C．乙、丁应以其实缴的出资额为限对30万元债务承担清偿责任，甲、丙承担无限连带责任

D．乙、丙、丁应以实缴的出资额为限对30万元债务承担清偿责任，甲承担无限责任

二、多项选择题

1．个人独资企业聘用的经营管理人员，未经投资人同意，不得从事的行为有（　　）。

A．从事与本企业相竞争的业务　　B．同本企业订立合同或者进行交易

C．将企业专利权转让给他人使用　　D．将企业商标权转让给他人使用

2．某个人独资企业决定解散，并进行清算。该企业财产状况如下：企业尚有可用于清偿的财产10万元；欠缴税款3万元；欠职工工资1万元；欠社会保险费用0.5万元；欠甲公司到期债务5万元；欠乙未到期债务2万元。根据《个人独资企业法》的规定，该个人独资企业在清偿所欠税款前，应先行清偿的款项有（　　）。

A．所欠职工工资1万元　　B．所欠社会保险费用0.5万元

C．所欠甲公司到期债务5万元　　D．所欠乙未到期债务2万元

3．根据《合伙企业法》的规定，下列关于合伙企业合伙人出资形式的表述中，正确的是（　　）。

A．普通合伙人可以以知识产权出资　　B．有限合伙人可以以实物出资

C．普通合伙人可以以土地使用权出资　　D．有限合伙人可以以劳务出资

4．关于有限合伙企业的概念理解，下列说法正确的是（　　）。

A．有限合伙企业必须是由有限合伙人和普通合伙人共同组成的

B．有限合伙企业至少应当有一个有限合伙人

C．有限合伙中普通合伙人对合伙企业债务承担无限连带责任

D．有限合伙中有限合伙人对合伙企业债务以其实缴的出资额为限承担有限责任

5．甲、乙、丙准备设立一家普通合伙企业，在其拟定的合伙协议中的下列内容，不符合规定的有（　　）。

A．以劳务出资的甲对企业债务承担有限责任

B．企业名称中只标明“合伙”字样

C．由乙执行企业事务

D．出资最多的丙有权修改合伙协议

6．甲是某普通合伙企业合伙人，因病身亡，其继承人只有乙。关于乙继承甲的合伙财产份额的下列表述中，符合《合伙企业法》规定的有（　　）。

A．乙可以要求退还甲在合伙企业的财产份额

B．乙只能要求退还甲在合伙企业的财产份额

C．乙因继承财产份额而当然成为合伙企业的合伙人

D．经其他合伙人同意，乙因继承而成为合伙企业的合伙人

三、案例分析题

1．刘某是某高校的在职研究生，经济上独立于其家庭。2013年8月在工商行政管理部门注册成立了一家主营信息咨询的个人独资企业，取名为“远大信息咨询有限公司”，注册资本为人民币1元。公司成立后营业形势看好，收益甚丰。于是后来黄某与刘某订立协议参加该个人独资企业的投资经营，并注入投资5万元人民币。经营过程中先后共聘用工作人员10名。对此，刘某认为自己开办的是私人企业，并不需要为职工办理社会保险，因此没有给职工缴纳社会保险费，也没有与职工签订劳动合同。后来该独资企业经营不善导致负债10万元。刘某决定于2015年10月自行解散企业，但因为企业财产不足清偿而被债权人、企业职工诉诸人民法院。法院审理后认为刘某与黄某形成事实上的合伙关系，判决责令刘、黄补充办理职工的社会保险并缴纳保险费，由刘某与黄某对该企业的债务承担无限连带责任。

问题：

（1）该企业的设立是否合法？

（2）刘某允许另一人参加投资，共同经营的行为是否合法？

（3）该企业的债权人要求是否成立？

（4）刘某是否有权解散该企业？

（5）黄某是否应当承担无限连带责任？

2．王某、张某、李某与范某开办的独资企业甲共同签订了一份合伙协议，拟共同生产经营一种新式取暖设备，王某、范某各出资30万元，张某以其取暖设备专利作价出资50万元，李某则以其劳务作价出资20万元。对以上出资合伙人经协商确定，不再委托法定评估机构进行评

估，同时向企业登记机关申请设立登记，企业名称定为“光明”有限合伙厂，在申请登记期间，恰有一厂家急需取暖设备，于是便以光明有限合伙厂名义与该厂家签订了一份购销合同。

问题：上述内容哪些不符合《合伙企业法》的规定？为什么？

3．中国某企业与外国某企业在中国境内拟共同投资设立一中外合资经营企业，双方拟订的合营企业协议中部分条款如下：① 合营企业投资总额为900万美元，注册资本为400万美元。其中，中方出资260万美元，外方出资140万美元，双方一次缴清出资。② 中方出资方式及数额：现金60万美元，厂房作价100万美元，场地使用权作价100万美元；外方出资方式及数额：以合营企业财产作担保从银行取得的贷款70万美元，工业产权作价70万美元。③ 合营企业的董事长、副董事长均由中方担任。④ 合营企业的总经理由外方担任。

问题：根据中外合资经营企业法律制度的规定，指出合营企业协议中不符合法律规定之处，并简要说明理由。

第4章 公司法

学习目标

通过本章的学习，要求：掌握公司的概念、特征和分类，有限责任公司、股份有限公司的设立和组织机构；了解股份的发行和转让，公司债券的发行和转让等法律问题；能运用所学知识分析和解决有关公司的具体法律问题。

引导案例

甲股份有限公司（简称甲公司）董事会由七名董事组成。某日，公司董事长张某召集并主持召开董事会会议，出席会议的共六名董事。董事会会议做出如下决议：① 增选职工代表李某为监事；② 为拓展市场，成立乙分公司；③ 决定为其子公司丙与A企业签订的买卖合同提供连带责任保证，该保证的数额超过了公司章程规定的限额。在讨论该保证事项时，只有董事赵某投了反对票，其意见已被记载于会议记录。其他董事均认为丙公司经营状况良好，信用风险不大，对该保证事项投了赞成票。出席会议的全体董事均在会议记录上签了名。

乙分公司依法成立后，在履行与丁公司的买卖合同过程中与对方发生纠纷，被诉至法院。法院判决乙分公司赔付货款并承担诉讼费用。乙分公司无力清偿，丁公司转而请求甲公司承担责任。

丙公司在其与A企业签订的买卖合同债务履行期届满后未履行债务，A企业要求甲公司承担保证责任。甲公司因承担保证责任而遭受严重损失。

思考题：

根据《公司法》的规定，回答下列问题：

（1）董事会会议决议增选职工代表李某为监事是否符合法律规定？简要说明理由。

（2）丁公司请求甲公司承担责任是否符合法律规定？简要说明理由。

4.1　公司法概述

4.1.1　公司的概念和特征

1. 公司的概念

公司是指股东依照公司法的规定，以出资方式设立，股东以其认缴的出资额或认购的股份为限对公司承担责任，公司以其全部独立法人财产对公司债务承担责任的企业法人。

2. 公司的特征

（1）公司以营利为目的。公司的设立和运作，目的在于获取利润，并将所得到的利润分配给股东，使股东因此而获得经济利益。

（2）公司具备法人人格。依据公司法，公司要有独立的名称、住所、组织机构，能够独立支配和管理自己的财产，对外独立承担民事责任。因此，公司具备法人人格，具有独立的主体地位。

【案例聚焦】

甲、乙、丙三家公司共同出资于 2011 年 8 月设立 A 有限责任公司（简称 A 公司）。2012 年 1 月，A 公司以资金周转困难为由，向王某借款 200 万元作为生产的流动资金，约定借款期限为一年。但到了约定的还款时间，A 公司无力偿还欠款。王某遂以其三家股东甲、乙、丙公司为被告诉至法院，请求判令被告返还借款。本案中，因为 A 公司是甲、乙、丙公司共同出资依法设立的公司。甲、乙、丙公司已经履行了出资义务，只在此出资范围内承担有限责任。所以王某不能向 A 公司的三家股东甲、乙、丙公司追偿债务。

（3）公司具有社团性。公司是股东在出资基础上集合而成的社团法人。

（4）公司具有法定性。按照公司法，只有依照法定条件、法定程序设立的公司，才能取得公司的法律地位和主体资格。

4.1.2　公司的分类

1. 无限公司、有限公司、股份有限公司、两合公司和股份两合公司

以股东对公司债务所承担的责任为标准，可以将公司分为无限公司、有限公司、股份有限公司、两合公司和股份两合公司。

无限公司亦称无限责任公司，是指股东对公司债务负无限连带清偿责任的公司。有限公司亦称有限责任公司，是指股东对公司债务仅以其出资额为限承担有限责任的公司。股份有限公司亦称股份公司，是指将公司的全部资本划分为等额股份，股东按其所认购的股份对公司债务

承担责任的公司。两合公司，是指由一个以上的无限责任股东和一个以上的有限责任股东组成的公司。股份两合公司，是指股份有限公司与无限责任公司的组合，无限责任股东对公司债务负无限连带责任，有限责任部分的资本则划分为股份，可以发行股票，其股东仅以其认购的股份对公司债务承担责任的公司。

在上述公司类型中，有限责任公司和股份有限公司是目前最典型的两种公司形式，两者的区别如表 4-1 所示。

表 4-1　有限责任公司与股份有限公司的区别

	有限责任公司	股份有限公司
信用基础	人资兼合公司	纯粹人合公司
成立要件	较简单	较复杂
筹资方式	发起设立	发起或募集设立
组织机构	可以简化	不得简化
表现形式	普通公司（一人公司）	普通公司
股权基础	出资额	股份
股权转让	限制	自由
经营者	全体股东	特定机构
信息公开程度	低	高

2．人合公司、资合公司及人资兼合公司

以公司信用基础的不同为标准进行分类，可以将公司分为人合公司、资合公司和人资兼合公司。

人合公司是指以股东的个人信用作为公司信用基础的公司。人合公司中股东结合的基础主要是个人信用，公司经营活动的基础也主要是个人信用，而不是公司的资本。资合公司是指以公司的资本额和资产条件作为公司信用基础的公司。人资兼合公司是指以股东的个人信用和公司的资本信用作为公司信用基础的公司。

3．母公司和子公司

以一家公司对另一家公司的控制与支配关系为标准，可以将公司分为母公司和子公司。

母公司是指因拥有其他公司一定比例股份或者根据协议可以控制或支配其他公司的公司，因此母公司也称控股公司。子公司和母公司是相对应的概念。子公司是指全部股份或达到控股程度的股份被另一个公司控制，或者依照协议被另一个公司实际控制的公司。

子公司和母公司一样都具有法人资格，依法独立享有民事权利、承担民事责任。我国《公司法》第十四条规定："公司可以设立子公司，子公司具有独立法人资格，依法独立承担民事责任。"

4．总公司和分公司

以公司的内部管辖关系进行划分，可以将公司分为总公司和分公司。

总公司也称本公司，是指管辖公司全部组织的总机构。根据我国法律，公司应该至少有三个分支机构，才可以在名称中使用“总”的字样。分公司是指被总公司所管辖的公司分支机构。分公司没有独立的名称、章程，没有独立的财产，不具有法人资格，仅为总公司的附属机构。

5．本国公司、外国公司和跨国公司

以公司的国籍进行划分，可以将公司分为本国公司、外国公司和跨国公司。

本国公司是指依本国法律，在本国境内设立的公司；外国公司是指依外国法律，在外国设立的公司；跨国公司是指在多个国家设有公司的公司，通常具有两个以上的国籍。

【相关链接】企业集团

企业集团是一种以大企业为核心，以经济技术或经营联系为基础、实行集权与分权相结合的领导体制，规模巨大、多角化经营的企业联合组织或企业群体组织。我国法律规定，设立企业集团应当具备以下条件：企业集团的母公司注册资本在 5 000 万元人民币以上，并至少拥有 5 家子公司；母公司和其子公司的注册资本总和在 1 亿元人民币以上；集团成员单位均具有法人资格。

我国比较著名的企业集团有中国中钢集团公司、上海电影集团公司、中国卫星通信集团公司等。

4.1.3 公司法的概念

公司法是指规定公司的设立、组织、活动、解散及其他对内对外关系的法律规范的总称。公司法有狭义和广义之分，狭义的公司法仅指以“公司法”命名的法律。我国现行的公司法是 1993 年 12 月 29 日第八届全国人民代表大会常务委员会第五次会议通过，2005 年 10 月 27 日第十届全国人民代表大会常务委员会第十八次会议进行修订的《中华人民共和国公司法》，该法自 2006 年 1 月 1 日起施行。我国的《公司法》由第八届全国人大常委会第五次会议于 1993 年 12 月 29 日通过，自 1994 年 7 月 1 日起施行。此后，《公司法》于 1999 年、2004 年进行了两次小的修订。2005 年 10 月 27 日，《公司法》在进行了大规模的修订后，由第十届全国人大常委会第十八次会议通过并于 2006 年 1 月 1 日起施行。2013 年 12 月 28 日第十二届全国人民代表大会常务委员会第六次会议通过对《公司法》的修正，并于 2014 年 3 月 1 日起施行。

4.2 有限责任公司

4.2.1 有限责任公司的概念与特征

1. 有限责任公司的概念

有限责任公司也称有限公司，是指由1～50个股东设立的，股东以其认缴的出资额为限对公司承担有限责任，公司以其全部财产对公司债务承担责任的企业法人。

2. 有限责任公司的特征。

（1）股东人数受限制。我国新《公司法》承认一人公司，因此，有限责任公司的股东人数为1～50人。股东人数超过50人则要变更公司形式为股份有限公司。

（2）股东责任的有限性。有限责任公司的股东，仅以其出资额为限对公司的债务承担责任，此外，对公司的债权人不承担任何责任。这是有限责任公司与无限公司及合伙的根本区别。

【法律提示】

股东责任有限性也有例外，根据《公司法》第二十条第三款的规定，公司股东滥用公司法人独立地位和股东有限责任，逃避债务，严重损害公司债权人利益的，应当对公司债务承担连带责任。

3. 股东出资的非股份性

有限责任公司的资本一般不分为等额股份，股东出资也不以股份为单位计算，而直接以出资额计算。这是有限责任公司与股份有限公司最重要的区别。

4. 公司资本的封闭性

有限责任公司资本只能由全体股东认缴，不能向社会募集股份，也不能发行股票。公司发给股东出资数额的证明书称股单，股单也不能在证券市场上流通转让。另外，一般对股东出资的转让也有严格的限制，这一点明显也区别于股份有限公司。

5. 机构设置的灵活性

有限责任公司设立程序简便，只有发起设立，而无募集设立；组织机构也较简单、灵活，其股东会由全体股东组成，董事会由股东会选举产生；规模较小、股东人数较少的有限责任公司可以不设董事会和监事会，而由执行董事和执行监事来代替。

4.2.2　有限责任公司的设立

1．有限责任公司设立的条件

（1）股东符合法定人数。有限责任公司由 1～50 个出资人设立。《公司法》允许只有一个自然人股东或一个法人股东的有限责任公司，即一人有限责任公司的存在。国家也可单独出资、由国务院或者地方人民政府授权本级人民政府国有资产监督管理机构履行出资人职责设立有限责任公司，即国有独资公司。

（2）有符合公司章程规定的全体股东认缴的出资额。有限责任公司的注册资本为在公司登记机关登记的全体股东认缴的出资额。法律、行政法规以及国务院决定对有限责任公司注册资本实缴、注册资本最低限额另有规定的，从其规定。

（3）股东共同制定公司章程。有限责任公司设立时，由全体股东共同制定公司章程，股东应当在公司章程上签名、盖章。公司章程应当载明下列事项：① 公司名称和住所；② 公司经营范围；③ 公司注册资本；④ 股东的姓名或者名称；⑤ 股东的出资方式、出资额和出资时间；⑥ 公司的机构及其产生办法、职权、议事规则；⑦ 公司法定代表人；⑧ 股东会会议认为需要规定的其他事项。

（4）有公司名称。设立有限责任公司，必须在公司名称中标明有限责任公司或有限公司字样。

（5）建立符合有限责任公司要求的组织机构。根据《公司法》规定，有限责任公司的组织机构包括股东会、董事会和监事会，法律另有规定的除外。

（6）有公司住所。公司必须有自己的住所，其住所可以与其经营场所一致，也可以不一致。根据《公司法》，有限责任公司以其主要办事机构所在地为住所。

【案例聚焦】

2015 年 5 月，甲、乙、丙三方准备出资设立一有限公司。2015 年 6 月 14 日，三人共同签订了《发起人协议》，约定公司资本全部由三方股东认缴，其中，甲以货币 30 万元出资，乙以办公用房作为出资，而丙本准备以劳务作为出资，但在查阅了《公司法》后了解到，不能以劳务出资，故改为以非专利技术作为出资。但在验资时，丙未能向会计师提供承诺在公司成立后转让非专利技术的承诺函，故最终该项非专利技术出资未得到认可，丙只得改以现金出资 5 万元。但丙同时与其他股东约定，一旦公司成立后，公司应聘请其作为公司的技术总监。公司成立后，丙如约成为公司的技术总监。2013 年，丙提出要将其所持有的全部股份转让给丁，但甲认为丁并不熟悉公司所从事的行业，无法如丙那样为公司服务，故不同意向丁转让股份，并提出由其购买丙所持的股份。最终，丙所持的股份由甲购得。本案中，丙原计划以劳务作为出资，这不符合《公司法》的规定，故最终只得以货币出资。此外，丙在转让其出资时必须取得其他股东过半数的同意，且甲根据《公司法》的规定行使优先购买权，阻止了丁成为公司的股东，这充分体现了有限责任公司的人合性质。

2. 有限责任公司的设立程序

《公司法》及《公司登记管理条例》对有限责任公司设立的程序做了明确的规定。同股份有限责任公司相比，其设立程序较为简单。

（1）发起人发起。有限责任公司只能以发起设立方式设立，投资者通常首先签署发起设立协议，对公司的投资者、各方投资比例、公司名称等基本事项予以明确约定。

（2）办理公司名称的预先核准登记手续。预先核准的公司名称要符合法律对公司名称的构成要求，同时公司名称不得与他人的公司名称相同或相近。通过预先核准的公司名称可以保留六个月的优先使用权利。

（3）制定和通过公司章程。公司章程是对股东、董事、监事及公司高级管理人员具有约束力的调整公司内部组织关系和经营行为的自治规则，它是公司设立、运营过程中处理内外关系的重要文件，是制定公司章程的公司设立的必经程序。《公司法》规定，公司章程需经全体股东同意并签名、盖章，报登记主管机关批准后，发生法律效力。

（4）设立审批。法律、行政法规规定设立公司必须报经批准的，还应当在公司登记前依法办理批准手续。

（5）缴纳出资。缴纳出资是股东在公司设立中履行设立协议或公司章程规定的出资义务的行为。

有限责任公司的注册资本为在公司登记机关登记的全体股东认缴的出资额。公司全体股东的首次出资额不得低于注册资本的20%，也不得低于法定的注册资本最低限额，其余部分由股东自公司成立之日起两年内缴足；其中，投资公司可以在五年内缴足。

股东可以用货币出资，也可以用实物、知识产权、土地使用权等可以用货币估价并可以依法转让的非货币财产作价出资。

股东应当按期足额缴纳公司章程中规定的各自所认缴的出资额。股东不按期缴纳出资的，除应当向公司足额缴纳外，还应当向已按期足额缴纳出资的股东承担违约责任。有限责任公司成立后，发现作为设立公司出资的非货币财产的实际价额显著低于公司章程所定价额的，应当由交付该出资的股东补足其差额；公司设立时的其他股东承担连带责任。

（6）确立公司的组织机构。根据《公司法》的规定，除一人公司和国有独资公司外，有限责任公司应设立股东会，作为公司的权力机构；除规模较小、股东人数较少的有限责任公司，一般还应设立董事会和监事会。

（7）申请设立登记。股东的首次出资经依法设立的验资机构验资后，由全体股东指定的代表或者共同委托的代理人向公司登记机关报送公司登记申请书、公司章程、验资证明等文件，申请设立登记。

（8）登记发给营业执照。公司登记机关对申请登记时提供的材料进行审查后，认为符合法律规定的，将予以登记并发给营业执照。自此，有限责任公司宣告成立，并取得法人资格。

【相关链接】公司设立与公司成立的区别（见表 4-2）

表 4-2　公司设立与公司成立的区别

	公司设立	公司成立
性质	当事人的意愿	当事人的意愿适法
时间	前	后
效果	设立中的公司	公司主体资格成就
当事人	发起人和认购人	全体成员与登记机关
法律内容	实体法或程序法	程序法

4.2.3　有限责任公司的组织机构

1．股东会

（1）股东会的性质和职权。有限责任公司的股东会由公司全体股东组成，是公司的权力机构。

根据《公司法》第三十八条规定，股东会行使下列职权：决定公司的经营方针和投资计划；选举和更换非由职工代表担任的董事、监事，决定有关董事、监事的报酬事项；审议批准董事会的报告；审议批准监事会或者监事的报告；审议批准公司的年度财务预算方案、决算方案；审议批准公司的利润分配方案和弥补亏损方案；对公司增加或者减少注册资本做出决议；对发行公司债券做出决议；对公司合并、分立、解散、清算或者变更公司形式做出决议；修改公司章程；公司章程规定的其他职权。

（2）股东会会议制度。

1）股东会会议。股东会会议分为定期会议和临时会议。定期会议应当按照公司章程的规定按时召开。代表 1/10 以上表决权的股东，1/3 以上的董事、监事会或者不设监事会的公司的监事提议召开临时会议的，应当召开临时会议。

首次股东会会议由出资最多的股东召集和主持。有限责任公司设立董事会的，股东会会议由董事会召集，董事长主持；董事长不能履行职务或者不履行职务的，由副董事长主持；副董事长不能履行职务或者不履行职务的，由半数以上董事共同推举一名董事主持。有限责任公司不设董事会的，股东会会议由执行董事召集和主持。董事会或者执行董事不能履行或者不履行召集股东会会议职责的，由监事会或者不设监事会的公司的监事召集和主持；监事会或者监事不召集和主持的，代表 1/10 以上表决权的股东可以自行召集和主持。

2）股东会的决议。召开股东会会议，应当于会议召开 15 日以前通知全体股东；但是，公司章程另有规定或全体股东另有约定的除外。股东会应当对所议事项的决定做成会议记录，出席会议的股东应当在会议记录上签名。

股东会会议做出修改公司章程、增加或者减少注册资本的决议，以及公司合并、分立、解散或者变更公司形式的决议，必须经代表 2/3 以上表决权的股东通过。股东会的议事方式和表决程序，除《公司法》有规定的外，由公司章程规定。

2．董事会和经理

（1）董事会的性质。董事会是公司的业务执行机关。董事会由股东会选举产生，向股东会负责。股东人数较少或者规模较小的有限责任公司，可以设一名执行董事，不设董事会。执行董事可以兼任公司经理。执行董事的职权由公司章程规定。

（2）董事会的组成和职权。

1）董事会的组成。有限责任公司设董事会，其成员为 3 ~ 13 人。两个以上的国有企业或其他两个以上的国有投资主体投资设立的有限责任公司，其董事会成员中应当有公司职工代表；其他有限责任公司董事会成员中也可以有公司职工代表。董事会中的职工代表由公司职工通过职工代表大会、职工大会或者其他形式民主选举产生。

董事会设董事长一人，可以设副董事长。董事长、副董事长的产生办法由公司章程规定。

2）董事会的职权。根据《公司法》第四十七条的规定，董事会对股东会负责，行使下列职权：召集股东会会议，并向股东会报告工作；执行股东会的决议；决定公司的经营计划和投资方案；制定公司的年度财务预算方案、决算方案；制定公司的利润分配方案和弥补亏损方案；制定公司增加或者减少注册资本以及发行公司债券的方案；制定公司合并、分立、变更公司形式、解散的方案；决定公司内部管理机构的设置；决定聘任或者解聘公司经理及其报酬事项，并根据经理的提名决定聘任或者解聘公司副经理、财务负责人及其报酬事项；制定公司的基本管理制度；公司章程规定的其他职权。

3）董事的任期。董事的任期由公司章程规定，但每届任期不得超过三年。董事任期届满，连选可以连任。董事任期届满未及时改选，或者董事在任期内辞职导致董事会成员低于法定人数的，在改选出的董事就任前，原董事仍应当依照法律、行政法规和公司章程的规定，履行董事职务。

（3）董事会会议。董事会会议由董事长召集和主持；董事长不能履行职务或者不履行职务的，由副董事长召集和主持；副董事长不能履行职务或者不履行职务的，由半数以上董事共同推举一名董事召集和主持。

董事会应当对所议事项的决定做成会议记录，出席会议的董事应当在会议记录上签名。董事会决议的表决，实行一人一票。董事会的议事方式和表决程序，除《公司法》有规定的外，由公司章程规定。

（4）经理。

1）经理的性质。有限责任公司可以设经理，由董事会决定聘任或者解聘，经理对董事会负责。公司经理是负责公司日常经营管理的人员，是董事会的辅助管理人员。

2）经理的职权。根据《公司法》第五十条规定，经理依法行使下列职权：主持公司的生产经营管理工作，组织实施董事会决议；组织实施公司年度经营计划和投资方案；拟订公司内部管理机构设置方案；拟订公司的基本管理制度；制定公司的具体规章；提请聘任或者解聘公司副经理、财务负责人；决定聘任或者解聘除应由董事会决定聘任或者解聘以外的负责管理人员；董事会授予的其他职权。公司章程对经理职权另有规定的，从其规定。经理列席董事会会议。

3．监事会

（1）监事会的性质。监事会，又称监察人会议，是公司依照公司法和公司章程设立的，监督公司各项事务的内部监督机关。

（2）监事会的组成和职权。

1）监事会的组成。有限责任公司设立监事会，其成员不得少于三人。股东人数较少或者规模较小的有限责任公司，可以设一名至两名监事，不设立监事会。监事会应当包括股东代表和适当比例的公司职工代表，其中职工代表的比例不得低于 1/3，具体比例由公司章程规定。监事会中的职工代表由公司职工通过职工代表大会、职工大会或者其他形式民主选举产生。监事会设主席一人，由全体监事过半数选举产生。监事会主席召集和主持监事会会议；监事会主席不能履行职务或者不履行职务的，由半数以上监事共同推举一名监事召集和主持监事会会议。董事、高级管理人员不得兼任监事。

2）监事会的职权。监事会、不设监事会的公司的监事行使下列职权：检查公司财务；对董事、高级管理人员执行公司职务的行为进行监督，对违反法律、行政法规、公司章程或者股东会决议的董事、高级管理人员提出罢免的建议；当董事、高级管理人员的行为损害公司的利益时，要求董事、高级管理人员予以纠正；提议召开临时股东会会议，在董事会不履行本法规定的召集和主持股东会会议职责时召集和主持股东会会议；向股东会会议提出提案；依法对董事、高级管理人员提起诉讼；公司章程规定的其他职权。

除此之外，监事会、不设监事会的公司的监事发现公司经营情况异常，可以进行调查；必要时，可以聘请会计师事务所等协助其工作，费用由公司承担。监事可以列席董事会会议，并对董事会决议事项提出质询或者建议。

3）监事的任期。监事的任期每届为三年。监事任期届满，连选可以连任。监事任期届满未及时改选，或者监事在任期内辞职导致监事会成员低于法定人数的，在改选出的监事就任前，原监事仍应当依照法律、行政法规和公司章程的规定，履行监事职务。

（3）监事会会议。有限责任公司监事会每年至少召开一次会议。监事可以提议召开临时监事会会议。监事会的议事方式和表决程序，除法律有规定的外，由公司章程规定。监事会决议应当经半数以上监事通过。监事会应当对所议事项的决定做成会议记录，出席会议的监事应当在会议记录上签名。

4．董事、监事、高级管理人员任职资格的限制和义务

（1）董事、监事、高级管理人员任职资格的限制。《公司法》第一百四十七条规定，有下列情形之一的，不得担任公司的董事、监事、高级管理人员：① 无民事行为能力或者限制民事行为能力；② 因贪污、贿赂、侵占财产、挪用财产或者破坏社会主义市场经济秩序，被判处刑罚，执行期满未逾五年，或者因犯罪被剥夺政治权利，执行期满未逾五年；③ 担任破产清算的公司、企业的董事或者厂长、经理，对该公司、企业的破产负有个人责任的，自该公司、企业破产清算完结之日起未逾三年；④ 担任因违法被吊销营业执照、责令关闭的公司、企业的法定代表人，并负有个人责任的，自该公司、企业被吊销营业执照之日起未逾三年；⑤ 个人所负数额较大的债务到期未清偿。

（2）董事、监事、高级管理人员的义务。董事、监事、高级管理人员应当遵守法律、行政法规和公司章程，对公司负有忠实义务和勤勉义务。董事、监事、高级管理人员不得利用职权收受贿赂或者其他非法收入，不得侵占公司的财产。

4.2.4　一人有限责任公司

1．一人有限责任公司的概念和特征

一人有限责任公司，是指只有一个自然人股东或一个法人股东的有限责任公司。

一人有限责任公司的特征如下：

（1）公司仅有一个股东，且该唯一股东持有公司的全部出资额或股份。

（2）一人有限责任公司的股东对公司的债务原则上承担有限责任，只要股东能将自己的财产和公司的财产分开，法律即可承认一人公司的独立地位。这是与个人独资企业的本质区别。

（3）内部结构相对简单化。一人有限责任公司不设股东会，往往股东、董事、经理身份重合。

（4）只能是有限责任公司。我国《公司法》只承认一人有限责任公司，即只有一个自然人股东或一个法人股东的有限责任公司。

2.《公司法》对一人有限责任公司的特别规定

（1）明确公示其一人公司身份。在公司登记和营业执照中应载明自然人或法人独资的信息。

（2）简化公司机关设置。不设股东会，公司章程和重大决策由股东做出，关于公司的经营方针和投资计划应以书面方式做出，并由股东签名后备置于公司。

（3）转投资受到很大限制。一个自然人只能设立一个一人有限公司，且该一个有限公司不能投资设立新的一人有限公司。但此规定不适用于法人及其设立的一人有限公司。

（4）财务会计要求严格。一人有限责任公司应当在每一会计年度终了时编制财务会计报告，并经会计事务所审计。

（5）个案中适用股东有限责任的否认制度。一人有限公司股东不能证明公司财产独立于股东自己的财产的，应当对公司债务承担连带责任。

【相关链接】一人公司与独资企业的区别（见表 4-3）

表 4-3　一人公司与独资企业的区别

	一人公司	独资企业
成立依据	公司法	独资企业法
成立条件	严格	宽松
投资主体	自然人或法人	自然人
成员责任	有限责任	无限责任
信息披露	强制披露	工作要求

4.2.5　国有独资公司

1．国有独资公司的概念和特征

国有独资公司，是指国家单独出资、由国务院或者地方人民政府授权本级人民政府国有资产监督管理机构履行出资人职责的有限责任公司。

国有独资公司的特征如下：

（1）国有独资公司为国家单独出资，由国务院或地方人民政府授权本级人民政府国有资产监督管理机构开办。

（2）国有独资公司章程由国有资产监督管理机构制定，或者由董事会制定报国有资产监督管理机构批准。

（3）重要的国有独资公司按照国务院的规定确定。

2．国有独资公司的组织机构

（1）股东会职权的行使。国有独资公司不设股东会，由国有资产监督管理机构行使股东会职权。国有资产监督管理机构可以授权公司董事会行使股东会的部分职权，决定公司的重大事项，但公司的合并、分立、解散、增减注册资本和发行公司债券等重大行为，必须由国有资产监督管理机构决定；其中，重要的国有独资公司合并、分立、解散、申请破产的，应当由国有资产监督管理机构审核后，报本级人民政府批准。

（2）董事会和经理。国有独资公司设立董事会，依照公司法的规定及国有资产监督管理机构的授权来行使职权。董事每届任期不得超过三年。董事会成员中应当有公司职工代表。董事会成员由国有资产监督管理机构委派；但是，董事会成员中的职工代表由公司职工代表大会选举产生。董事会设董事长一人，可以设副董事长。董事长、副董事长由国有资产监督管理机构从董事会成员中指定。

国有独资公司设经理，由董事会聘任或者解聘。经国有资产监督管理机构同意，董事会成员可以兼任经理。

国有独资公司的董事长、副董事长、董事、高级管理人员，未经国有资产监督管理机构同意，不得在其他有限责任公司、股份有限公司或者其他经济组织兼职。

（3）监事会。国有独资公司监事会成员不得少于 5 人，其中职工代表的比例不得低于 1/3，具体比例由公司章程规定。监事会成员由国有资产监督管理机构委派；但是，监事会中的职工代表由公司职工代表大会选举产生。监事会主席由国有资产监督管理机构从监事会成员中指定。

监事会的职责，以财务监督为主，确保国有资产不受侵害。监事会不参与、不干预企业的经营决策和经营管理活动。

4.2.6 有限责任公司的股权转让

股权是股东基于股东资格而享有的从公司获取经济利益并参加公司经营管理的权利。股权转让是指股东将自己依据股东身份而享有的权利按照一定的程序让与他人，转让人丧失股东资格及股东权，受让人取得股东资格及股东权的行为。有限责任公司虽为资合公司，但却有人合因素，因此股权转让受到较多限制。

1. 股东间转让股权

根据《公司法》第七十二条第一款和第四款的规定，有限责任公司的股东之间可以相互转让其全部或者部分股权。但是，公司章程对股权转让另有规定的，从其规定。

2. 向股东以外的人转让股权

根据《公司法》第七十二条第二款规定，股东向股东以外的人转让股权，应当经其他股东过半数同意。股东应就其股权转让事项书面通知其他股东征求同意，其他股东自接到书面通知之日起满 30 日未答复的，视为同意转让。其他股东半数以上不同意转让的，不同意的股东应当购买该转让的股权；不购买的，视为同意转让。

3. 特殊情况下的股权转让

根据《公司法》第七十五条规定，有下列情形之一的，对股东会该项决议投反对票的股东可以请求公司按照合理的价格收购其股权：① 公司连续 5 年不向股东分配利润，而公司该 5 年连续赢利，并且符合公司法规定的分配利润条件的；② 公司合并、分立、转让主要财产的；③ 公司章程规定的营业期限届满或者章程规定的其他解散事由出现，股东会会议通过决议修改公司章程使公司存续的。

自股东会会议决定通过之日起 60 日内，股东与公司不能达成股权收购协议的，股东可以自股东会会议决议通过之日起 90 日内向人民法院提起诉讼。

4.3 股份有限公司

4.3.1 股份有限公司的概念与特征

1. 股份有限公司的概念

股份有限公司是由一两个或两个以上人数组成、公司全部资产划分为等额股份、股东以其认购的股份为限对公司承担责任，公司以其全部资产对公司债务承担责任的企业法人。

2. 股份有限公司的特征

（1）典型的资合性。股份有限公司的信用基础为公司资本，而非股东个人信用。股东之间主要以财产为连接，彼此之间无须存在特殊的信赖和信任。股份具有流通性，股东也在不断地变化中。因此，股份有限公司是典型的资合性公司。

（2）公司发起人的人数受到特殊限制。发起人是筹办公司设立事务并承担设立失败风险的人。在公司设立完成后，发起人通常转变为股东，称“发起人股东”。根据《公司法》第七十九条规定：设立股份有限公司，应当有 2～200 人的发起人，其中须有半数以上在中国境内有住所。

（3）公司资本的股份性。股份是股东对股份有限公司的出资所形成的公司资本，经等比例分割后所形成的均等份额。根据《公司法》，股份有限公司的公司全部资产划分为等额股份。

（4）公司股票的流通性。股票是公司签发的证明股东所持股份的凭证，是股份的表现形式。股票原则上可以自由买卖流通，如果上市交易则要在证券交易所挂牌交易。

（5）股东责任的有限性。股份有限公司的股东仅以其认购的股份为限对公司承担责任。

（6）公司信息公开程度较高。由于股票可自由交易，这使股份有限公司更适于成为公众的投资对象。为保护投资者的利益，公司在发行股票和持续经营中，应当承担向公众或者投资者公开相关信息的责任。

4.3.2 股份有限公司的设立

1. 股份有限公司的设立条件

（1）发起人符合法定人数。股份有限公司发起人承担公司筹办事务，发起人应当签订发起人协议，明确各自在公司设立过程中的权利和义务。设立股份有限公司，应当有 2 人以上 200 人以下为发起人，其中须有半数以上的发起人在中国境内有住所。

（2）有符合公司章程规定的全体发起人认购的股本总额或者募集的实收股本总额。股份有限公司采取发起设立方式设立的，注册资本为在公司登记机关登记的全体发起人认购的股本总额。在发起人认购的股份缴足前，不得向他人募集股份。股份有限公司采取募集方式设立的，注册资本为在公司登记机关登记的实收股本总额。法律、行政法规以及国务院决定对股份有限公司注册资本实缴、注册资本最低限额另有规定的，从其规定。

（3）股份发行、筹办事项符合法律规定。

（4）发起人制定公司章程，采用募集方式设立的经创立大会通过。股份有限公司章程应当载明下列事项：公司名称和住所；公司经营范围；公司设立方式；公司股份总数、每股金额和注册资本；发起人的姓名或者名称、认购的股份数、出资方式和出资时间；董事会的组成、职权、任期和议事规则；公司法定代表人；监事会的组成、职权、任期和议事规则；公司利润分配办法；公司的解散事由与清算办法；公司的通知和公告办法；股东大会会议认为需要规定的其他事项。

（5）有公司名称，建立符合股份有限公司要求的组织机构。公司名称必须标明“股份有限公司”或者“股份公司”的字样，必须符合有关法律、行政法规的规定。公司须建立与法律规定相一致的组织机构。

（6）有公司住所。公司以其主要办事机构所在地为住所。

2. 股份有限公司的设立程序

股份有限公司的设立，可以采取发起设立或者募集设立的方式。发起设立，是指由发起人认购公司应发行的全部股份而设立公司；募集设立，是指由发起人认购公司应发行股份的一部分，其余股份向社会公开募集或者向特定对象募集而设立公司。因设立方式的不同，设立程序有所不同。

（1）发起设立的程序。

1）发起人订立公司章程。

2）发起人认足股份。以发起设立方式设立股份有限公司的，发起人应当书面认足公司章程规定其认购的股份，并按照公司章程规定缴纳出资。以非货币财产出资的，应当依法办理其财产权的转移手续。

3）发起人缴纳股款。公司全体发起人的首次出资额不得低于注册资本的 20%，其余部分由发起人自公司成立之日起两年内缴足；其中，投资公司可以在五年内缴足。在缴足前，不得向他人募集股份。

4）发起人组建公司机构。发起人首次缴纳出资后，应当选举董事会和监事会。

5）公司设立登记。由董事会向公司登记机关报送公司章程、由依法设定的验资机构出具的验资证明及法律、行政法规规定的其他文件，申请设立登记。

（2）募集设立的程序。

1）发起人订立公司章程并认购股份。在募集设立中，发起人应该一次性足额认缴其股份，发起人认购的股份不得少于公司股份总数的 35%；但是，法律、行政法规另有规定的，从其规定。

2）认股人认股。发起人向社会公开募集股份，必须公告招股说明书，并制作认股书。发行股份的股款缴足后，必须经依法设立的验资机构验资并出具证明。

3）召开创立大会。创立大会是在股份有限公司募集设立过程中由发起人、认股人所组成的决议机构。发起人应当自股款缴足之日起30日内主持召开公司创立大会。

4）申请设立登记。董事会应于创立大会结束后30日内，向公司登记机关报送有关文件，申请设立登记。以募集方式设立股份有限公司公开发行股票的，还应当向公司登记机关报送国务院证券监督管理机构的核准文件。

发起设立与募集设立的区别如表4-4所示。

表4-4 发起设立和募集设立的区别

	发起设立	募集设立
适用公司	有限责任公司和股份公司	股份公司
设立程序	设立人	设立人和其他出资人
资本来源	简单	复杂
发起人出资额	认购的股东总额	实收的股本总额
资本表现	注册资本的20%	注册资本的35%

3．发起人的责任

（1）当公司不能成立时，发起人对设立行为所产生的债务和费用负担连带责任；对认股人已缴纳的股款，负返还股款并加算银行同期存款利息的连带责任。

（2）在公司设立过程中，由于发起人的过失导致公司利益遭受损害的，发起人应当对公司承担赔偿责任。

（3）股份有限公司成立后，发起人未按照公司章程的规定缴足出资的，应当补缴；其他发起人承担连带责任。发现作为设立公司出资的非货币财产的实际价格显著低于公司章程所定价额的，应当由缴纳该出资的发起人补足其差额；其他发起人承担连带责任。

4.3.3 股份有限公司的组织机构

1．股东大会

（1）股东大会的组成和职权。股份有限公司股东大会由全体股东组成，是公司的权力机构。其职权范围与有限责任公司股东会的职权相同。

（2）股东大会会议的召开。股东大会会议由董事会召集，董事长主持；董事长不能履行职务或者不履行职务的，由副董事长主持；副董事长不能履行职务或者不履行职务的，由半数以上董事共同推举一名董事主持。董事会不能履行或者不履行召集股东大会会议职责的，监事会应当及时召集和主持；监事会不召集和主持的，连续90日以上单独或者合计持有公司10%以上股份的股东可以自行召集和主持。

股东大会会议分为年会和临时会议。股东大会应当每年召开一次年会。有下列情形之一的，应当在两个月内召开临时股东大会：① 董事人数不足公司法规定人数或公司章程所定人数的 2/3 时；② 公司未弥补的亏损达实收股本总额 1/3 时；③ 单独或者合计持有公司 10%以上股份的股东请求时；④ 董事会认为必要时；⑤ 监事会提议召开时；⑥ 公司章程规定的其他情形。

（3）股东大会的表决。股东出席股东大会会议，所持每一股份有一表决权。股东可以委托代理人出席股东大会会议，代理人应当向公司提交股东授权委托书，并在授权范围内行使表决权。但是，公司持有的本公司股份没有表决权。股东大会做出决议，必须经出席会议的股东所持表决权过半数通过。但是，股东大会做出修改公司章程、增加或减少注册资本的决议，以及公司合并、分立、解散或者变更公司形式的决议，必须经出席会议的股东所持表决权的 2/3 以上通过。

股东大会选举董事、监事，可以根据公司章程的规定或者股东大会的决议，实行累积投票制。累积投票制是指股东大会选举董事或者监事时，每一股份拥有与应选董事或者监事人数相同的表决权，股东拥有的表决权可以集中使用。

2．董事会及经理

（1）董事会的组成和职权。股份有限公司设董事会，其成员为 5～19 人。董事会成员中可以有公司职工代表。董事会中的职工代表由公司职工通过职工代表大会、职工大会或者其他形式民主选举产生。

董事的任期、董事会的职权与有限责任公司的规定相同。

董事会设董事长一人，可以设副董事长。董事长和副董事长由董事会以全体董事的过半数选举产生。董事长召集和主持董事会会议，检查董事会决议的实施情况。副董事长协助董事长工作，董事长不能履行职务或者不履行职务的，由副董事长履行职务；副董事长不能履行职务或不履行职务的，由半数以上董事共同推举一名董事履行职务。

（2）董事会会议的召开。董事会每年度至少召开两次会议，每次会议应当于会议召开 10 日前通知全体董事和监事。代表 1/10 以上表决权的股东、1/3 以上董事或者监事会，可以提议召开董事会临时会议。董事长应当自接到提议后 10 日内，召集和主持董事会会议。董事会召开临时会议，可以另定召集董事会的通知方式和通知时限。

（3）董事会的表决。董事会会议应有过半数的董事出席方可举行。董事会做出决议，必须经全体董事的过半数通过。董事会决议的表决，实行一人一票制。

董事会会议，应由董事本人出席；董事因故不能出席，可以书面委托其他董事代为出席，委托书中应载明授权范围。董事会应当对会议所议事项的决定做成会议记录，出席会议的董事应当在会议记录上签名。董事应当对董事会的决议承担责任。董事会的决议违反法律、行政法规或者公司章程、股东大会决议，致使公司遭受严重损失的，参与决议的董事对公司负赔偿责任。但经证明在表决时曾表明异议并记载于会议记录的，该董事可以免除责任。

（4）经理。股份有限公司设经理，由董事会决定聘任或解聘。《公司法》关于有限责任公司经理职权的规定，适用于股份有限公司经理。公司董事会可以决定由董事会成员兼任经理。

3．监事会

股份有限公司设立监事会，其成员不得少于3人。监事的任期及监事会的职权与有限责任公司的规定相同。

监事会应当包括股东代表和适当比例的公司职工代表，其中职工代表的比例不得低于1/3，具体比例由公司章程规定。监事会中的职工代表由公司职工通过职工代表大会、职工大会或者其他形式民主选举产生。

监事会设主席一人，可以设副主席。监事会主席和副主席由全体监事过半数选举产生。监事会主席召集和主持监事会会议；监事会主席不能履行职务或者不履行职务的，由监事会副主席召集和主持监事会会议；监事会副主席不能履行职务或者不履行职务的，由半数以上监事共同推举一名监事召集和主持监事会会议。董事、高级管理人员不得兼任监事。

监事会每6个月至少召开一次会议。监事可以提议召开临时监事会会议。监事会应当对所议事项的决定做成会议记录，出席会议的监事应当在会议记录上签名。

4．董事、监事、高级管理人员的资格和义务

股份有限公司董事、监事、高级管理人员的资格和义务与有限责任公司的规定相同。

4.3.4 股份有限公司的股份发行与转让

1．股份的概念和特征

股份是股东对股份有限公司的出资所形成的公司资本，经等比例分割后所形成的均等份额。股份是股份有限公司资本构成的基本单位，也是股东权和股东地位的体现。

股份的特征如下：

（1）股份具有平等性。每股金额相等，其所代表的股权也相等。

（2）股份具有可转让性。一般通过股票交易合法自由转让。

（3）股份具有不可分性。公司的资本划分为股份，但股份则不可再分。若数人共有一股份，只能共同行使或推荐一人行使股权。

2．股票的概念和特征

股份有限公司的股票是公司签发的证明股东所持股份的凭证。简单地说，股票是股份的表现形式。

股票的特征如下：

（1）股票是股份有限公司成立后以公司的名义发行的。

（2）股票是证权证券。

（3）股票是要式证券。

（4）股票是有价证券。

（5）股票是一种永恒性证券。

3．股票的记载内容

根据《公司法》第一百二十九条规定，股票应采用纸面形式或者国务院证券监督管理机构规定的其他形式，并应当载明下列主要事项：① 公司名称；② 公司成立日期；③ 股票种类、票面金额及代表的股份数；④ 股票的编号。

股票由法定代表人签名，公司盖章。发起人的股票，应当标明发起人股票字样。

4．股份有限公司的股份发行

股份的发行是指为了设立股份有限公司或者募集新增股份而向社会公众公开出售股份。股份发行的条件和程序应当符合《公司法》和《证券法》的有关规定。

公司发行的股票可以为记名股票，也可以为无记名股票。公司向发起人、法人发行的股票，应当为记名股票，并应当记载该发起人、法人的名称或者姓名，不得另立户名或者以代表人姓名记名。

公司发行记名股票的，应当置备股东名册，记载下列事项：① 股东的姓名或名称及住所；② 各股东所持股份数；③ 各股东所持股票的编号；④ 各股东取得股份的日期。发行无记名股票的，公司应当记载其股票数量、编号及发行日期。

股份发行可以为平价和溢价发行，我国法律禁止低于股票票面金额发行股票。

5．股份有限公司的股份转让

（1）股份转让的限制。发起人持有的本公司股份，自公司成立之日起一年内不得转让。公司公开发行股份前已发行的股份，自公司股票在证券交易所上市交易之日起一年内不得转让。

公司董事、监事、高级管理人员应当向公司申报所持有的本公司的股份及其变动情况，在任职期间每年转让的股份不得超过其所持有本公司股份总数的 25%；所持本公司股份自公司股票上市交易之日起一年内不得转让。上述人员离职后半年内，不得转让其所持有的本公司股份。公司章程可以对公司董事、监事、高级管理人员转让其所持有的本公司股份做出其他限制性规定。

公司不得收购本公司股份。但是，有下列情形之一的除外：① 减少公司注册资本；② 与持有本公司股份的其他公司合并；③ 将股份奖励给本公司职工；④ 股东因对股东大会做出的公司合并、分立决议持异议，要求公司收购其股份的。

公司由于上述①～③种情形收购本公司股份的，应当经股东大会决议。公司收购本公司股份后，属于①情形的，应自收购之日起 10 日内注销；属于②和④情形的，应当在 6 个月内转让或者注销。

公司将收购的本公司股份奖励给本公司职工，不得超过本公司已发行股份总额的 5%；用于收购的资金应当从公司的税后利润中支出；所收购的股份应当在 1 年内转让给职工。

公司不得接受本公司的股票作为质押权的标的。

（2）股份转让的场所。股东转让其股份，应当在依法设立的证券交易场所进行或者按照国务院规定的其他方式进行。

（3）股份转让的方式。记名股票的转让，由股东以背书方式或者法律、行政法规规定的其他方式转让；转让后由公司将受让人的姓名或者名称及住所记载于股东名册。无记名股票的转让，由股东将该股票交付给受让人后即发生转让的效力。

4.3.5　上市公司

1．上市公司的概念和特征

上市公司是指所发行的股票经过国务院或者国务院授权的证券管理部门批准在证券交易所上市交易的股份有限公司。

上市公司的特征如下：

（1）上市公司是股份有限公司。股份有限公司可为非上市公司，但上市公司必须是股份有限公司。

（2）上市公司股票在证券交易所上市。证券交易所是依据国家有关法律，经政府证券主管机关批准设立的集中进行证券交易的有形场所。唯有股票在证券交易所上市交易的股份有限公司，才是上市公司。

（3）法律对上市公司规定有特殊的规则。由于上市公司是公众持股的公司，为了保护公众投资者的利益，上市公司应遵守特殊的规则。根据我国《证券法》的相关规定，上市公司必须更严格地履行信息披露义务，必须设立上市公司特有的公司机关，必须遵守特有的决议规则，必须接受证券监督管理机构的监督。

2．股票上市的条件

根据《证券法》第五十条规定，股份有限公司申请股票上市，应当符合《证券法》规定的下列条件：① 股票经国务院证券监督管理机构核准已公开发行；② 公司股本总额不少于人民币 3 000 万元；③ 公开发行的股份达到公司股份总数的 25%以上；公司股本总额超过人民币 4 亿元的，公开发行股份的比例为 10%以上；④ 公司最近三年无重大违法行为，财务会计报告无虚假记载。证券交易所可以规定高于前款规定的上市条件，并报国务院证券监督管理机构批准。国家鼓励符合产业政策并符合上市条件的公司股票上市交易。

3．上市公司的信息披露义务

根据《证券法》，上市公司有持续信息公开的义务，依法披露其信息，必须真实、准确、完整，不得有虚假记载、误导性陈述或重大遗漏。上市公司主要通过编制定期或临时报告履行信息披露义务，如中期报告、年度报告、重大事件临时报告等。

4．上市公司的特别规定

上市公司应当遵守公司法关于公司、股份有限公司的一般规定，但考虑到上市公司的特殊性，我国《公司法》设置了如下特殊规定。

（1）重大资产处置。上市公司在一年内购买、出售重大资产或者担保金额超过公司资产总额的 30%的，应当由股东大会做出决议，并经出席会议的股东表决权的 2/3 以上通过。

（2）独立董事制度。独立董事是来自公司外部的与公司没有关联关系的非执行董事。这一制度源于美国，上市公司设立独立董事的目的和作用在于提升公司的专业化运作，检查和评判内部董事的工作绩效，最大限度地谋求股东利益尤其是小股东利益，加强对董事会的监督约束、完善法人治理结构。我国《公司法》第一百二十三条规定，上市公司设立独立董事，具体办法由国务院规定。

（3）董事会秘书。由于上市公司股东人数众多、信息披露义务较重，因而上市公司专门设立了一个董事会秘书的职务，负责公司股东大会和董事会会议的筹备、文件保管及股东资料的管理，办理信息披露事务等事宜。根据公司法规定，董事会秘书属于公司的高级管理人员，应该承担公司法规定的高级管理人员的义务。

（4）关联交易表决。上市公司董事与董事会会议决议事项所涉及的企业有关联关系的，不得对该项决议行使表决权，也不得代理其他董事行使表决权。该董事会会议由半数的无关联关系董事出席即可举行，董事会会议所做决议须经无关联关系董事过半数通过。出席董事会的无关联关系董事人数不足 3 人的，应将该事项提交上市公司股东大会审议。

【相关链接】

中国证监会在《关于在上市公司建立独立董事制度的指导意见》中认为，上市公司独立董事是指不在上市公司担任除董事外的其他职务，并与其所受聘的上市公司及其主要股东不存在可能妨碍其进行独立客观判断关系的董事。独立董事制度最早起源于 20 世纪 30 年代，1940 年美国颁布的《投资公司法》是其产生的标志。

4.4 公司的变更、解散和清算

4.4.1 公司合并与分立

1．公司合并

公司合并，是指两个以上的公司依照法定程序变为一个公司的行为。公司合并的形式有两种：一是吸收合并，即一个公司吸收其他公司，被吸收的公司解散。二是新设合并，即两个以上公司合并设立一个新的公司，合并各方解散。公司合并时，合并各方的债权、债务，应当由合并后存续的公司或者新设的公司承继。

2．公司分立

公司分立，是指一个公司依法分为两个以上的公司。公司分立有两种形式：一是派生分立，即本公司继续存在，从本公司中派生出一个或几个新公司。二是新设分立，即本公司注销，并分立成两个以上新的公司。公司分立前的债务由分立后的公司承担连带责任。但是，公司在分立前与债权人就债务清偿达成的书面协议另有约定的除外。

3．公司合并与分立的程序

公司合并和分立，由公司股东会或股东大会决议，有限责任公司合并和分立必须经代表 2/3 以上表决权的股东通过；国有独资公司的合并和分立应由国有资产监督管理机构决定；股份有限公司合并和分立，必须经出席股东大会会议股东所持表决权的 2/3 以上通过。

公司合并，应当由合并各方签订合并协议，并编制资产负债表及财产清单。公司应当自做出合并决议之日起 10 日内通知债权人，并于 30 日内在报纸上公告。债权人自接到通知书之日起 30 日内，未接到通知书的自公告之日起 45 日内，可以要求公司清偿债务或者提供相应的担保。

公司分立，其财产做相应的分割。公司分立，应当编制资产负债表及财产清单。公司应当自做出分立决议之日起 10 日内通知债权人，并于 30 日内在报纸上公告。

公司合并或者分立，登记事项发生变更的，应当依法向公司登记机关办理变更登记；公司解散的，应当依法办理公司注销登记；设立新公司的，应当依法办理公司设立登记。

4.4.2　公司增资与减资

公司增加或减少注册资本是公司重大事项的变动，有限责任公司必须经代表 2/3 以上表决权的股东通过；股份有限公司必须经出席股东大会会议股东所持表决权的 2/3 以上通过。

1．公司增资

公司增资即增加注册资本，指公司经营期间，依照法定程序增加公司注册资本。公司注册资本的增加，会增强公司的实力，提高公司的信用，有利于保护债权人利益，对社会交易安全影响不大，因此各国公司法对公司增资一般不做过多限制。

有限责任公司增加注册资本时，股东认缴新增资本的出资，按照公司法关于设立有限责任公司缴纳出资的有关规定执行。股份有限公司为增加注册资本发行新股时，股东认购新股应当按照公司法关于设立股份有限公司缴纳股款的有关规定执行。

2．公司减资

公司减资即注册资本减少，是指公司经营期间，依照法定程序减少注册资本的行为。公司减少注册资本不仅会涉及公司法人财产运作基础的变化，而且会影响公司股东权利义务履行的扩张与增减，并对公司董事或监事等管理人员的职责产生法律上的要求，同时又关乎债权人等第三人的利益。因此各国公司法均采取非常慎重的态度，规定严格的减资程序。

根据我国《公司法》及相关法律规范，公司的减资应遵循下列程序。

（1）制定减资方案，做出减资决议。

（2）公司必须编制资产负债表及财产清单，并通知和公告债权人。

（3）债务清偿或担保。债权人自接到通知书之日起30日内，未接到通知书的自公告之日起45日内，有权要求公司清偿债务或者提供相应的担保。公司减资后的注册资本不得低于法定的最低限额。

（4）办理减资登记手续。公司董事会应严格按照股东会或者股东大会的决议实施减资，公司增加或者减少注册资本，应当依法向公司登记机关办理变更登记。

4.4.3 公司解散与清算

1．公司解散

公司解散是指对成立的公司，因公司章程或法律规定的事由出现，依法使公司法人资格消灭的法律行为。公司因下列原因解散：① 公司章程规定的营业期限届满或者公司章程规定的其他解散事由出现；② 股东会或者股东大会决议解散；③ 因公司合并或者分立需要解散；④ 依法被吊销营业执照、责令关闭或者被撤销；⑤ 人民法院依持有公司全部股东表决权10%以上股东的请求对公司予以解散。

2．公司清算

公司清算是指终结解散公司法律关系、消灭解散公司法人资格的程序。

（1）清算组的成立。公司解散（因合并或分立需要解散的除外），应当在解散事由出现之日起 15 日内成立清算组，开始清算。有限责任公司的清算组由股东组成，股份有限公司的清算组由董事或者股东大会确定的人员组成。逾期不成立清算组进行清算的，债权人可以申请人民法院指定有关人员组成清算组进行清算。人民法院应当受理该申请，并及时组织清算组进行清算。

（2）清算组的职权。清算组在清算期间行使下列职权：① 清理公司财产，分别编制资产负债表和财产清单；② 通知、公告债权人；③ 处理与清算有关的公司未了结的业务；④ 清缴所欠税款及清算过程中产生的税款；⑤ 清理债权、债务；⑥ 处理公司清偿债务后的剩余财产；⑦ 代表公司参与民事诉讼活动。

（3）清算组的义务。清算组在清理公司财产、编制资产负债表和财产清单后，发现公司财产不足清偿债务的，应当依法向人民法院申请宣告破产。公司经人民法院裁定宣告破产后，清算组应当将清算事务移交给人民法院。公司清算结束后，清算组应当制作清算报告，报股东会、股东大会或者人民法院确认，并报送公司登记机关，申请注销公司登记，公告公司终止。清算组成员应当忠于职守，依法履行清算义务。清算组成员不得利用职权收受贿赂或者其他非法收人，不得侵占公司财产。清算组成员因故意或者重大过失给公司或者债权人造成损失的，应当承担赔偿责任。

（4）财产的分配。清算组在清理公司财产、编制资产负债表和财产清单后，应当制定清算方案，并报股东会、股东大会或者人民法院确认。公司财产在分别支付清算费用、职工的工资、社会保险费用和法定补偿金，缴纳所欠税款，清偿公司债务后的剩余财产，有限责任公司按照股东的出资比例分配，股份有限公司按照股东持有的股份比例分配。清算期间，公司存续，但不得开展与清算无关的经营活动。公司财产在未按前款规定清偿前，不得分配给股东。

（5）清算的完结。公司清算结束后，清算组应当制作清算报告，报股东会、股东大会或者人民法院确认，并报送公司登记机关，申请注销登记，公告公司终止。

练　习　题

一、单项选择题

1．我国《公司法》规定的公司形式为（　　）。

A．有限责任公司和股份有限公司　　B．无限公司

C．资合公司　　D．两合公司

2．根据《公司法》的规定，下列各项中，不属于有限责任公司监事会职权的是（　　）。

A．检查公司财务　　B．解聘公司财务负责人

C．提议召开临时股东会议　　D．建议罢免违反公司章程的经理

3．根据《公司法》的规定，公司成立时间是（　　）。

A．工商行政管理机关做出予以核准登记的决定之日

B．工商行政管理机关签发企业法人营业执照之日

C．申请人收到企业法人营业执照之日

D．公司成立公告发布之日

4．根据公司法律制度的规定，下列各项中，属于有限责任公司股东会职权的是（　　）。

A．决定公司的经营计划和投资方案　　B．修改公司章程

C．聘任或者解聘公司经理　　D．选举和更换全部的监事

5．某有限责任公司打算与另一公司合并，该合并方案必须经（　　）。

A．代表 1/2 以上表决权的股东通过　　B．代表 2/3 以上表决权的股东通过

C．全体股东通过　　D．出席股东会的全体股东通过

二、多项选择题

1．有限责任公司和合伙企业的相同特点有（　　）。

A．以营利为目的　　B．具有法人资格

C．有独立的名称　　D．独立对外签订合同

2．下述有关股东出资的命题符合《公司法》规定的有（　　）。

A．公司全体股东的首次出资额不得低于注册资本的 20%，也不得低于法定的注册资本最低限额，其余部分由股东自公司成立之日起 2 年内缴足；其中，投资公司可以在 5 年内缴足

B．全体股东的货币出资金额不得低于有限责任公司注册资本的 30%

C．股东一旦交付出资就不得抽逃出资

D．股东可以用货币出资，也可以用实物、知识产权、土地使用权等可以用货币估价并可以依法转让的非货币财产作价出资；但是，法律、行政法规规定不得作为出资的财产除外

3．根据《公司法》的规定，股份有限公司发生下列情形时，应当召开临时股东大会的有（　　）。

A．董事人数不足公司章程所定人数的 2/3 时

B．公司未弥补的亏损达到股本总额的 1/3 时

C．持有公司股份 5%的股东请求时

D．监事会提议召开时

4．乙公司是甲公司的分公司，根据公司法律制度的规定，下列关于乙公司的表述中，正确的有（　　）。

A．乙公司不具有法人资格

B．乙公司具有法人资格

C．乙公司独立承担民事责任

D．乙公司进行经营活动的民事责任由甲公司承担

5．甲、乙、丙共同出资设立了 A 有限责任公司，后丙与丁达成协议，准备将其在 A 公司的出资全部转让给丁，丙就此事书面通知甲和乙征求意见。下列解决方案中，符合规定的有（　　）。

A．如果甲和乙接到书面通知之日起满 30 日未答复，视为不同意转让

B．由甲和乙共同购买丙的全部出资

C．如果甲、乙均不同意转让又不愿购买，丙无权将出资转让给丁

D．如果甲、乙均不同意转让又不愿购买，丙可以将出资转让给丁

6．某股份有限公司的董事会由 11 人组成，其中董事长 1 人，副董事长 2 人。该董事会某次会议发生的下列行为不符合《公司法》规定的有（　　）。

A．因董事长不能出席会议，董事长指定一位副董事长王某主持该次会议

B．通过了增加公司注册资本的决议

C．通过了解聘公司现任经理、由副董事长王某兼任经理的决议

D．会议所有议决事项均载入会议记录后，由主持会议的副董事长王某和记录员签名存档

三、案例分析题

1．某有限责任公司董事长李某认为该公司的章程已经不符合公司发展的需要，因此决定召开临时股东会议，修改公司章程。2012 年 12 月 5 日，股东张某等 9 人收到了仅由李某署名、没有董事会署名的会议通知，并于 12 月 7 日参加了股东会。在 12 月 7 日的股东会上，李某宣读了公司章程修改草案，该草案引起了激烈的争论，李某等代表 3/5 股权的 5 名股东投票同意，张某等代表 2/5 股权的 4 名股东则投了反对票。最后，会议主持人李某宣布，按照少数服从多数的原则，公司章程修改案通过。

问题：此案中哪些做法违反现行法律规定？为什么？

2．甲股份有限公司董事会由 11 名董事组成。2013 年 5 月 10 日，公司董事长张某召集并主持召开董事会会议，出席会议的共有 8 名董事，另有 3 位董事因事请假。董事会会议讨论的下列事项，经表决有 6 名董事同意而获通过：

（1）鉴于公司董事会成员工作任务加重，决定给每位董事会成员涨 30%工资。

（2）鉴于监事会成员中的职工代表李某生病，决定由本公司职工王某参加监事会。

（3）鉴于公司的财务会计工作任务日益繁重，拟将财务科升格为财务部，并面向社会公开招聘会计人员 3 人，招聘会计人员事宜及财务科升格为财务部的方案经股东大会通过后付诸实施。

问题：

（1）甲公司董事会会议的召开和表决程序是否符合法律规定？为什么？

（2）甲公司董事会通过的事项有无不符合法律规定之处？请分别说明理由。

第5章 合同法

学习目标

通过本章的学习，要求：了解合同及合同法的概念；掌握合同的订立、履行、变更、解除和终止；认识和了解现代合同制度；掌握有关合同事务实际操作能力，能够拟订合法规范的合同。

引导案例

王某华最大的业余爱好是文物收藏，并具备一定的古玩鉴赏能力。2009年其以1万元的价格从某搬迁农村处收购到一件三国时期的玉器，但由于年代太久远，王某华无法评估其真实价值，认为价值应在5万元以上。2015年3月3日，王某华将该玉器请古董店老板鉴赏，店老板提出向王某华买下该玉器，出价为30万元。王某华对此高价内心十分满意，但仔细一想，心知该玉器价值绝对超过30万元，如果拍卖，超过百万元也有可能。但苦于拍卖成本过高，自身也没有条件拍卖，于是，王某华心生一计，同意将玉器卖给古董店老板，并签订了买卖合同（王某华想待日后古董店老板高价卖出后再主张合同可撤销，要求变更合同）。后来，古董店老板将该玉器以500万元卖出。王某华随即向法院主张合同显失公正，要求古董店老板至少再补偿470万元。

思考题：

（1）王某华与古董店老板的合同是否成立？是否有效？

（2）王某华的请求是否具有法律依据？为什么？

5.1 合同法概述

5.1.1 合同的概念及特征

1. 合同的概念

合同是平等主体的自然人、法人、其他组织之间设立、变更、终止民事权利义务关系的协议。这里的自然人既包括中国人，也包括外国人和无国籍人。

2．合同的特征

（1）合同是平等主体之间的民事法律行为。合同当事人的法律地位平等，不属于民事法律关系的其他活动不适用合同法，如政府对经济的管理活动、企业内部的管理关系等。

（2）合同是多方当事人的法律行为。合同的主体必须有两个或两个以上，合同须各方当事人意思表示一致方能成立。

（3）合同是一种旨在发生债权债务关系的合意。合同的目的在于设立、变更或终止某种权利义务关系。合同一经成立，即发生法律效力，当事人各方都必须全面正确履行合同中规定的义务，否则，要依法承担违约责任。

5.1.2 合同法

1．《合同法》的概念

《合同法》是调整平等主体之间交易关系的法律，调整合同的订立、效力、履行、变更、转让、终止及违约责任等有关合同的一系列问题。

1999 年 3 月 15 日第九届全国人大第二次会议审议通过了《中华人民共和国合同法》（简称《合同法》）。合同法分总则、分则、附则三篇，共二十三章四百二十八条。为了配合《合同法》的实施，最高人民法院于 1999 年 12 月 1 日颁布实施了《关于适用〈中华人民共和国合同法〉若干问题的解释（一）》（法释［1999］19 号），2009 年 2 月 9 日颁布实施了《关于适用〈中华人民共和国合同法〉若干问题的解释（二）》（法释［2009］5 号）及其他相关司法解释。

2．《合同法》的基本原则

（1）平等原则。合同当事人法律地位平等原则应当从三方面理解：一是合同当事人的法律地位一律平等；二是合同中的权利义务对等；三是合同当事人必须就合同条款充分协商，取得一致，合同才能成立。

（2）自由原则。当事人依法享有自愿订立合同的权利，任何单位和个人不得非法干预。一般来说，合同自由原则包括缔结合同的自由、选择合同相对人的自由、决定合同内容的自由、变更和解除合同的自由、选择合同的形式的自由、约定违约责任的自由等方面。

（3）公平原则。合同当事人应当公平合理地确定双方的权利义务关系。对合同内容有重大误解或者显失公平时，一方当事人有权请求人民法院或仲裁机构予以变更或撤销。在合同履行过程中也要遵循公平原则。

（4）诚实信用原则。诚实信用原则是民法的一项基本原则，指当事人在从事民事活动时，应诚实守信，以善意的方式履行其义务。诚实信用原则不仅具有确定行为规范的作用，而且具有平衡利益冲突，为解释法律和合同提供准则等作用。

3. 我国《合同法》的适用范围

我国《合同法》第二条规定："本法所称合同是平等主体的自然人、法人、其他组织之间设立、变更、终止民事权利义务关系的协议。"这一规定明确了我国合同法的适用范围。因此，合同法的概念应界定为调整平等主体的自然人、法人、其他组织之间设立、变更、终止民事权利义务关系的法律规范的总称。

【相关链接】

婚姻、收养、监护等有关身份关系的协议，适用其他法律的规定。

用人单位和劳动者之间建立劳动关系，订立、履行、变更、解除或者终止劳动合同，适用于《劳动合同法》，不属于《合同法》的调整范围。这样就将这些非财产性契约从合同法中排除出去。

5.2 合同的订立与效力

5.2.1 合同的内容与形式

1. 合同的内容

合同的内容是指依据法律规定和合同的约定所产生的权利义务关系，具体体现为合同的各项条款。

（1）当事人的名称或者姓名和住所或地址。合同依法生效后，即在当事人之间产生法律约束力。所以，合同中必须写明当事人的姓名或名称。当事人的住所或地址是确定债务履行地的依据，是发生合同纠纷时确定管辖地的一个依据，也是人民法院送达诉讼文书的目的地。因此，合同中也应当写明当事人的住所或地址。

（2）标的。标的是合同当事人的权利义务指向的对象。标的是合同成立的必要条件，是一切合同的必备条款。例如，买卖合同的标的是某种实物，委托合同的标的是受托人提供的服务，合同的标的条款必须清楚地写明标的物或服务的具体名称，特别是对于不易确定的无形财产、劳务、工作成果等更要尽可能地描述准确。

（3）数量。在大多数合同中，数量是必备条款。对于有形财产，数量是对单位个数、体积、面积、长度、容积、重量等的计量；对于无形财产，数量是个数、件数、字数及使用范围等多种量度方法；对于劳务，数量为劳动量；对于工作成果，数量是工作量及成果数量。数量条款中应当约定明确的计量单位和计量方法，约定合理的磅差、正负尾差、超欠幅度、自然损耗等。计量单位和计量方法必须合法、具体、准确，除国家明文规定以外，当事人双方可以协商确定。

【法律提示】

当事人对合同是否成立存在争议，人民法院能够确定当事人名称或者姓名、标的和数量的，一般应当认定合同成立。但法律另有规定或者当事人另有约定的除外。

（4）质量。质量是指标的的内在素质和外观形象的状况。质量条款是合同的主要条款，当事人必须在合同中约定质量标准。如果质量条款规定不明确，极易产生争议。质量主要包括标的的物理和化学成分、标的的规格、标的的性能、标的的款式、标的的感觉要素等。

（5）价款或者报酬。价款或者报酬是有偿合同的主要条款。价款是取得标的物所应支付的对价，报酬是获得服务所应支付的对价。价款或者报酬除国家有定价的以外，由当事人自愿约定，但应当公平。当事人还应当约定价款或者报酬的支付方式（一次性支付或分期支付）、币种（人民币或外币）、支付地点、结算方式（现金计算还是票据支付）等内容。

（6）履行期限、履行地点和履行方式。履行期限是有关当事人实际履行合同的时间规定，直接关系到合同义务完成的时间，也是确定合同是否按时履行或者迟延履行的客观依据。合同成立生效后，当事人还不用实际地履行，须待履行期到来时才实际地履行义务。因此，履行期限条款应当尽量明确、具体，或者明确规定计算期限的方法。合同中履行期限约定不明确的，当事人可事后达成补充协议或通过合同解释的办法来弥补。

履行地点是指当事人依据合同约定履行其义务的场所。履行地点是确定风险由谁承担及所有权是否转移的依据，也是在发生纠纷后确定由哪一地法院管辖的依据。因此，履行地点与双方当事人的权利义务关系有一定联系，在合同中应当规定得明确、具体。

履行方式是指当事人履行合同义务的方法，如买卖合同中，是采取一次履行还是分次履行等，履行方式与当事人的利益密切相关，应当从方便、快捷等方面考虑采取最为适当的履行方式，并且在合同中应当明确规定。

（7）违约责任。违约责任是指合同当事人违反合同义务而应承担的责任，即当事人不履行合同债务时，所应承担的损害赔偿、支付违约金等责任。违约责任是促使当事人履行合同义务，使对方免受或少受损失的法律措施，也是保证合同履行的主要条款。当事人可以在合同中就违约责任做出具体约定，如约定定金、违约金、赔偿金额及赔偿金的计算方法等。

（8）解决争议的方法。解决争议的方法是指发生合同纠纷的解决途径。按照合同自由原则，当事人可以在合同中约定解决争议的具体方法，解决合同争议的方法主要有四种：一是自行协商和解；二是由第三人进行调解；三是申请仲裁；四是提起诉讼。当事人如果意图在发生纠纷后通过诉讼途经解决可以不用在合同中约定。

2. 合同的形式

合同的形式是指体现合同内容、明确当事人权利义务关系的方式，即合同的载体。我国《合同法》第十条规定，当事人订立合同，有书面形式、口头形式和其他形式；法律、行政法规规定采用书面形式的，应当采用书面形式；当事人约定采用书面形式的，应当采用书面形式。

书面形式是指当事人以文字等有形的表现形式体现当事人所订立合同的内容的形式。其优点是有据可查，发生纠纷时容易举证，便于分清责任。

口头形式是指当事人只用语言为意思表示而订立合同，而不用文字表达协议内容的合同形式。凡当事人未约定、法律未规定特定形式的合同，都可以采用口头形式。口头形式在实践中运用得比较广泛，一般对即时结清的买卖、服务和消费合同大都采取口头形式订立。其优点在于简便易行、快捷迅速，其缺点是发生合同纠纷时不易取证，难以分清责任。

其他形式是指除口头形式、书面形式之外的订立合同的形式，主要包括视听资料形式和默示行为。我国《合同法》第三十六条对默示行为做出了规定："法律、行政法规规定或者当事人约定采用书面形式订立合同，当事人未采用书面形式但一方已经履行主要义务，对方接受的，该合同成立。"

5.2.2 合同订立的一般程序

合同是当事人之间关于权利义务的合意，当事人之间意思表示真实一致时，合同即可成立。合同的成立采取要约、承诺的方式进行。

【案例聚焦】 日常生活买苹果

小贩："苹果便宜啦，五元一斤！"（要约）

顾客："五元太贵，三元卖吗？"（新要约）

小贩："不行，最少四元一斤。"（新要约）

顾客："给我秤三斤。"（承诺）

小贩："好，交钱！"（类似于签订合同）

1．要约

（1）要约的概念。我国《合同法》第十四条规定，要约是希望和他人订立合同的意思表示。可见，要约是一方当事人以缔结合同为目的，向对方当事人所做的意思表示。表意人即发出要约的人称为要约人，受领要约的人称为相对人或受要约人。

我国《合同法》第十三条规定，要约是订立合同的必经阶段，不经过要约的阶段，合同是不可能成立的。要约作为一种希望和他人订立合同的意思表示，它能够对要约人和相对人产生一种拘束力。我国《合同法》第十四条规定，要约的意思表示必须"表明经受要约人承诺，要约人即受该意思表示约束"。要约一旦发出，除依法律规定或受要约人的同意外，不得任意变更或撤销。

（2）要约的构成要件。

1）要约必须是由具有订约能力的特定人做出的意思表示。我国《合同法》第九条规定，当事人订立合同，应当具有相应的民事权利能力和民事行为能力。由于要约人以缔结合同为目的而发出某项要约，因此他应当具有订立合同的相应的民事权利能力和行为能力。而且要约人必须是订立合同的一方当事人，必须是特定的，以便受要约人能够对之进行承诺。

2）要约必须向要约人希望与之订立合同的相对人发出。要约只有向要约人希望与之订立合同的相对人发出才能唤起相对人的承诺。相对人即可以是特定人，如具体的个人、公司或企业；也可以是非特定人，如社会公众，大多数服务性行业都以社会公众作为要约的相对人。

3）要约必须具有缔结合同的目的。要约人向相对人提出的意思表示必须具有与之订立合同的主观目的，否则不可视为要约，而只是要约邀请。

4）要约的内容必须具体确定。所谓具体，是指要约应包括足以使合同成立的主要条款。所谓确定，是指要约的内容必须明确，而不能含糊不清，否则便无法承诺。

5）要约必须到达受要约人。我国《合同法》第十六条规定，要约到达受要约人时生效。可见，我国合同法采取的是“受信主义”原则，要约在到达受要约人后才能对相对人产生实际的约束力。

（3）要约的法律效力。要约的法律效力包括对要约人的法律约束力及对受要约人的法律约束力。要约的法律效力内容包括以下两方面。

1）对要约人的法律约束力。要约一经生效，要约人即受到要约的拘束，不得任意撤回、撤销或对要约随意加以限制、变更和扩张。

2）对受要约人的约束力。要约发出后使受要约人获得了是否承诺的权利，受要约人是否行使这种权利完全由其自由决定。因此，要约对受要约人无任何约束力。

（4）要约的生效时间。要约的生效时间因其所采取的形式不同而不同。以口头形式发出的要约，从相对人了解要约时开始生效；以书面形式发出的要约，以要约到达受要约人时发生效力。

（5）要约的撤回与撤销。

1）要约的撤回。要约的撤回是指在要约发生效力之前，要约人使其失去法律效力的意思表示。我国《合同法》第十七条规定，要约可以撤回。撤回要约的通知应当在要约到达受要约人之前或者与要约同时到达受要约人。要约人在要约发出以后，未到达受要约人之前，有权撤回要约。

2）要约的撤销。要约的撤销是指要约到达受要约人发生效力之后，要约人使要约的效力归于消灭的意思表示。要约的撤销发生在要约已经生效，而受要约人尚未做出承诺即合同成立之前的期限内。我国《合同法》第十九条规定，如果要约中规定了承诺期限或者以其他方式规定要约是不可撤销的，或者受要约人有理由信赖要约是不可撤销的，并且已经为履行合同做了准备工作，则不可撤销要约。

（6）要约失效。要约失效是指要约丧失了法律约束力，不再对要约人和受要约人产生约束。要约失效以后，受要约人也丧失了其承诺的权利。根据我国《合同法》第二十条的规定，要约的法律效力因以下几种原因而消灭。

1）受要约人拒绝要约。拒绝要约是指受要约人没有接受要约所规定的条件，或虽做出承诺但对原要约内容做了修改的，视为拒绝原要约。

2）要约人依法撤回或撤销要约。

3）承诺期限届满，受要约人未做出承诺。如果要约中规定了承诺期限，则承诺必须在该期限内做出。

4）受要约人对要约的内容做出实质性变更。我国《合同法》第三十条规定，有关合同的标的、数量、质量、价款或者报酬、履行期限、履行地点和方式、违约责任和解决争议方法等的变更，是对要约内容的实质性变更。

2．承诺

（1）承诺的概念。根据我国《合同法》第二十一条的规定，所谓承诺，是指受要约人同意要约的意思表示，即受要约人同意接受要约的条件以缔结合同的意思表示。承诺只能以明示的方式做出，沉默或不作为本身不构成承诺。

（2）承诺的构成要件。

1）承诺须由受要约人向要约人做出。只有受要约人或其代理人才能做出承诺。承诺必须向要约人做出，才能使合同成立。如果向要约人以外的其他人做出承诺，不能产生承诺的效力。

2）承诺须在规定的期限内到达要约人。我国《合同法》第二十三条规定，承诺应当在要约确定的期限内到达要约人。只有在规定的期限内到达的承诺才是有效的。要约中如果规定了承诺期限，则承诺应当在规定的期限内到达才生效。如果没有规定承诺期限，则根据《合同法》第二十三条的规定，如果要约是以对话方式做出的，承诺人应当即时做出承诺；如果要约是以非对话方式做出的，应当在合理的期限内做出并到达要约人。合理期限的长短应当根据具体情况来确定。

3）承诺的内容须与要约的内容一致。我国《合同法》第三十条规定，承诺的内容应当与要约的内容一致。承诺是对要约内容的全部接受，即承诺的内容须与要约的内容一致。若受要约人对要约的内容进行了变更，则应视为对原要约的拒绝。

（3）承诺的方式。根据我国《合同法》第二十二条的规定，承诺原则上应采取通知方式，但根据交易习惯或者要约表明可以通过行为作为承诺的除外。通知的方式主要包括采用对话、信件、电报、电传等明确地表达承诺人承诺的意思。

（4）承诺的期限。要约规定有承诺期限的，可参照我国《合同法》第二十三条和第二十四条的规定。

（5）承诺撤回。依据我国《合同法》第二十七条的规定，承诺可以撤回。撤回承诺的通知应当在承诺通知到达要约人之前或者与承诺通知同时到达要约人。即承诺撤回的通知必须在承诺生效之前到达要约人，或与承诺通知同时到达要约人，撤回才能生效。

3．合同成立的时间与地点

（1）合同成立的时间。一般情况下，对于非要式合同，合同自承诺生效时成立。而对于要式合同，合同自完成特定手续时成立。如当事人约定采用合同书形式订立合同的，自双方当事人签字或者盖章时合同成立。如双方当事人未同时在合同书上签字或盖章，则以当事人中最后一方签字或盖章的时间为合同的成立时间。但法律有特别规定或者当事人有特别约定的，应从其规定或约定。

（2）合同成立的地点。合同成立地点因要式合同或非要式合同而有不同。一般情况下，非要式合同以承诺生效的地点为合同成立地点；要式合同则应以完成特别手续的地点为合同成立地点。采用合同书形式订立合同的，双方当事人签字或者盖章的地点为合同成立的地点。如双方当事人未在同一地点签字或盖章，则以当事人中最后一方签字或盖章的地点为合同成立的地点。采用数据电文形式订立合同的，收件人的主营业地为合同成立的地点；没有主营业地的，其经常居住地为合同成立的地点。当事人另有约定的，按照其约定。

4．缔约过失责任

缔约过失责任是指当事人于缔结合同之际，导致合同不成立、被确认无效或被撤销时，使对方当事人遭受损失而应承担的法律责任。

缔约过失责任的构成要件：① 缔约一方违反了先合同义务；② 相对方受有损失；③ 违反先合同义务与相对方受有损失之间存在因果关系；④ 违反先合同义务的一方有过错。

【案例聚焦】

2014 年 3 月 28 日，甲图书发行公司以书面形式向南京作家朱某发出“约稿”一份，具体内容如下。

甲发行公司请朱某创作以下内容：丛书名及书名（暂定）：一、青少年辅学广智丛书：《中国古代思想家的故事》、《中国古代政治家的故事》、《中国古代军事家的故事》、《中国古代科学家的故事》、《中国古代文学家的故事》、《中国古代艺术家的故事》。二、《中华四圣》系列长篇历史小说：《孔子》、《老子》、《墨子》、《庄子》。2014 年 9 月，朱某持所写上述六本书书稿到甲图书发行公司处，与甲图书发行公司协商出版相关事宜未果。于是，朱某向法院提起诉讼，要求甲图书发行公司赔偿误工费、交通费等合计人民币 85 648 元。

法院经审理后认为，当事人行使权利、履行义务应当遵循诚实信用原则。当事人在订立合同过程中，一方违背诚实信用原则和法律规定的义务，致另一方的信赖利益损失，应当承担损害赔偿责任。缔约过失责任产生于特定的时间，即要约生效后，合同成立前。本案中，甲图书发行公司向朱某发出的“约稿”虽然只是达成出版合同的合意，但甲图书发行公司这一要约行为足以使朱某产生合理信赖。其次，甲图书发行公司作为图书出版发行单位，在向朱某发出“约稿”要约时，应该考虑到对朱某获得的稿酬应该有明确的约定而未约定，甲图书发行公司具有缔约上的过失。综上，朱某基于合理信赖而撰写了甲图书发行公司所约定作品交付甲图书发行公司，甲图书发行公司却违背诚实信用原则和法律规定的义务，撤销要约，而给朱某造成经济损失，甲图书发行公司应当承担损害赔偿责任。

5.2.3 合同的效力

1．合同生效的概念和要件

（1）合同生效的概念。合同生效是指已经依法成立的合同在当事人之间产生了一定的法律拘束力。我国《合同法》第四十四条规定，依法成立的合同，自成立时生效。

合同的成立与合同的生效是两个不同的概念。一般情况下，合同生效的时间与成立的时间是一致的。但是，有些情况下两者则是不一致的，如附条件的合同，附生效条件的合同自条件成就时生效；附解除条件的合同，自条件成就时失效。应该说，合同具备法定要件即可成立，但是，是否能产生法律效力，则还应具备法律所规定的生效要件。

（2）合同生效的要件。

1）当事人具有相应的缔约行为能力。

2）合同的内容必须确定并且可能。合同的内容是确定各方当事人各自权利义务的重要根据，也是当事人履行义务的依据。因此，要求合同的内容确定并且可能，如果其内容不确定或者不可能，就会使当事人无法履行合同，也难以确定各方当事人的权利义务。合同的内容不确定或者不可能，合同不生效。

3）合同不违反法律和社会公共利益。这是各国法律均承认的一项原则。合同不违反法律是指合同不得违反法律的强制性规定，而不是指任意性规范。合同不违反社会公共利益，主要是指合同的内容不违反公序良俗，如有违反，则合同不产生法律效力。

4）合同的形式须符合法律规定或当事人约定。一般来说，合同的形式可由当事人自由选择。

2．附条件与附期限的合同

（1）附条件的合同。当事人对合同的效力可以约定附条件。在附条件的合同中，所附的条件必须具备以下要求：一是必须是将来发生的事实；二是不确定的事实；三是由当事人议定的而不是法定的；四是必须合法，既符合法律的规定也符合公共道德；五是不得与合同的主要内容相矛盾。

（2）附期限的合同。附期限的合同是指当事人在合同条款中约定一定的期限，并把期限的到来作为合同效力发生或消灭根据的合同。我国《合同法》第四十六条规定，当事人对合同的效力可以约定期限。附生效期限的合同，自期限届满时生效。附终止期限的合同，自期限届满时生效。期限通常分为两种，即生效期限和终止期限。

3. 效力待定合同

（1）效力待定合同的概念。效力待定合同是指合同于成立时是否发生效力尚不确定，有待于其他行为使之确定的合同。即合同虽然已经成立，但不完全符合有关生效要件的规定，因此其效力能否发生，尚未确定，须经其他行为才能生效。

（2）效力待定合同的类型。

1）限制民事行为能力人依法不能独立订立的合同。我国《合同法》第四十七条第一款规定，限制民事行为能力人订立的合同，经法定代理人追认后，该合同有效，但纯获利益的合同或者与其年龄、智力、精神健康状况相适应而订立的合同，不必经法定代理人追认。

2）无权代理的人订立的合同。我国《合同法》第四十八条规定，行为人没有代理权、超越代理权或者代理权终止以后以被代理人名义订立的合同，未经被代理人追认，对被代理人不发生效力，由行为人承担责任。

3）无权处分合同。我国《合同法》第五十一条规定，无处分权的人处分他人财产，经权利人追认或者无处分权的人订立合同后取得处分权的，该合同有效。

（3）两种特殊情况。

1）表见代理。表见代理是指在无权代理的情况下，代理人的行为足以使善意相对人相信其具有代理权而进行交易，由此造成的法律后果由被代理人承担的代理。我国《合同法》第四十九条规定，行为人没有代理权、超越代理权或者代理权终止后以被代理人名义订立合同，相对人有理由相信行为人有代理权的，该代理行为有效。

2）法定代表人、负责人超越权限订立的合同。我国《合同法》第五十条规定，法人或者其他组织的法定代表人、负责人超越权限订立的合同，除相对人知道或者应当知道其超越权限的以外，该代表行为有效。

4. 无效合同

无效合同是指合同虽然已经成立，但因其在内容上违反了法律、行政法规的强制性规定和社会公共利益而不产生法律效力的合同。我国《合同法》第五十二条规定，有下列情形之一的，合同无效：① 一方以欺诈、胁迫的手段订立合同，损害国家利益；② 恶意串通，损害国家、集体或第三人利益；③ 以合法形式掩盖非法目的；④ 损害社会公共利益；⑤ 违反法律、行政法规的强制性规定。

我国《合同法》第五十六条规定，合同部分无效，不影响其他部分效力的，其他部分仍然有效。但是，无效部分与有效部分如果有牵连关系，则合同应被全部确认为无效。

【法律提示】

当事人超越经营范围订立合同，人民法院不因此认定合同无效。但违反国家限制经营、特许经营以及法律、行政法规禁止经营规定的除外。

5．可撤销或可变更合同

可撤销或可变更合同是指当事人在订立合同时，因意思表示不真实，法律允许其行使撤销权而使已经生效的合同归于无效。

可撤销或可变更合同主要包括：① 因重大误解订立的合同。一方当事人对合同的主要内容发生误解，直接影响到其所应享有的权利和承担的义务，可以请求人民法院或者仲裁机关予以变更或撤销。② 显失公平的合同。这是指一方当事人在紧迫或者缺乏经验的情况下订立的使当事人之间的权利义务严重不对等的合同。③ 因欺诈、胁迫而订立的合同。根据我国《合同法》第五十四条的规定，一方以欺诈、胁迫的手段，使对方在违背真实意思的情况下订立的合同，受损害方有权请求人民法院或仲裁机构变更或者撤销。④ 乘人之危的合同。行为人利用他人的危难处境或紧迫需要，强迫对方接受某种明显不公平的条件并做出违背其真实意思的意思表示。我国《合同法》将乘人之危合同纳入可撤销的合同范围之中，允许由受害人决定是否应撤销该合同。

【案例聚焦】

甲服装厂携服装样品到某商厦乙协商签订服装购销合同。当时，甲称样品用料为纯棉布料，乙商厦主管人看后也认定是纯棉布料。双方在合同中约定：甲服装厂向乙商厦提供按样品及样品所用同种布料制作的女式裙 1 000 件，总价款为 20 000 元。一个月后，甲服装厂按合同约定的时间将货物运送到了指定的地点，乙商厦验货后认为数量、质量均符合合同约定，于是向服装厂支付了货款。之后，有顾客购买此裙后认为不是纯棉布料。乙商厦立即请有关部门进行检验，后证实确实不是纯棉布料，里面含有 15%的化纤成分。

乙商厦认为甲服装厂有欺诈行为，要求退货，双方经多次协商未达成一致意见。于是，乙商厦起诉至法院，要求解除合同，退还全部制成品，并要求甲服装厂承担责任，赔偿损失。

提示：在本案中，被告甲服装厂在采购布料时误以为是纯棉布料并将其制成成品卖给原告，从其主观上看，并没有故意做虚假陈述或故意隐瞒真实情况，不存在欺诈的故意，因此，被告的行为不是欺诈行为。

但是，由于双方对合同标的物的质量都发生了错误认识，并且此种错误认识严重影响了原告的利益，此合同为因重大误解而订立的合同，当事人可以请求人民法院予以撤销或者予以变更。因顾客退货而造成的损失应根据过错程度由双方承担。

5.3　合同的履行

5.3.1　合同履行的概念和原则

1. 合同履行的概念

合同履行是指合同生效后，双方当事人按照合同规定的各项条款，完成各自承担的义务和实现各自享受的权利，使双方当事人的合同目的得以实现的行为。

2. 合同履行的原则

（1）实际履行原则。实际履行原则是指当事人应当按照法律和合同约定的标的履行义务的原则。在合同法中，实际履行包括两方面：一是当事人在履行合同时，应按照合同约定的标的履行，不得任意以其他标的代替；二是在当事人一方不履行合同时，应当承担实际履行的责任，相对方有权要求违约方继续履行合同。当然，在合同无法实际履行时，也可由当事人协商用其他标的代为履行。

（2）全面履行原则。全面履行原则也称适当履行原则，指当事人除按照合同约定的标的履行外，还要按照合同约定的其他条款要求全面承担合同义务，具体包括当事人应按照合同标的物的数量和质量、履行期限、履行地点、履行方式等履行合同。可以说，全面履行原则是实际履行原则的补充。

（3）协作履行原则。协作履行原则是指当事人在履行合同过程中，应本着相互协商和协作的目标履行合同。这一原则要求当事人在履行合同过程中，除严格按约定履行自己的义务外，还要相互合作，配合对方履行。合同的双方当事人应当相互关照，互通有无。在合同的履行过程中，双方当事人之间要及时通报情况，发现问题及时解决，以便于合同的履行。

5.3.2　合同履行的规则

合同生效后，当事人就质量、价款或者报酬、履行地点等内容没有约定或者约定不明确的，可以协议补充；不能达成补充协议的，按照合同有关条款或者交易习惯确定。仍不能确定的，适用下列规定。

（1）质量要求不明确的，按照国家标准、行业标准履行；没有国家标准、行业标准的，按照通常标准或者符合合同目的的特定标准履行。

（2）价款或者报酬不明确的，按照订立合同时履行地的市场价格履行；依法应当执行政府定价或者政府指导价的，按照规定履行。

（3）履行地点不明确，给付货币的，在接受货币一方所在地履行；交付不动产的，在不动产所在地履行；其他标的，在履行义务一方所在地履行。

（4）履行期限不明确的，债务人可以随时履行，债权人也可以随时要求履行，但应当给对方必要的准备时间。

（5）履行方式不明确的，按照有利于实现合同目的的方式履行。

（6）履行费用的负担不明确的，由履行义务一方负担。

执行政府定价或者政府指导价的，在合同约定的交付期限内政府价格调整时，按照交付时的价格计价。逾期交付标的物的，遇价格上涨时，按照原价格执行；价格下降时，按照新价格执行。逾期提取标的物或者逾期付款的，遇价格上涨时，按照新价格执行；价格下降时，按照原价格执行。

5.3.3 合同履行的抗辩权

1. 同时履行抗辩权

同时履行抗辩权又称合同不履行抗辩权，是指双务合同当事人应同时履行义务的，一方在对方未履行时，可以拒绝自己的给付的权利。根据我国《合同法》第六十六条的规定，当事人互负债务，没有先后履行顺序的，应当同时履行。一方在对方履行之前有权拒绝其提出的履行要求。一方在对方履行债务不符合约定时，也有权拒绝其相应的履行要求。

2. 不安抗辩权

不安抗辩权，是指双务合同中，一方当事人应先向另一方为给付时，有证据证明他方当事人不能或难以履行合同义务时，在他方当事人未履行合同或就合同履行提供担保之前，有拒绝履行合同的权利。依据我国《合同法》第六十八的规定，应当先履行债务的当事人，有确切证据证明对方有下列情形之一的，可以中止履行：① 经营状况严重恶化；② 转移财产、抽逃资金，以逃避债务；③ 丧失商业信誉；④ 有丧失或者可能丧失履行债务能力的其他情形。当事人一方要中止履行的，须提供上述证据，否则视为违约。

当事人行使不安抗辩权时，应当及时将中止履行的情况通知对方。对方提供适当担保的，应恢复履行。但是，如果对方在合理期限内未恢复履行能力且未提供适当担保的，中止履行的一方当事人可以解除合同。

【案例聚焦】

2015年1月，甲、乙公司签订了一份房屋买卖合同，合同约定甲公司于当年3月1日向乙公司交付房屋100套，并办理登记手续。乙公司则向甲公司分三次付款：第一期支付2 000万元，第二期支付3 000万元，第三期则在3月1日甲公司向乙公司交付房屋时支付5 000万元。在签订合同后，乙公司按期支付了第一期、第二期款项。

3月1日，甲公司将房屋的钥匙移交乙公司，但并未立即办理房产所有权移转登记手续。因此，乙公司表示剩余款项在登记手续办理完毕后再付。在合同约定付款日期7日后，乙公司仍然没有付款，甲公司遂以乙公司违约为由诉至法院，要求乙公司承担违约责任。

5.4 合同的变更、转让与终止

5.4.1 合同变更

1．合同变更的概念

合同变更是指有效成立的合同，在尚未履行或者尚未完全履行以前，由于一定法律事实的出现，而使当事人就合同内容达成修改和补充的协议。我国《合同法》第七十七条规定，当事人协商一致，可以变更合同。法律、行政法规规定变更合同应当办理批准、登记等手续的，依照其规定。实际上，合同变更是在保留原合同实质内容的基础上产生一个新的合同关系。

2．合同变更的条件

（1）合同变更以有效成立的合同为前提。合同在有效成立后，如需调整局部内容就要通过合同变更。如果合同尚未订立，要通过撤回或撤销来进行，不可能发生变更问题。

（2）合同变更在原则上要经过当事人协商一致。合同是双方当事人意思表示一致的产物，因而合同变更也必须经过双方的协商。任何一方未经协商不得擅自变更合同内容，否则将构成违约。

（3）合同变更要遵循法定的程序和方式。依据法律、行政法规的规定，在某些情况下合同变更须履行特定的批准、登记等手续，如中外合作企业的合同内容如需做重大变更的，应当报审查机关批准。这类合同变更，不但要求当事人双方协商一致，而且还必须履行变更合同的法定程序和方式，合同才得以变更。

（4）合同变更要使合同内容发生变化。合同变更的对象是合同内容的变化，但合同变更应该是非实质性条款的变更，也就是说，这些条款的变更不能导致原合同关系的消灭和新合同关系的产生。

5.4.2 合同转让

合同转让是指当事人将合同的权利和义务全部或者部分转让给第三人。合同转让分为合同权利转让、合同义务移转及合同权利和义务概括移转。

1．合同权利转让

合同权利转让，又称债权转让，是指债权人通过协议将其债权全部或部分地转让给第三人的行为。我国《合同法》第七十九条规定，债权人可以将合同的权利全部或者部分转让给第三人。

（1）合同权利转让的限制。根据我国《合同法》第七十九条的规定，下列情况下合同权利不得转让：

1）根据合同性质不得转让。根据合同性质不得转让的债权主要包括：一是具有人身性质的扶养请求权、抚恤金请求权、人身损害赔偿请求权等；二是以特定的债权人为基础发生的合同权利，如与特定人签订的演出合同；三是从权利不得与主权利分离而单独转让，如保证合同权利；四是基于特别信任关系发生的债权。

2）按照当事人约定不得转让。当事人如果在订立合同时特别约定，禁止任何一方转让合同权利，只要此约定不违反法律的禁止性规定和社会公共道德，就应当产生法律效力。任何一方违反此种约定而转让合同权利，将构成违约行为。

3）依照法律规定不得转让。根据我国《民法通则》第九十一条的规定，依照法律规定应由国家批准的合同，当事人在转让权利义务时，必须经过原批准机关批准。如原批准机关对权利的转让不予批准，则权利的转让无效。我国《合同法》第八十七条规定，法律、行政法规规定转让权利或者转移义务应当办理批准、登记等手续的，依其规定。

（2）合同权利转让的法律效力。

1）对受让人的效力。我国《合同法》第八十一条规定，债权人转让权利的，受让人取得与债权有关的从权利，但该从权利专属于债权人自身的除外。可见，合同权利转让后，受让人取得合同权利及属于主权利的从权利。

2）对债务人的效力。一是债务人不得再向原债权人履行债务；二是债务人应向受让人履行债务，并免除债务人对转让人所负的责任；三是债务人在合同权利转让时所享有的对抗原债权人的抗辩权依然存在；四是债务人的抵消权只能向新的债权人行使。

2. 合同义务移转

（1）合同义务移转的概念。合同义务移转又称债务承担，是指在不改变合同内容的前提下，债务人将债务移转给第三人承担。它包括两种情况：一是债务人将合同义务全部移转给第三人，由该第三人取代债务人的地位，成为新的债务人，称为免责的债务承担；二是债务人将合同义务部分地转移给第三人，由债务人和第三人共同承担债务，称为并存的债务承担。

（2）合同义务移转的效力。合同义务全部移转的，新债务人将代替原债务人而成为当事人，原债务人不再是当事人。债权人只能向新债务人请求履行债务或要求其承担违约责任。合同义务部分移转的，第三人与原债务人共同承担合同义务。合同义务移转后，新债务人可以主张原债务人对债权人的抗辩。

3. 合同权利和义务概括转移

合同权利和义务概括转移是指原合同当事人一方将其合同权利义务一并转移给第三人，由第三人概括地继受这些权利义务的法律现象。合同权利和义务概括转移的形式分为意志概括转移和法定概括转移。

5.4.3 合同终止

合同终止是指合同当事人之间的权利义务客观上不复存在。合同终止后，当事人之间的债权债务关系消灭。我国《合同法》第九十一条规定了合同终止的七种情形：① 债务已经按照约定履行；② 合同解除；③ 债务相互抵销；④ 债务人依法将标的物提存；⑤ 债权人免除债务；⑥ 债权债务同归于一人；⑦ 法律规定或者当事人约定终止的其他情形。

5.5 违约责任

5.5.1 违约责任的概念和特点

1．违约责任的概念

违约责任指合同当事人在无法确定免责原因的情况下，不按合同约定履行义务而应承担的责任。合同一旦生效，即在当事人之间产生法律约束力，各方当事人均应按照合同的约定履行合同义务。违约并不一定产生违约责任，如在一定情况下，虽然有违约行为，但因存在法定的或约定的免责事由而免除责任。我国《合同法》第一百零七条规定，当事人一方不履行合同义务或者履行合同义务不符合约定的，应当承担继续履行、采取补救措施或者赔偿损失等违约责任。

2．违约责任的特点

（1）违约责任以违反合同义务为前提。违约责任是合同当事人不履行合同义务所产生的责任。如果当事人违反的不是合同义务，而是法律规定的其他义务，则应负其他责任。

（2）违约责任具有相对性。这种相对性是指违约责任只能在特定的当事人之间即合同关系的当事人之间发生。合同关系以外的人不负违约责任，合同当事人也不对其承担违约责任。

（3）违约责任具有补偿性。这种补偿性是指违约责任旨在弥补或补偿因违约行为造成的损害后果。例如，约定的违约金或赔偿金不能过高，否则当事人有权要求法院减少数额。

（4）违约责任可由双方当事人约定。合同当事人可以在法律规定的范围内，对一方的违约责任做出事先的约定。根据我国《合同法》第一百一十四条规定，当事人可以约定一方违约时应当根据违约情况向对方支付一定数额的违约金，也可以约定因违约产生的损失赔偿数额的计算方法。

【相关链接】违约金与定金

定金是指合同当事人约定一方向对方给付一定数额的货币（定金）作为债权的担保。债务人履行债务后，定金抵作价款或者收回。给付定金的一方不履行约定的债务的，无权要求返还定金；收受定金的一方不履行约定的债务的，应当双倍返还定金。定金的数额由当事人约定，但不得超过主合同标的额的 20%。

当事人约定的定金数额超过主合同标的额 20%的，超过的部分，人民法院不予支持。

实际交付的定金数额多于或者少于约定数额，视为变更定金合同；收受定金一方提出异议并拒绝接受定金的，定金合同不生效。

5.5.2 违约责任的构成要件

违约责任的构成要件可分为一般构成要件和特殊构成要件。一般构成要件是指违约当事人承担违约责任形式必须具备的要件。特殊构成要件是指各种具体的违约责任形式所要求的要件。一般违约责任的构成要件主要包括以下两种。

1．违约行为

违约行为是指合同当事人不履行合同义务或者履行合同义务不符合约定的行为。违约行为具有以下特点：① 为的主体是合同关系中的当事人；② 违约行为是以有效的合同关系的存在为前提的；③ 违约行为在性质上都违反了合同义务；④ 违约行为在后果上都导致了对合同债权的侵害。

2．不存在法定和约定的免责事由

违约责任的免责事由问题涉及违约责任的归责原则。实际上，违约行为不包括当事人的主观过错。在违约行为发生以后，违约当事人并非一定承担违约责任。如果其有法定的或约定的免责事由，则不承担违约责任。

5.5.3 违约责任的主要形式

1．继续履行

继续履行是指在一方当事人违反合同时，另一方有权要求其按照合同的约定继续履行合同义务。《合同法》规定，当事人一方不履行合同义务或者履行合同义务不符合约定的，应当承担继续履行等违约责任；当事人一方未支付价款或者报酬的，对方可以要求其支付价款或者报酬；当事人一方不履行非金钱债务或者履行非金钱债务不符合约定的，对方可以要求履行。

2．采取补救措施

采取补救措施指违约方所采取的旨在消除违约后果的补救方式。

3．违约损害赔偿

违约损害赔偿又称赔偿损失，是指违约方因不履行合同或者不完全履行合同义务而给对方造成损失，依法应当承担的赔偿损失的责任。

4．支付违约金

支付违约金是指由当事人通过协商预先确定的，在违约发生后做出的独立于履行行为以外的给付。

【法律提示】

当事人主张约定的违约金过高请求予以适当减少的，人民法院应当以实际损失为基础，兼顾合同的履行情况、当事人的过错程度及预期利益等综合因素，根据公平原则和诚实信用原则予以衡量，并做出裁决。

【案例聚焦】

2014年2月，王某去某驾校准备报名学车，驾校工作人员给了王某一份招生说明书，招生说明书上载明有“交规考试合格后，10个工作日后上车”。2月18日，王某通过了交规考试，之后，王某多次催促要求上车学习驾驶技术，但两个多月过去了，驾校一直没通知其上车。王某感到受到了欺骗，于是便以驾校存在欺诈行为为由起诉到法院，要求解除合同，并双倍返还学费共计3 000元，诉讼费用由驾校承担。

驾校认为，该招生说明书载明的“交规考试合格后，10个工作日后上车”的话语并不违约，其认为在十个工作日后至一年内通知其上车即全面履行了合同的义务。该驾校的行为是否构成欺诈？王某是否可以要求双倍返还学费？

练 习 题

一、单项选择题

1．根据《合同法》的规定，下列各项中，不属于无效合同的是（　　）。

A．违反国家限制经营规定而订立的合同

B．恶意串通，损害第三人利益的合同

C．显失公平的合同

D．损害社会公共利益的合同

2．要约邀请是希望他人向自己发出要约的意思表示。根据《合同法》的规定，下列情形中，不属于发出要约邀请的是（　　）。

A．甲公司向数家贸易公司寄送价目表

B．乙公司通过报刊发布招标公告

C．丙公司在其运营中的咖啡自动售货机上载明“每杯一元”

D．丁公司向社会公众发布招股说明书

3．郑某和张某拟订一份书面合同。双方在甲地谈妥合同的主要条款，郑某于乙地在合同上签字，其后，张某于丙地在合同上盖章，合同的履行地为丁地。根据《合同法》的规定，该合同成立的地点是（　　）。

A．甲地　　B．乙地　　C．丙地　　D．丁地

4．甲公司于4月1日向乙公司发出订购一批实木沙发的要约，要求乙公司于4月8日前答复。4月2日乙公司收到该要约。4月3日，甲公司欲改向丙公司订购实木沙发，遂向乙公司发出撤销要约的信件，该信件于4月4日到达乙公司。4月5日，甲公司收到乙公司的回复，乙公司表示暂无实木沙发，问甲公司是否愿意选购布艺沙发，根据《合同法》的规定，甲公司要约失效的时间是（　　）。

A．4月3日　　B．4月4日　　C．4月5日　　D．4月8日

5．合同当事人互负债务，且无先后履行顺序之约定，当事人一方可在对方未履行之前，拒绝对方的履行请求，该权利是（　　）。

A．顺序履行抗辩权　　B．同时履行抗辩权

C．不安抗辩权　　D．先诉抗辩权

二、多项选择题

1．甲委托乙用货车将一批水果运往A地，不料途中遭遇山洪，水果全部毁损。甲委托乙运输时已向乙支付运费。根据《合同法》的规定，下列关于水果损失与运费承担的表述中，正确的有（　　）。

A．乙应当赔偿水果宽心丸甲造成的损失

B．甲自行承担因水果毁损造成的损失

C．甲有权要求乙返还运费

D．甲无权要求乙返还运费

2．下列情形属于无效合同的是（　　）。

A．甲医院以国产假肢冒充进口假肢，高价卖给乙

B．甲、乙双方为了在办理房屋过户登记时避税，将实际成交价为100万元的房屋买卖合同价格写为60万元

C．有妇之夫甲委托未婚女乙代孕，约定事成后甲补偿乙50万元

D．甲父患癌症急需用钱，乙趁机以低价收购甲收藏的一幅名画，甲无奈与乙签订了买卖合同

3．我国合同法律制度规定当事人承担的违约责任主要有（　　）。

A．支付定金　　B．赔偿损失

C．采取补救措施　　D．继续履行合同

4．根据《合同法》的规定，下列情形中，属于合同解除法定事由的有（　　）。

A．合同当事人一方的法定代表人变更

B．作为合同当事人一方的法人分立

C．由于不可抗力致使合同目的不能实现

D．合同当事人一方迟延履行债务致使合同目的不能实现

5．合同是当事人意思表示一致的协议。合同必须包含的要素有（　　）。

A．必须有两个以上的当事人　　B．当事人之间必须有隶属关系

C．必须相互做出意思表示　　D．各个意思表示是一致的

三、案例分析题

1．甲公司许可乙公司使用其一项技术秘密，由乙公司支付使用费。在甲公司的一再要求下，双方在转让合同中约定，乙公司在使用该项技术时，不得对该项技术秘密做任何技术改进。合同签订后，乙公司按时支付了使用费。后乙公司为了适应公司的生产，提高产品质量，在原技术的基础上，又开发了新的技术。甲公司得知后，便以乙公司违反约定，要求乙公司承担违约责任。

问题：

（1）乙公司的行为是否构成违约，为什么？

（2）甲公司对乙公司开发的新技术是否享有权利？

2．2013年7月1日，甲钢铁公司（简称甲公司）向乙建筑公司（简称乙公司）发函，其中有甲公司生产的各种型号钢材的数量、价格表和一份订货单。订货单表明：各型号钢材符合行业质量标准。若乙公司在8月15日前按价格表购货，甲公司将满足供应，并负责运送至乙公司所在地，交货并付款。

7月10日，乙公司复函称：如果A型号钢材每吨价格下降200元，我公司愿购买3 000吨A型号钢材，贵公司如同意，须在7月31日前函告。

7月25日，甲公司决定接受乙公司的购买价格。在甲公司做出决定后，同日收到乙公司的撤销函件，表示不再需要购买A型号钢材。

7月26日，甲公司正式发出确认函告知乙公司，表示接受乙公司就A型号钢材的购买数量及价格，并要求乙公司按约定履行合同。乙公司于当日收到甲公司的该确认函。

乙公司认为其已给甲公司发出撤销函件，故买卖合同未成立，双方因此发生争议。

要求：根据《合同法》的有关规定，回答下列问题：

（1）2013年7月1日，甲公司向乙公司发出的函件是要约还是要约邀请？简要说明理由。

（2）2013年7月10日，乙公司向甲公司回复的函件是否构成承诺？简要说明理由。

（3）乙公司主张买卖合同未成立的理由是否成立？简要说明理由。

第 6 章

市场规制法律制度

学习目标

通过本章的学习，要求：掌握消费者应有的权利；理解经营者的义务；理解产品质量法的概念、特点及体系；掌握产品标准、产品质量与产品质量责任；掌握不正当竞争的概念和特征；了解反不正当竞争法的基本原则；掌握各种不正当竞争行为的特征及表现。

引导案例

陈树青退休在家，为了休闲于2013年2月7日到自由市场花费2 300元购买了一把秋千椅回家。2013年3月19日中饭后，陈树青带着孙女坐在秋千椅上自然摇动，突然其中一根支撑的木料断裂，陈树青摔在地上致使右手骨折，经医院治疗共花去医药费1 100元。

陈树青治愈后立即去自由市场找销售者，但发现销售者已不在原处，一时无法找到，后发现秋千椅上刻着鸿达木竹制品厂生产的字样，通过打听在城郊找到了该厂，陈树青即要求该厂承担其一切损失，而厂方认为陈树青应先向销售者索赔。协商无果的情况下，陈树青便向法院提起民事诉讼，对被告鸿达木竹制品厂提出以下诉讼请求：① 要求被告赔偿秋千椅的损失2 300元；② 要求被告赔偿医药费1 100元。

思考题：

鸿达木竹制品厂对陈树青的人身损害及秋千椅的损失是否均应承担赔偿责任？如果该产品质量缺陷属于销售者的责任，该厂是否有权向销售者再追偿？

6.1 消费者权益保护法

6.1.1 消费者权益保护法概述

1. 消费者的概念

消费者是社会消费的主体，包括生产性消费和生活性消费两种。消费者权益保护法中所涉及的“消费者”，主要是指生活资料的消费者，在特殊情况下也包括生产资料的消费者，如农民的生产性消费活动等。本教材所指的消费者是指为了满足个人生活消费的需要而购买、使用商品或接受服务的居民。这里的居民是指自然人或个体社会成员。在我国，消费者是与经营者对称的，而经营者就是向消费者出售商品或提供服务的市场主体。

2. 消费者权益保护法的概念及特征

消费者权益保护法的概念有广义和狭义之分，广义的消费者权益保护法是指保护消费者合法权益的所有的法律规范的总称，包括消费者权益保护基本法、安全保障法、商品的计量标准和计量监督法、价格监督法、消费合同法及竞争监督法等；而狭义的消费者权益保护法仅指 1993 年 10 月 31 日颁布、1994 年 1 月 1 日起正式施行的《消费者权益保护法》（该法分别于 2009 年 8 月 27 日和 2013 年 10 月 25 日进行修订）。

消费者权益保护法具有如下几方面的特征。

（1）消费者权益保护法保护手段的强制性。消费者权益保护法通过国家干预市场经济运行来实现保护消费者的合法权益。实践中，国家通过制定实施强制性、禁止性的法律规范来干预市场经济的运行，而这些强制性、禁止性的规范是针对生产经营者的义务所作的规定，同时包含了对标准合同条款的限制。因此，消费者权益保护法的保护手段具有强制性。

（2）消费者权益保护法保护的是消费者的消费权益。所谓消费者权益，是指消费者依法享有的权利以及该权利受到保护时，给消费者带来的应得利益。消费者权益的核心是消费者的权利，包括知情权、安全权等若干权利。

（3）消费者权益保护法调整对象的确定性。消费者权益保护法调整的对象是消费者和经营者在购买、使用商品或接受商品服务过程中所发生的关系。从范围上看，它既包括购买商品，也包括使用商品；既包括本人使用商品，也包括他人使用商品。因此，消费者权益保护法保护的不仅是和经营者发生买受行为的消费者，也包括没有与经营者发生直接合同行为但受到商品侵害的其他人。

6.1.2　消费者权益保护法的调整范围

《消费者权益保护法》第二条规定：“消费者为生活消费需要购买、使用商品或者接受服务，其权益受本法保护；本法未作规定的，受其他有关法律、法规保护。”由此可以看出，我国消费者权益保护法的调整范围如下。

1. 主体

消费者权益保护法的保护主体即消费者。虽然我国现行立法并未明确指出消费者就是个人，但是我们可以结合立法理解为，消费者主要指个人，但同时可以包括购买生活消费品以满足本单位个人成员消费需求的组织。

2．客体

消费者权益保护法调整的客体是生活消费资料而非生产资料。但是《消费者权益保护法》第五十四条所列的“农民购买、使用直接用于农业生产的资料”仍属于该法保护范围。

3．调整的社会关系

消费者权益保护法调整的是以保护消费者为核心在购买生活消费商品过程中所发生的社会关系。具体而言，它包括消费者和经营者之间在购买商品过程中、使用商品过程中以及接受商品服务过程中所发生的各种社会关系。从构成上看，该关系以消费者和经营者的关系为主导，还包括有国家与经营者、国家与消费者、其他组织或个人与经营者之间的社会关系。

6.1.3 消费者权利

我国《消费者权益保护法》第二章第七条至第十五条规定了消费者的权利即消费者的安全权，知情权，自主选择权，公平交易权，依法获得赔偿权，结社权，获取知识权，人格尊严、民族风俗习惯受尊重权和监督批评权等九项权利。

1．安全权

《消费者权益保护法》第七条规定了消费者的安全权，具体指消费者在购买、使用商品和接受服务时享有人身、财产安全不受损害的权利。

消费者的安全权包括：第一，人身安全权。人身安全权中又包括生命安全保障和生命健康不受损害。第二，财产安全权。上述两方面权利的确立要求经营者在销售商品或提供服务时，必须严格执行国家相关的标准，确保消费者的生命健康和财产安全，同时，经营者不能生产、销售或者提供不符合国家、行业标准的商品或服务。一旦有上述违法行为存在，国家将追究其责任。

2．知情权

《消费者权益保护法》第八条规定：“消费者有知悉其购买、使用的商品或者接受的服务的真实情况的权利。”消费者的知情权具体指消费者享有知悉其购买、使用的商品或者接受服务的真实情况的权利。消费者有权根据商品或者服务的不同情况，要求经营者提供商品的价格、产地、生产者、用途、性能、规格、等级、主要成分、生产日期、有效期限、检验合格证明、使用方法说明书、售后服务，或者服务的内容、规格、费用等有关情况。

消费者的知情权包括两层含义：一是消费者在购买、使用商品或接受服务时，有权询问、了解商品或者服务的有关情况；二是经营者依消费者要求所提供的信息必须是真实的。

3．自主选择权

《消费者权益保护法》第九条规定：“消费者享有自主选择商品或者服务的权利。”消费者的自主选择权是指消费者依法享有的自主选择商品或者服务的权利。

消费者的自主选择权包括如下几方面内容：第一，消费者有权选择提供商品或者服务的经营者；第二，消费者有权自主选择商品品种或者服务方式；第三，消费者有权自主决定购买或者不购买任何一种商品，接受或者不接受任何一项服务；第四，消费者在选择商品或者服务时，有权进行比较、鉴别和挑选。

4．公平交易权

《消费者权益保护法》第十条规定："消费者享有公平交易的权利。"具体来讲，消费者的公平交易权是指消费者在购买商品或者接受服务时依法享有的获得质量保障和价格合理、计量准确等公平交易条件的权利。

"公平交易"是市场经济最基本的原则和要求。《消费者权益保护法》第四条规定："经营者与消费者进行交易，应当遵循自愿、平等、公平、诚实信用的原则。"同时，《民法通则》第四条规定："民事活动应遵循自愿、公平、有偿、诚实信用的原则。"应当说，经营者提供商品和服务，消费者购买商品或者接受服务，是一种市场交易行为，即法律上所称的民事法律行为。因此，在整个市场活动中，消费者和经营者都享有公平交易的权利。

5．依法获得赔偿权

《消费者维权保护法》第十一条规定了消费者依法获得赔偿权，赔偿的范围包括人身损害赔偿和财产损失赔偿。其中的人身损害赔偿又包括生命、健康损害赔偿和精神损害赔偿。

消费者依法获得赔偿权的法律依据是《民法通则》，其中规定了对公民的人身权利、财产权利的保护，并以民事责任的方式规定了侵权人或者债务人所应承担的法律责任。以损害赔偿的一般性质而言，它具有补偿性，这主要是基于民事法律关系中的平等、等价有偿原则，即在当事人所遭受的实际财产损失或者由于人身伤害而造成的财产损失得到充分完全的补偿后，侵权人或者债权人的民事责任即告承担完毕。但是，在消费者保护领域，法律又特别规定了惩罚性损害赔偿金的适用，即《消费者权益保护法》第四十九条针对经营者欺诈行为的双倍赔偿。

6．结社权

《消费者权益保护法》第十二条规定："消费者享有依法成立维护自身合法权益的社会组织的权利。"具体而言，所谓消费者的结社权，是指消费者在购买、使用商品或接受商品服务时享有依法成立维护自身合法权益的社会团体的权利。

消费者结社权的法律依据是我国《宪法》第三十五条的规定，即"中华人民共和国公民有言论、出版、集会、结社、游行、示威的自由"，是公民结社权的一部分。换句话说，消费者的结社权是其宪法权利在生活消费领域的具体体现。

消费者的结社权主要体现在：第一，消费者结成的组织是保障个体消费者合法权益的重要组织形态，它在维护消费者权益方面起着重要作用；第二，消费者结成的组织可以通过调解、仲裁等形式来解决消费者与经营者之间的纠纷；第三，消费者结成的组织也可以在消费者与政府之间起沟通的桥梁作用。

7．获取知识权

《消费者权益保护法》第十三条规定了消费者在购买、使用商品或接受服务时有获得相关知识的权利。这里的知识包括两大方面：一是消费者权益保护方面的知识，主要是关于消费者权益保护的法律规范、政策以及具体维护自身权益的诉讼知识等；二是消费者在购买、使用商品或接受服务中关于具体商品或者服务的知识。对此，国家和经营者都有义务为消费者提供基本的培训、咨询和指导。

8．人格尊严、民族风俗习惯受尊重权

《消费者权益保护法》第十四条规定："消费者在购买、使用商品和接受服务时享有其人格尊严、民族风俗习惯得到尊重的权利，享有个人信息依法得到保护的权利。"经营者不得对消费者进行侮辱、诽谤，不得搜查消费者的身体及携带的物品，不得侵犯消费者的人身自由。

我国《宪法》第三十八条规定："中华人民共和国公民的人格尊严不受侵犯。"《民法通则》第一百零一条中规定："公民的人格尊严受法律保护。"人格尊严作为基本人权，在任何法律关系中无论双方地位是否平等，都应该得到实现，对消费领域也不例外。

9．监督批评权

《消费者权益保护法》第十五条规定："消费者享有对商品和服务以及保护消费者权益工作进行监督的权利。"进一步而言，消费者有权检举、控告侵害消费者权益的行为和国家机关及其工作人员在保护消费者权益工作中的违法失职行为，有权对保护消费者权益工作提出批评、建议。消费者的监督权表现在两个方面：一是对消费者权益保护工作进行监督的权利；二是对商品和服务进行监督的权利。

6.1.4 经营者的义务

所谓的经营者，就是向消费者提供其生产、销售的商品或者提供服务的单位或者个人，是以营利为目的的从事生产经营活动并与消费者对立存在的另一方当事人。

在买卖或接受服务的法律关系中，经营者与消费者是相对应的消费法律关系主体，因而消费者的权利与经营者的义务是相对的一个问题的两个方面，即消费者的权利是经营者的义务，消费者的权利是通过经营者履行义务来实现的。

消费者权益保护法中的经营者具备以下特征：① 经营者的外延包含生产者、销售者和服务的提供者；② 营利是经营者最主要的构成要件，也是所有经营者追求的目标和其从事经营活动的直接动因；③ 经营者不是泛指所有从事生产经营活动的人，而仅指那些向消费者提供与生活消费有关的商品和服务的公民、法人及其他组织。

1．经营者依法定或依约定履行义务

《消费者权益保护法》第十六条规定，经营者向消费者提供商品或者服务，应当依照《中华人民共和国产品质量法》和其他有关法律、法规的规定履行义务。此外，经营者和消费者有约定的，应当按照约定履行义务，但双方的约定不得违背法律、法规的规定。

2. 经营者听取意见和接受监督的义务

《消费者权益保护法》第十七条规定，经营者应当听取消费者对其提供的商品或者服务的意见，接受消费者的监督。

3. 保障人身和财产安全的义务

《消费者权益保护法》第十九条规定，经营者应当保证其提供的商品或者服务符合保障人身、财产安全的商品或服务。应当向消费者做出真实的说明和明确的警示，并说明和标明消费者正确使用商品或接受服务的方法以及防止危害发生的方法。

经营者发现其提供的商品或者服务存在缺陷，有危及人身、财产安全危险的，应当立即向有关行政部门报告和告知消费者，并采取停止销售、警示、召回、无害化处理、销毁、停止生产或者服务等措施。采取召回措施的，经营者应当承担消费者因商品被召回支出的必要费用。

4. 经营者不作虚假宣传的义务

《消费者权益保护法》第二十条规定，经营者向消费者提供有关商品或者服务的质量、性能、用途、有效期限等信息，应当真实、全面，不得作虚假或者引人误解的宣传。经营者对消费者就其提供的商品或者服务的质量和使用方法等问题提出的询问，应当做出真实、明确的答复。经营者提供商品或者服务应当明码标价。

采用网络、电视、电话、邮购等方式提供商品或者服务的经营者，以及提供证券、保险、银行等金融服务的经营者，应当向消费者提供经营地址、联系方式、商品或者服务的数量和质量、价款或者费用、履行期限和方式、安全注意事项和风险警示、售后服务、民事责任等信息。

5. 标明经营者真实名称和标记的义务

《消费者权益保护法》第二十一条规定，经营者应当标明其真实名称和标记；租赁他人柜台或者场地的经营者，应当标明其真实名称和标记。

经营者的名称和标记是区别于其他商品和服务的来源的标志，在发生纠纷时，有助于准确地确定求偿主体。

6. 向消费者出具购货凭证或者服务单据的义务

《消费者权益保护法》第二十二条规定，经营者提供商品或者服务，应当按照国家有关规定或者商业惯例向消费者出具购货凭证或者服务单据；消费者索要发票等购货凭证或者服务单据的，经营者必须出具。此项义务的规定意在保护消费者接受服务和购买商品的证据，当发生法律责任时，免于消费者处于被动状态。

7. 保证商品品质和服务质量的义务

《消费者权益保护法》第二十三条规定了经营者保证商品质量和服务质量的义务。经营者应当保证在正常使用商品或者接受服务的情况下其提供的商品或者服务应当具有的质量、性能、用途和有效期限；但消费者在购买该商品或者接受该服务前已经知道其存在瑕疵，且存在该瑕疵不违反法律强制性规定的除外。经营者以广告、产品说明、实物样品或者其他方式表明商品或者服务的质量状况的，应当保证其提供的商品或者服务的实际质量与表明的质量状况相符。经营者提供的机动车、计算机、电视机、电冰箱、空调器、洗衣机等耐用商品或者装饰装修等服务，消费者自接受商品或者服务之日起六个月内发现瑕疵，发生纠纷的，由经营者承担有关瑕疵的举证责任。

8．承担退货、更换、修理和其他责任的义务

《消费者权益保护法》第二十四条规定，经营者提供的商品或者服务不符合质量要求的，消费者可以依照国家规定、当事人约定退货，或者要求经营者履行更换、修理等义务。没有国家规定和当事人约定的，消费者可以自收到商品之日起七日内退货；七日后符合法定解除合同条件的，消费者可以及时退货，不符合法定解除合同条件的，可以要求经营者履行更换、修理等义务。发生上述情形退货、更换、修理的，经营者应当承担运输等必要费用。

经营者采用网络、电视、电话、邮购等方式销售商品，消费者有权自收到商品之日起七日内退货，且无须说明理由，但下列商品除外：消费者定作的；鲜活易腐的；在线下载或者消费者拆封的音像制品、计算机软件等数字化商品；交付的报纸、期刊。消费者退货的商品应当完好。经营者应当自收到退回商品之日起七日内返还消费者支付的商品价款。退回商品的运费由消费者承担；经营者和消费者另有约定的，按照约定。

9．不得排除或者限制消费者权利的义务

《消费者权益保护法》第二十六条规定，经营者在经营活动中使用格式条款的，应当以显著方式提请消费者注意商品或者服务的数量和质量、价款或者费用、履行期限和方式、安全注意事项和风险警示、售后服务、民事责任等与消费者有重大利害关系的内容，并按照消费者的要求予以说明。经营者不得以格式条款、通知、声明、店堂告示等方式，做出排除或者限制消费者权利、减轻或者免除经营者责任、加重消费者责任等对消费者不公平、不合理的规定，不得利用格式条款并借助技术手段强制交易。格式条款、通知、声明、店堂告示等含有前款所列内容的，其内容无效。

10．不得侵犯消费者人格权的义务

我国《消费者权益保护法》第二十七条规定，经营者不得对消费者进行侮辱、诽谤，不得搜查消费者的身体及其携带的物品，不得侵犯消费者的人身自由。

11．经营者收集、使用消费者个人信息方面的义务

我国《消费者权益保护法》第二十九条规定，经营者收集、使用消费者个人信息，应当遵循合法、正当、必要的原则，明示收集、使用信息的目的、方式和范围，并经消费者同意。经

营者收集、使用消费者个人信息，应当公开其收集、使用规则，不得违反法律、法规的规定和双方的约定收集、使用信息。

经营者及其工作人员对收集的消费者个人信息必须严格保密，不得泄露、出售或者非法向他人提供。经营者应当采取技术措施和其他必要措施，确保信息安全，防止消费者个人信息泄露、丢失。在发生或者可能发生信息泄露、丢失的情况时，应当立即采取补救措施。

经营者未经消费者同意或者请求，或者消费者明确表示拒绝的，不得向其发送商业性信息。

6.1.5　消费争议解决与法律责任

《消费者权益保护法》中所说的消费争议是指消费者与经营者之间因商品的质量或者提供的服务内容等造成消费者人身、财产损失而引发的争执、争端。按照我国《消费权益保护法》规定，在发生消费纠纷时，可选择和解、调解、申诉、仲裁、诉讼等途径解决纠纷。

依照我国《消费者权益保护法》的规定，经营者因其行为性质、程度的不同，可能承担民事责任、行政责任，甚至刑事责任。

1. 民事责任

我国《民法通则》规定的民事责任可以分为两大类，即违约责任和侵权责任。侵权责任又可以分为一般侵权责任和特殊侵权责任。在消费纠纷中，经营者承担的民事责任主要有以下几种。

（1）经营者违反《产品质量法》和其他法律、法规规定应承担的民事责任。我国《消费者权益保护法》第四十八条规定：① 商品或者服务存在缺陷的；② 不具备商品应当具备的使用性能而出售时未作说明的；③ 不符合在商品或者其包装上注明采用的商品标准的；④ 不符合商品说明、实物样品等方式表明的质量状况的；⑤ 生产国家明令淘汰的商品或者销售失效、变质的商品的；⑥ 销售的商品数量不足的；⑦ 服务的内容和费用违反约定的；⑧ 对消费者提出的修理、重作、更换、退货、补足商品数量、退还货款和服务费用或者赔偿损失的要求，故意拖延或者无理拒绝的；⑨ 法律、法规规定的其他损害消费者权益的情形。经营者对消费者未尽到安全保障义务，造成消费者损害的，应当承担侵权责任。

其中，经营者提供商品或者服务有欺诈行为的，应当按照消费者的要求增加赔偿其受到的损失，增加赔偿的金额为消费者购买商品的价款或者接受服务的费用的三倍；增加赔偿的金额不足五百元的，为五百元。法律另有规定的，依照其规定。经营者明知商品或者服务存在缺陷，仍然向消费者提供，造成消费者或者其他受害人死亡或者健康严重损害的，受害人有权要求经营者依照《消费者权益保护法》等法律规定赔偿损失，并有权要求所受损失二倍以下的惩罚性赔偿。

（2）致人伤害的民事责任。《消费者权益保护法》第四十九条规定，经营者提供商品或者服务，造成消费者或者其他受害人人身伤害的，应当赔偿医疗费、护理费、交通费等为治疗和康复支出的合理费用，以及因误工减少的收入。造成残疾的，还应当赔偿残疾生活辅助具费和残疾赔偿金。造成死亡的，还应当赔偿丧葬费和死亡赔偿金。

（3）侵犯其他人身权的民事责任。《消费者权益保护法》第五十条规定，经营者侵害消费者的人格尊严、侵犯消费者人身自由或者侵害消费者个人信息依法得到保护的权利的，应当停止侵害、恢复名誉、消除影响、赔礼道歉，并赔偿损失。

（4）造成精神损害的民事责任。经营者有侮辱诽谤、搜查身体、侵犯人身自由等侵害消费者或者其他受害人人身权益的行为，造成严重精神损害的，受害人可以要求精神损害赔偿。

（5）造成财产损害的民事责任。《消费者权益保护法》第五十二条规定，经营者提供商品或者服务，造成消费者财产损害的，应当依照法律规定或者当事人约定承担修理、重作、更换、退货、补足商品数量、退还货款和服务费用或者赔偿损失等民事责任。

2. 行政责任

经营者有下列情形之一，除承担相应的民事责任外，其他有关法律、法规对处罚机关和处罚方式有规定的，依照法律、法规的规定执行；法律、法规未作规定的，由工商行政管理部门或者其他有关行政部门责令改正，可以根据情节单处或者并处警告、没收违法所得、处以违法所得一倍以上十倍以下的罚款，没有违法所得的，处以五十万元以下的罚款；情节严重的，责令停业整顿、吊销营业执照：① 提供的商品或者服务不符合保障人身、财产安全要求的；② 在商品中掺杂、掺假，以假充真，以次充好，或者以不合格商品冒充合格商品的；③ 生产国家明令淘汰的商品或者销售失效、变质的商品的；④ 伪造商品的产地，伪造或者冒用他人的厂名、厂址，篡改生产日期，伪造或者冒用认证标志等质量标志的；⑤ 销售的商品应当检验、检疫而未检验、检疫或者伪造检验、检疫结果的；⑥ 对商品或者服务作虚假或者引人误解的宣传的；⑦ 拒绝或者拖延有关行政部门责令对缺陷商品或者服务采取停止销售、警示、召回、无害化处理、销毁、停止生产或者服务等措施的；⑧ 对消费者提出的修理、重作、更换、退货、补足商品数量、退还货款和服务费用或者赔偿损失的要求，故意拖延或者无理拒绝的；⑨ 侵害消费者人格尊严、侵犯消费者人身自由或者侵害消费者个人信息依法得到保护的权利的；⑩ 法律、法规规定的对损害消费者权益应当予以处罚的其他情形。

经营者有上述违法行为的，除依照法律、法规规定予以处罚外，处罚机关应当记入信用档案，向社会公布。经营者违反法律规定，应当承担民事赔偿责任和缴纳罚款、罚金，其财产不足以同时支付的，先承担民事赔偿责任。

对于行政机关的行政处罚，经营者不服的，可以申请复议，或向人民法院提起行政诉讼。

3. 刑事责任

（1）经营者的刑事责任。经营者违反《消费者权益保护法》的规定提供商品或者服务，侵害消费者合法权益，构成犯罪的，依法追究刑事责任。

经营者以暴力、威胁等方法阻碍有关行政部门工作人员依法执行职务的，依法追究刑事责任；拒绝、阻碍有关行政部门工作人员依法执行职务，未使用暴力、威胁方法的，由公安机关依照《中华人民共和国治安管理处罚法》的规定处罚。

（2）国家机关工作人员的刑事责任。国家机关工作人员玩忽职守或者包庇经营者侵害消费者合法权益的行为的，由其所在单位或者上级机关给予行政处分；情节严重，构成犯罪的，依法追究刑事责任。

6.2 产品质量法

6.2.1 产品质量法概述

1. 产品的概念

我国产品质量法中所说的产品，是指经过加工、制作，用于销售的产品。因此，仅仅经过加工、制作的产品，还不是产品，产品质量法上的产品还应当是用于销售的产品，具有营利目的。纯为科学研究或纯为自己使用的产品和未投入流通的产品，都不是产品质量法所称的产品。

2. 产品质量法的概念

产品质量法是指调整在生产、流通和消费过程中因产品质量所发生的社会关系的法律规范的总称。我们通常所说的产品质量法是我国 1993 年 9 月 1 日开始实施的《产品质量法》，该法于 2000 年 7 月 8 日修订。

3. 产品质量法的立法宗旨

我国产品质量法的立法宗旨是：① 加强产品质量监督管理，提高产品质量水平；②明确产品质量责任；③ 保护消费者合法权益；④ 维护和整顿社会经济秩序。

4. 产品质量法的适用范围

从空间上说，在中华人民共和国境内从事产品生产、销售活动，包括销售进口商品，必须遵守产品质量法；从主体上说，该法适用于生产者、销售者和消费者以及监督管理机构，产品质量法的调整范围不包括产品的运输、仓储活动；从客体上说，产品质量法只适用于生产、流通的产品，而不包括不动产。

【重要提示】

建设工程不适用于《产品质量法》规定；但是，建设工程使用的建筑材料、建筑构配件和设备，属于《产品质量法》规定的产品范围。

6.2.2 产品标准、产品质量、产品质量责任

1. 产品标准

产品标准是对产品所作的技术规定，是判断产品合格与否的依据。我国现行的产品标准分为国家标准、行业标准、地方标准和经备案的企业标准。凡是有国家标准、行业标准的，产品必须符合该标准；没有国家标准、行业标准的，允许适用其他标准，但必须符合保障人体健康和人身、财产安全的要求。对不符合国家标准、行业标准的产品，不符合保障人体健康和人身、财产安全标准和要求的产品，禁止生产和销售。

2. 产品质量

产品质量是指产品符合人们需要的内在素质与外观形态的各种特性。国际标准化组织颁布的 ISO 8402—86 标准，将质量含义定为“产品或服务满足规定或潜在需要的特征和特性的总和”。随着经济、科技的发展以及人们需要的变化，产品质量的内容也不断地丰富和发展。大体上说，产品质量包括适用性、安全性、耐用性、可靠性、经济性、卫生性等。

3. 产品质量责任

产品质量责任是指产品的生产者、销售者以及对产品质量负有直接责任的人违反产品质量法规定的义务，应承担的法律后果。违反产品质量责任的情形如下。

（1）违反明示担保义务。明示担保义务是指生产者以文字或行为等方式对产品责任所承担的保证义务。如果产品达不到承诺的标准，就必须承担相应的产品质量责任。

（2）违反默示担保义务。默示担保义务是指依据法律、法规和惯例的规定而产生的生产者应当对产品质量承担的义务。该项义务一般要求，用来销售的产品应该具有安全性和普通公众期待的使用性能。

（3）产品存在缺陷。产品缺陷是指产品存在危及人身、财产安全的不合理危险，如有保障人身、财产安全的国家标准和行业标准的，则指不符合该标准。因产品缺陷引起的赔偿责任，称产品责任，本质上属于民事责任。而产品质量责任则是经济法上规定的责任，其范围比产品责任要大得多。

【案例聚焦】

甲公司售与乙商场一批玻璃花瓶，称花瓶上有不规则的抽象花纹为新产品。乙商场接货后即行销售，后受到很多消费者投诉。消费者说花瓶上的花纹实际上裂缝，花瓶漏水，要求乙商场退货并赔偿损失。乙商场与甲公司交涉，甲公司称此类花瓶是用于插装塑料花的，裂缝不影响使用，且有特殊的美学效果，拒绝承担责任。

6.2.3　产品质量监督

1. 政府对产品质量的宏观管理

《产品质量法》第七条规定，各级人民政府应当把提高产品质量纳入国民经济和社会发展规划，加强对产品质量工作的统筹规划的组织领导，引导、敦促生产者、销售者加强产品质量管理，提高产品质量，组织各有关部门依法采取措施，制止产品生产、销售中违反本法规定的行为，保障本法的施行。

2. 产品质量的行政监督

（1）产品质量行政监督部门。国务院产品质量监督管理部门负责全国产品质量监督管理工作。国务院有关部门在各自的职责范围内负责产品质量监督工作。县级以上的地方质量监督管理部门主管本行政区内产品质量监督工作。这里的产品质量监督管理部门是指国家及地方各级技术质量监督局；有关部门是指各级卫生行政部门、劳动部门、商品检验部门等。

（2）质量监督部门的职权。包括：① 对当事人涉嫌从事违反本法的生产、销售活动的场所实施现场检查；② 向当事人的法定代表人、主要负责人和其他有关人员调查、了解与涉嫌从事违反本法的生产、销售活动有关的情况；③ 查阅、复制当事人有关的合同、发票、账簿以及其他有关资料；④ 对有根据认为不符合保障人体健康和人身、财产安全的国家标准、行业标准的产品或者其他有严重质量问题的产品，以及直接用于生产、销售该项产品的原辅材料、包装物、生产工具，予以查封或者扣押。

（3）产品质量监督管理制度的主要内容。包括：① 产品质量抽查制度。国家对产品质量实行以抽查为主要方式的监督检查制度。抽查的重点是可能危及人体健康和人身、财产安全的产品，影响国计民生的重要工业产品以及消费者、有关组织反映有质量问题的产品。在抽查方式上，国家监督抽查的产品，地方不得另行重复抽查；上级监督抽查的产品，下级不得另行重复抽查。② 质量信息发布制度。国务院、省、自治区、直辖市人民政府的产品质量监督部门应当定期发布其监督抽查的产品的质量状况公告。

（4）产品质量的社会监督。产品质量的社会监督主要包括：用户、消费者的监督；社会组织的监督；新闻媒介的监督等。

（5）产品质量检验、认证机构。根据《产品质量法》的规定，产品质量检验机构必须具备相应的检测条件和能力，经省级以上人民政府产品质量监督部门或者其授权的部门考核合格后，方可承担产品质量检验工作。从事产品质量检验、认证的社会中介机构必须依法设立，不得与行政机关和其他国家机关存在隶属关系或者其他利益关系。产品质量检验、认证机构必须依法按照有关标准，客观、公正地出具检验结果或者认证证明，不得向社会推荐生产者的产品，不得以对产品进行监制、监销等方式参与产品经营活动。

6.2.4 生产者、销售者的产品质量责任和义务

1. 生产者的产品质量义务

生产者的义务包括作为的义务和不作为的义务。

（1）作为的义务。产品质量应符合下列要求：① 不存在危及人身、财产安全的不合理危险，有国家标准、行业标准的应当符合该标准；② 具备产品应当具备的使用性能，但是对产品存在使用性能的瑕疵做出说明的除外；③ 符合在产品或者其包装上注明采用的产品标准，符合以产品说明、实物样品的方式表明的质量状况。

包装及产品标识应当符合下列要求：① 特殊产品（如易碎、易燃、易爆的物品，有毒、有腐蚀性、有放射性的物品，其他危险物品，储运中不能倒置和有其他特殊要求的产品）的标识、包装质量必须符合相应的要求，依照规定做出警示标志或者中文警示说明。② 普通物品，应有产品质量检验的合格证明，有中文标明的产品名称、生产厂的厂名和地址；根据需要标明产品规格、等级和主要成分；限期使用的产品，应标明生产日期和安全使用期或者失效日期；产品本身易坏或者可能危及人身、财产安全的产品，有警示标志或者中文警示说明。

（2）不作为的义务。不作为的义务主要包括：① 不得生产国家明令淘汰的产品；② 不得伪造产地，不得伪造或者冒用他人的厂名、厂址；③ 不得伪造或者冒用认证标志、名优标志等质量标志；④ 不得掺杂、掺假，不得以假充真、以次充好，不得以不合格产品冒充合格产品。

2. 销售者的产品质量义务

销售者应当建立并执行进货检查验收制度，验明产品合格证明和其他标识；应当采取措施，保持销售产品的质量；产品的标识应当符合法定的要求。销售者不得销售国家明令淘汰并停止销售的产品和失效、变质的产品；不得伪造产地，不得伪造或者冒用他人的厂名、厂址；不得伪造或者冒用认证标志等质量标志；不得在销售产品时掺杂、掺假，不得以假充真、以次充好，不得以不合格产品冒充合格产品。

【案例聚焦】

富威崔桥分公司受南京富威木业有限公司的委托，为其加工生产标注该公司厂名厂址的“东洋唯佳”牌强化复合地板。2013 年 10 月 10 日，根据群众举报，常州质量技术监督局派出执法人员对富威崔桥分公司进行执法检查。现场发现该公司生产的“东洋唯佳”牌强化复合地板涉嫌存在质量问题，遂依法对强化复合地板成品 1 800 包进行抽样送检。经常州市产品质量监督检验所检测，结论为不合格（表面耐磨为 2 000 转）。2014 年 3 月 28 日，常州质量技术监督局因富威崔桥分公司不合格产品冒充合格产品做出行政处罚决定。

6.2.5　产品责任

1. 产品责任的归责原则

产品责任是指因产品缺陷造成人身、缺陷产品以外的财产损害而应承担的赔偿责任。产品责任是一种特殊的侵权责任，属于民事责任。

我国《产品质量法》采用过错责任原则和严格责任原则并存的立法模式，对生产者采用严格责任原则，而对销售者采用过错责任原则。

（1）对生产者适用严格责任原则。因产品存在缺陷造成人身、缺陷产品以外的其他财产损害的，无论生产者主观上是否有故意或过失，生产者都应当承担赔偿责任。但生产者能够证明下列情形之一的除外，不承担赔偿责任：① 未将产品投入流通的；② 产品投入流通时，引起损害的缺陷尚不存在的；③ 将产品投入流通时的科学水平尚不能发现缺陷的存在的。

【案例聚焦】

李女士在家中做饭时高压锅突然爆炸，李女士被炸飞的锅盖击中头部，抢救无效死亡。后据质量检测专家鉴定，高压锅发生爆炸的直接原因是设计不尽合理，使用时造成排气孔堵塞而发生爆炸。本案中，生产者应承担产品存在的缺陷责任。

（2）销售者的过错责任。由于销售者过错使产品存在缺陷，造成人身、他人财产损害的，销售者应当承担赔偿责任。销售者不能指明缺陷产品的生产者也不能指明缺陷产品的供货者的，销售者应当承担赔偿责任。在销售者过错的认定上，销售者负有举证责任，不能举证则推定为销售者有过错，应当承担赔偿责任。

2. 产品责任的损害赔偿

（1）产品责任的求偿对象。根据《产品责任法》，因产品存在缺陷造成人身、他人财产损害的，受害人可以向产品的生产者要求赔偿，也可以向产品的销售者要求赔偿。属于产品的生产者责任的，产品的销售者赔偿的，产品的销售者有权向产品的生产者追偿。属于产品的销售者的责任，产品的生产者赔偿的，产品的生产者有权向产品的销售者追偿。

【案例聚焦】

张某从甲商场购买一电热毯，电热毯为乙厂所产。使用中电热毯发生漏电，致使房间着火，烧毁价值 5 000 元的财产，张某本人也被烧伤致残。在本案中，甲商场和乙厂应对张某的损失承担连带责任。

（2）产品责任的赔偿范围。因产品存在缺陷造成受害人人身伤害的，侵害人应当赔偿医疗费、治疗期间的护理费、因误工减少的收入等费用；造成残疾的，还应当支付残疾者生活自助具费、生活补助费、残疾赔偿金以及由其扶养的人所必需的生活费等费用；造成受害人死亡的，并应当支付丧葬费、死亡赔偿金以及由死者生前扶养的人所必需的生活费等费用。

因产品存在缺陷造成受害人财产损失的，侵害人应当恢复原状或者折价赔偿。受害人因此遭受其他重大损失的，侵害人应当赔偿损失。

（3）诉讼时效与除斥期间。因产品存在缺陷造成损害要求赔偿的诉讼时效期间为二年，自当事人知道或者应当知道其权益受到损害时起计算。

因产品存在缺陷造成损害要求赔偿的请求权，在造成损害的缺陷产品交付最初消费者满十年丧失；但是，尚未超过明示的安全使用期的除外。这里的十年为除斥期间。

6.3 反不正当竞争法

6.3.1 反不正当竞争法概述

竞争与市场紧密联系在一起，没有市场就谈不到市场竞争，不能保证充分竞争状态的市场不是完整的市场经济。人为消除市场中应有的竞争，是典型的反竞争行为，反竞争行为是损害市场经济的根本。

1. 不正当竞争行为

不正当竞争行为有广义和狭义之分。广义的不正当竞争行为包括垄断，泛指一切与市场竞争规则相违背的行为。狭义的不正当竞争行为在《中华人民共和国反不正当竞争法》（简称《反不正当竞争法》）第二条做了规定，不正当竞争行为，是指经营者违反该法规定，损害其他经营者的合法权益，扰乱社会经济秩序的行为。例如，商业贿赂、侵犯商业秘密、虚假广告等。

由此可见，不正当竞争是对正当竞争行为的违反和侵害。因此，凡是在竞争过程中，采用虚假、欺诈、损人利己的违反国家法律手段进行的竞争，都是不正当竞争行为，都会损害其他经营者的合法权益，扰乱社会经济秩序。对于依法应当追究法律责任的不正当竞争行为，《反不正当竞争法》已经做出明确规定。

不正当竞争行为一般具有以下特征：

（1）危害社会性。危害社会性是指不正当竞争行为会破坏公平竞争，阻碍技术进步和社会生产力的发展，破坏社会资源合理配置和市场经济结构，扰乱市场经济秩序，使市场失去活力，最终危害社会公共利益。

（2）违法交易性。违法交易性是指不正当竞争是违反国家法律、行政法规的交易行为。在我国，区分正当竞争行为和不正当竞争行为的标准就是看该行为是否违反《反不正当竞争法》的原则和具体规范。《反不正当竞争法》第二章将 11 种行为列为不正当竞争行为。

（3）主体特定性。不正当竞争行为的主体是经营者。根据《反不正当竞争法》第二条第三款的规定，经营者是从事商品经营或营利性服务的法人、其他经济组织或个人。但是，对于该法第二章所列举的不正当竞争行为中的“滥用行政权力限制竞争”行为，其主体却只能由“政府及其所属部门”构成。

（4）民事侵权性。民事侵权性是指凡是经营者以不正当竞争手段已经获得或将要获得的竞争优势或某种利益，必定是对某一特定的或不特定的经营者的财产权利或人身权利的侵犯，使其应得利益遭受损失。因此，不正当竞争行为是侵犯他人民事权利的行为。

2．我国的《反不正当竞争法》

反不正当竞争法是调整在制止不正当竞争过程中发生的社会关系的法律规范的总称。我国于 1993 年 9 月 2 日通过了《反不正当竞争法》，该法共 5 章 33 条。我国反不正当竞争法的立法目的是保障社会主义市场经济的健康发展，鼓励和保护正当竞争，制止不正当竞争，保护经营者和消费者的合法权益。

我国《反不正当竞争法》最显著的特征，是调整对象的特殊性，即调整发生在市场竞争中的不正当竞争行为。法律明确规定经营者的哪些行为是不正当竞争行为，应予以制止。对行为主体而言，法律不是直接规定其享有哪些权利，而是规定其负有哪些不应作为的义务。反不正当竞争法是从制止不正当竞争行为、制裁违法行为来保护自由公平合理竞争，保护其他经营者的合法权益，维护社会经济秩序。

6.3.2　几种不正当竞争行为的表现形式及其法律责任

我国《反不正当竞争法》第二章第五条至第十五条的规定，对主要的不正当竞争行为进行规制。

1．仿冒行为

仿冒行为是指生产者或经营者在自己生产或者销售的产品上，未经授权或者以其他合法方式使用他人的商品或者营业标志，谋取不当利益和竞争优势，给其他经营者带来损害的行为。在现实中主要变现为擅自使用其他经营者特有的、为公众所周知的注册商标、商品的包装、装潢、名称或者各种质量标志，导致消费者混淆和误认，引起市场混乱和竞争的无序。

仿冒行为的特点包括：仿冒行为的手段是在商品标志上采用欺骗性的标志，故意使消费者产生误解；仿冒行为的目的在于获得有利的竞争地位，谋取非法利益；仿冒行为的危害是破坏了市场经济的公平竞争秩序，损害了其他经营者和消费者的合法权益。

在市场竞争中，仿冒行为的形式多种多样，而且，随着经济生活和生产技术的发展，仿冒行为也在不断变化，仿冒行为主要概括为以下几种形式。

（1）仿冒他人合法外部标识的行为。仿冒他人合法外部标识行为是指不经任何授权，擅自使用他人合法外部标识的行为。具体表现为：第一，假冒他人的注册商标行为。商标本身就蕴含有巨大的商业价值，对于商品的价值和销量等具有重要作用，而利用他人的商标引起商品混淆、误认的行为，严重损害了消费者的合法权利，同时也对商标的持有人造成损害。第二，假冒他人名称权的行为。作为一种无形财产，企业和个人的名称和姓名享有专用权，不允许他人冒用侵犯。

（2）仿冒他人产品的质量标志和产地，引人误解的行为。主要包括仿冒具有竞争优势地位的经营者的质量认证标志、质量名优标志或伪造产地的行为。质量认证标志和名优标志是指经国际上或国内有关评定机构，在评定认证合格后在商品上或商品包装上使用的标志。它是一个公正的证明，表明产品可信赖的程度，有助于经营者提高商品的知名度和竞争力。而在未经授权使用的商品或服务上使用质量认证标志、名优标志和产地标志等都严重地诱导了消费者的误认，造成市场的混同，从而严重地损害了标志使用人、持有人的合法利益，对市场秩序造成混乱。

（3）不正当使用他人合法外部标识的行为。仿冒者为了牟取竞争的有利地位，虽然不直接在自己企业的名称、商号、商品以及商标中直接使用其他经营者经合法登记注册的企业名称、商标以及商号、字号等外部标识，但却对这些合法外部标识进行不正当的使用。例如，故意以他人的著名商标作为自己企业的名称或商号，或者把他人享有盛誉的企业字号，作为自己企业商品的名称或者服务的标记，或者用作类似商标。众所周知，企业名称和注册商标的法律保护是有一定范围的，超出法律规定范围的使用一般就不受法律保护。因此，对他人合法外部标识在法律保护范围之外使用的行为，如在不同种或不同类商品上使用与他人注册商标相同的商标，或把他人的注册商标用于行为人的外包装上，引起市场的混乱等，同样会给商标所有人造成损害。

2．商业贿赂行为

商业贿赂行为是指经营者为了获取交易机会及相对于其他竞争对手的优势，通过金钱及其他不正当的手段，收买客户或其他代理人，损害广大消费者和正当经营者的利益，扰乱市场秩序，不公平地剥夺其他经营者交易机会的行为。

《反不正当竞争法》第八条规定：“在账外暗中给予对方单位或者个人回扣的，以行贿论处；对方单位或者个人在账外暗中收受回扣的，以受贿论处。经营者销售或者购买商品，可以以明示方式给对方折扣，可以给中间人佣金。经营者给对方折扣、给中间人佣金的，必须如实入账。接受折扣、佣金的经营者必须如实入账。”这里应注意合法的费用支出或返还与商业贿赂的界限。

（1）回扣。回扣的构成要件是：回扣发生在市场交易的双方之间，是一方当事人向另一方及其有关人员提供金钱、有价证券或其他财物等；给予回扣和收取回扣都采取在账外暗中进行的手段，给予回扣不记账，收受回扣不入账，所以它也是违反财政纪律和财务制度的违法行为；经营者利用回扣是为了凭借与对方的不正当利益关系来达到排挤竞争对手、获取交易机会的目的。

回扣是交易双方恶意串通、损害企业经营者的利益、中饱私囊的不正当行为，在客观上损害了其他经营者的合法利益，扰乱了公平竞争的秩序。因此，回扣是一种不正当的竞争行为。

（2）折扣。折扣是指经营者在所成交的价款或数量上给对方一定比例的减让而给交易对方的一种交易商品的优惠。所以，折扣与回扣的区别是：折扣属于合法行为，而回扣是违法行为；折扣明示入账，而回扣在账外、暗中操作；折扣发生在购销买卖当事人之间，不能给经办人，而回扣既可以给交易当事人，也可以给对方单位主管人员或经办人。

（3）佣金。佣金是指具有独立地位的中间人在提供撮合交易等服务后，由卖方或者买方支付的报酬。佣金与商业贿赂的区别：① 佣金明示公开。佣金的支付者与介绍人、经纪人一般订有服务合同，企业支付佣金必须公开入账，收受人也必须如实入账、依法纳税。② 收取佣金的中间人必须是有合法经营资格的中介机构。所以，合法佣金和价格折扣一样都不是商业贿赂的形式，而是属于商业惯例的一种合法行为。

3. 虚假广告行为

广告是现代社会推销商品、了解商品和服务信息的基本手段。虚假广告行为是指经营者利用报刊、影视等宣传媒体或其他方法，对商品的质量、性能、用途、价格或服务的质量、方式等做出与事实不相符合的宣传，造成公众误解的行为。《反不正当竞争法》第九条规定："经营者不得利用广告或者其他方法，对商品的质量、制作成分、性能、用途、生产者、有效期限、产地等做引人误解的虚假宣传。"

虚假广告的后果是"引人误解"，即使人对这种商品产生不正确理解，误认为是某一著名产品，或者误认为是达到一定的性能，有一定用途、作用、效果的商品等。为了有效制止虚假广告宣传，《反不正当竞争法》第九条还规定："广告的经营者不得在明知或者应知的情况下，代理、设计、制作、发布虚假广告。"也就是说，根据《反不正当竞争法》的规定，虚假广告宣传行为的主体可以是商品经营者，也可以是广告的制作与经营者。

4. 侵犯商业秘密行为

商业秘密是指不为公众所知悉，能为权利人带来经济利益、具有实用性并经权利人采取保密措施的技术信息和经营信息。可见，商业秘密的范围包括技术信息和经营信息。技术信息主要有工艺流程、技术秘诀、设计图纸、配方等；经营信息主要有管理方法、产销策略、客户名单、货源情报等。

侵犯商业秘密的不正当竞争行为有：以盗窃、利诱、胁迫或者其他不正当手段获取权利人的商业秘密；披露、使用或者允许他人使用以前项手段获取的权利人的商业秘密；违反约定或者违反权利人有关保守商业秘密的要求，披露、使用或者允许他人使用其所掌握的商业秘密；第三人明知或者应知上述违法行为，仍获取、使用或者披露他人的商业秘密，视为侵犯商业秘密。

5. 不正当销售行为

（1）违法有奖销售。根据《反不正当竞争法》第十三条的规定，经营者不得从事下列有奖销售：采用谎称有奖或者故意让内定人员中奖的欺骗方式进行有奖销售； 利用有奖销售的手段推销质次价高的商品；抽奖式的有奖销售，最高奖的金额超过 5 000 元。

（2）强行搭售。经营者销售商品不得违背购买者的意愿搭售商品或者附加其他不合理的条件。所谓搭售，是指经营者利用其经济优势，违背购买者的意愿，在销售一商品或提供一服务时，要求购买者以购买另一商品或接受另一服务为条件。这种行为直接损害了消费者和正当经营者的合法权益，同时破坏了自愿平等的交易原则，影响市场公平竞争。

（3）低价销售。《反不正当竞争法》规定，经营者不得以排挤竞争对手为目的，以低于成本的价格销售商品。低价销售行为要满足两个要件：第一，经营者实施的行为在主观上是故意的，即以排挤竞争对手为目的；第二，以低于成本的价格销售商品。这里的成本是指企业在生产产品、销售产品或者提供劳务中发生的费用的总和。

【相关链接】

低价销售不正当竞争行为与降价销售是有区别的。如果经营者无排挤竞争对手的故意，其降价行为是符合商品本身的特性、符合经济规律要求的，则是法律所允许的行为。《反不正当竞争法》第十一条规定："有下列行为之一的，不属于不正当竞争行为：销售鲜活商品；处理有效期限即将到期的商品或者其他积压的商品；季节性降价；因清偿债务、转产、歇业降价销售商品。"

6．商业诋毁行为

商业诋毁行为是指经营者通过捏造、散布虚伪事实等不当手段，对竞争对手的商业信誉、商品声誉进行恶意的诋毁、贬低，以削弱其市场竞争能力，并为自己谋取不正当利益的行为。《反不正当竞争法》第十四条规定："经营者不得捏造、散布虚伪事实，损害竞争对手的商业信誉、商品声誉。"

商业诋毁的不正当竞争行为的构成要件主要有：损害商业信誉、商品声誉行为主体为一般主体，包括单位和个人；商业诋毁行为所侵犯的客体是经营者的商业信誉和商品声誉；商业诋毁行为的主观方面是故意；商业诋毁行为在客观方面表现为行为人在客观上实施了捏造并散布虚伪事实，损害了他人的商业信誉、商品声誉的行为；商业诋毁行为的目的是使广大消费者和社会公众对竞争对手产生厌恶心理，不愿或不敢购买其特定的商品，从而削弱了竞争对手的竞争能力。

7．串标行为

招标投标是招标者通过投标者之间的公平竞争方式来确定交易对方，以达到最优效果的方式。而串标则使招标投标这种方式流于形式，损害了招标者或者其他投标者的合法权益。《反不正当竞争法》第十五条规定："投标者不得串通投标，抬高标价或者压低标价。投标者和招标者不得相互勾结，以排挤竞争对手的公平竞争。"

招标投标中的不正当竞争行为主要表现为：投标者之间相互串通，一致抬高标价；投标者之间相互串通，一致压低标价；投标者之间相互串通，轮流以高价位或低价位中标；投标者相互间就标价以外的其他事项串通；投标者与招标者之间相互勾结，排挤竞争对手的公平竞争。

8．强制交易行为

《反不正当竞争法》第六条规定："公用企业或者其他依法具有独占地位的经营者，不得限定他人购买其指定的经营者的商品，以排挤其他经营者的公平竞争。"

根据该条法律规定，实施此类不正当竞争行为的主体有两类：一是公用企业；二是依法具有独占地位的经营者。"公用企业"一般包括电力、自来水、煤气、通信、公共交通等企业。"依法具有独占地位的经营者"是指在特定市场上，某个或某些处于无人与之进行竞争的地位的经营者。从行为方式来看，其表现为利用自己所具有的近似垄断的地位，违反自愿原则，强制他人与自己进行交易。

6.3.3 不正当竞争行为引起的法律责任

1．仿冒混用行为的法律责任

经营者假冒他人的注册商标，擅自使用他人的企业名称或者姓名，伪造或者冒用认证标志、名优标志等质量标志，伪造产地，对商品质量做引人误解的虚假表示的，依照《中华人民共和国商标法》、《中华人民共和国产品质量法》的规定责令公开更正，没收违法所得，可以并处罚款。

经营者擅自使用知名商品特有的名称、包装、装潢，或者使用与知名商品近似的名称、包装、装潢，造成和他人的知名商品相混淆，使购买者误认为是该知名商品的，监督检查部门应当责令停止违法行为，没收违法所得，可以根据情节处以违法所得一倍以上三倍以下的罚款；情节严重的，可以吊销营业执照；销售伪劣商品，构成犯罪的，依法追究刑事责任。

【案例聚焦】

安阳县××食品饮料厂擅自使用与知名商品近似的名称、包装、装潢案

安阳县××食品饮料厂于2009年6月4日让河北省磁县一彩印厂模仿"蒙牛"纯牛奶包装箱的图案及颜色印制了510箱带有"蒙奶"纯牛奶字样的包装箱，并印有当事人自己的名称和生产地址，于2009年6月14日生产并使用这种包装箱，把本厂生产的饮料酸奶，装到印有"蒙奶"纯牛奶的包装箱内。共生产了510箱，销售500箱。8月27日，安阳县工商局依据《中华人民共和国反不正当竞争法》对当事人做出了没收违法所得5 000元、罚款5 000元的行政处罚。在本案中，"蒙牛"奶制品是消费者公认的知名商品，安阳县××食品饮料厂擅自使用与"蒙牛"产品近似的名称、包装、装潢，严重误导了消费者，侵害了消费者的合法权益，其行为违反了《反不正当竞争法》第五条"经营者不得采用下列不正当手段从事市场交易，损害竞争对手…… ② 擅自使用知名商品特有的名称、包装、装潢，或者使用与知名商品近似的名称、包装、装潢，造成和他人的知名商品相混淆，使购买者误认为是该知名商品”的规定，属于典型的不正当竞争行为。

2．商业贿赂行为的法律责任

经营者采用财物或者其他手段进行贿赂以销售或者购买商品，构成犯罪的，依法追究刑事责任；不构成犯罪的，监督检查部门可以根据情节处以1万元以上20万元以下的罚款，有违法所得的，予以没收。

3．虚假广告行为的法律责任

《反不正当竞争法》第二十四条规定，经营者利用广告或者其他方法，对商品做虚假宣传，监督检查部门应当责令停止违法行为，消除影响；可以根据情节处以1万元以上20万元以下的罚款。另外，广告的经营者在明知或者应知的情况下，代理、设计、制作、发布虚假广告的，监督检查部门应当责令停止违法行为，没收违法所得，并依法处以罚款。

4．侵犯商业秘密行为的法律责任

根据《刑法》、《反不正当竞争法》的规定，侵犯商业秘密应当承担刑事、行政和民事的法律责任。根据《刑法》第二百一十九条的规定，构成侵犯商业秘密罪，给权利人造成重大损失的，处3年以下有期徒刑或者拘役，并处或者单处罚金；造成特别严重后果的，处3年以上7年以下有期徒刑，并处罚金。对不构成犯罪的，给予停止违法行为，以及1万元以上20万元以下罚款行政处罚。侵犯商业秘密的民事责任一般为：停止实施侵犯他人商业秘密的侵权行为；公开赔礼道歉；赔偿损失，包括赔偿对侵权行为进行调查的费用。

5．不正当销售行为的法律责任

对于不正当的有奖销售，受损害的其他竞争对手可以要求行为人赔偿损失；经营者违反《反不正当竞争法》进行有奖销售，监督检查部门应当责令停止违法行为，可以根据情节处以1万元以上10万元以下的罚款。

6．商业诋毁行为的法律责任

对商业诋毁的法律责任，依据《反不正当竞争法》第二十条的规定，受损害人可要求行为人承担赔偿责任；依据《民法通则》第一百二十条的规定，可以要求行为人停止侵害、恢复名誉、消除影响、赔礼道歉；依据《刑法》第二百二十一条的规定，行为人构成犯罪的，应承担相应的刑事责任。

6.4　反垄断法

6.4.1　反垄断法的概念和特征

反垄断法是指通过规范市场经营主体的垄断和限制竞争行为来调整市场经营主体之间的竞争关系的法律规范的总称。从内涵上讲，反垄断法是禁止行为人排除或者限制市场竞争行为的法律部门或法律规范的总称；从外延上讲，反垄断法是禁止反竞争的购并、联合行为或者滥用市场力量行为的法律部门或者法律规范的总称。反垄断法是通过国家的干预来实现经济秩序的正常运转，寻求实质的公平正义。反垄断法具有最典型地体现国家对经济的干预、以捍卫整体利益为本位、明显的经济政策性、实体法与程序法的统一体等特征。

6.4.2　垄断行为

1．协议垄断

协议垄断是指市场经营主体之间通过协议、合同等方式对同类或者可替代性商品达成一致，共同划分市场、限制商品价格和数量等，进而排除或限制竞争的行为。协议垄断因具有排除市场竞争、阻碍行业发展和排挤中小企业发展等危害，故其是反垄断法规制的主要行为之一。协议垄断依据其形态的不同，可区分为横向垄断和纵向垄断。

（1）横向垄断。横向垄断是指法律上具有独立法律地位的市场经营主体，为了排除或者限制其他处于相同交易水平的市场经营主体在市场上的竞争，通过协商达成一致，对产品销售价格、数量、市场销售份额等做出约定，获得无竞争市场或较弱竞争市场的行为。

（2）纵向垄断。纵向垄断是指处于不同交易水平的市场经营主体通过订立协议，限制或者排除市场竞争的行为。主要表现形式有纵向价格限制、纵向非价格限制。

【案例聚焦】　两大国际拍卖行商定佣金被罚

英国的克里斯蒂（Christie）拍卖行和美国的苏斯比（Sotheby）拍卖行作为国际上两家最著名的拍卖行，因商定佣金的价格被指控违反了美国反垄断法。最后，这两家拍卖行不仅被课以巨额罚金，它们的总裁还面临着刑事监禁。

2．滥用市场支配地位

我国的《反垄断法》第三章规定了反垄断规制的第二类垄断行为，即滥用市场支配地位。滥用市场支配地位需要具备以下两个条件。

首先，经营者具有市场支配地位。我国《反垄断法》第十七条明确规定，市场支配地位是指经营者在相关市场内具有能够控制商品价格、数量或者其他交易条件，或者能够阻碍、影响其他经营者进入相关市场的市场地位。具体而言，其表现有两种：一是具有能够控制商品价格、数量或其他交易条件的实力和地位。二是具有能够阻碍、影响其他经营者进入市场竞争的能力。因此，经营者具备市场支配地位就是表现为控制或者影响市场公平竞争的能力。

其次，经营者滥用了所具有的市场支配地位。经营者具有市场支配地位并不违法，反而具有市场的竞争优势，引领行业发展和创新是法律所鼓励的，亦是法律价值之导向。但是基于具有的市场支配地位，谋求不正当的利益，则是法律所不允许的。

对于滥用市场支配的认定应严格按照以下要件：

（1）滥用了市场支配地位。经营者利用市场的支配地位，采取合法的方式推进行业技术革新、推动行业的发展、占领市场份额等行为不是法律所规制的。然而，其依靠自身的支配地位，牟取不正当的竞争利益，以非法的方式进行竞争，则是具有滥用市场支配地位的主观故意。

（2）滥用行为对市场的竞争秩序产生了危害。滥用市场支配地位的客观表现就是破坏了应有的公平竞争的市场经济秩序，严重地损害了消费者的合法权利，侵害了同业经营者的合法权利。

当企业在拥有市场支配地位的前提下，存在滥用市场支配地位的主观故意并造成市场公平竞争秩序的破坏时，就可以判定为具有滥用市场支配地位的不正当竞争行为。

3．经营者集中

市场经济的本质就是竞争，通过市场的竞争方式来实现推动行业的创新和发展，鼓励经营者做大、做强，增强竞争力，产生规模效益。但是，经营者的集中是把双刃剑，一方面带来市场的活力，另一方面会造成垄断的局面，使行业遭受损害。因此，对于经营者的集中国家要积极地干预，使其保持在一定的限度内，发挥其积极作用，抑制其消极作用。

经营者集中主要是指通过合并、资产购买、股份购买、合同约定、人事安排、技术控制等方式取得对其他经营者的控制权或者能够对其他经营者施加决定性影响的情形。它主要表现为：① 经济力量过度集中。经济力量过度集中，是指在一个特定的市场或行业中，生产集中超过一定的“度”，过分集中在少数大企业手中。② 消除潜在竞争。通过经营者集中，可以扩大自己的市场份额，增强经济实力，从而进入另一市场，使得市场竞争不充分。③ 增加进入市场的障碍。经营者一旦通过其集中地位形成占有优势，会导致新进入者无法正常进入已被严格控制的市场参与竞争。

4．滥用行政权力排除、限制竞争

我国《反垄断法》第八条明确规定，行政机关和法律、法规授权的具有管理公共事务职能的组织不得滥用行政权力，排除、限制竞争。通过第三十二条至第三十七条的规定，列举了滥用行政权力排除、限制竞争的垄断行为。其主要表现为：① 以任何方式限定或者变相限定单位和个人只能经营、购买、使用指定的经营者提供的商品；② 妨碍商品在地区之间自由流通和充分竞争；③ 以设定歧视性资质要求、评审标准或者不依法发布信息等方式，排斥或者限制外地经营者参加本地的招标投标活动；④ 以采取同本地经营者不平等待遇等方式，排斥或者限制外地经营者在本地投资或者设立分支机构；⑤ 强制经营者从事本法规定的垄断行为以及制定含有排除、限制竞争内容的规定。

6.4.3　违反《反垄断法》的法律责任

1．垄断协议的责任

经营者违反本法规定，达成并实施垄断协议的，由反垄断执法机构责令停止违法行为，没收违法所得，并处上一年度销售额 1%以上 10%以下的罚款；尚未实施所达成的垄断协议的，可以处 50 万元以下的罚款。

经营者主动向反垄断执法机构报告达成垄断协议的有关情况并提供重要证据的，反垄断执法机构可以酌情减轻或者免除对该经营者的处罚。

2．滥用市场支配地位的责任

经营者违反本法规定，滥用市场支配地位的，由反垄断执法机构责令停止违法行为，没收违法所得，并处上一年度销售额 1%以上 10%以下的罚款。

3．经营者集中的责任

经营者违反本法规定实施集中的，由国务院反垄断执法机构责令停止实施集中、限期处分股份或者资产、限期转让营业以及采取其他必要措施恢复到集中前的状态，可以处 50 万元以下的罚款。

此外，我国《反垄断法》明确规定，行政机关不得滥用行政权力与垄断结合，排除、限制经营者的竞争，以及对涉嫌反垄断的行为进行严格调查的制度。

练　习　题

一、单项选择题

1．下列选项中，属于《消费者权益保护法》调整的对象是（　　）。

A．消费者为生产需要购买、使用商品或接受服务时所发生的法律关系

B．各商家为经营需要而发生的购销关系

C．消费者为生活消费需要购买、使用商品或者接受服务而发生的法律关系

D．消费者为营利而进行的购销活动

2．我国对不正当竞争行为的监督检查机关是（　　）。

A．县级以上人民政府工商行政管理部门

B．地级以上人民政府工商行政管理部门

C．法律、行政法规规定的监督检查的其他部门

D．区级以上人民政府工商行政管理部门

3．有关《消费者权益保护法》的适用范围，以下说法正确的是（ ）。

A.《消费者权益保护法》只调整因生活消费而产生的法律关系

B.《消费者权益保护法》调整因购买、使用商品或者接受服务而产生的所有法律关系

C.《消费者权益保护法》只调整生活消费者与经营者之间的法律关系

D.《消费者权益保护法》主要调整因生活消费而产生的法律关系，也调整农民直接用于农业生产而购买、使用商品所产生的生产消费法律关系

4.《反不正当竞争法》调整的对象是（ ）。

A．仅仅调整不正当竞争行为

B．仅仅调整限制竞争行为

C．以调整不正当竞争行为为主，兼顾限制竞争行为

D．以调整限制竞争行为为主，兼顾不正当竞争行为

5．消费者小A购买了某一型号的燃气热水器，安装使用后没有出现问题。有一天，小A在中央电视台第二套节目发布的产品抽查结果中发现，其购买的该厂生产的这一型号的燃气热水器被国家质量监督部门抽检确定为不合格产品。对此，小A和经营者依法要做的是（ ）。

A．小A可以要求退货，经营者应当负责退货

B．小A可以要求退货，但因其购买的产品未出现质量问题，经营者有权拒绝退货

C．小A无权要求退货，因其购买的产品未出现质量问题

D．小A无权要求退货，因其没有造成损害

二、多项选择题

1．消费者和经营者发生消费者权益争议的，可以通过下列（ ）途径解决。

A．与经营者协商和解

B．请求消费者协会调解

C．根据与经营者达成的仲裁协议提请仲裁机构仲裁

D．向有关行政部门申诉

2．生产者在下列（ ）情况下不对消费者负责赔偿。

A．消费者从销售者处购买的化妆品不具有包装上标明的使用效果

B．某人从生产者处盗窃其开发中的高压锅样品，在使用时被炸伤

C．因销售者储存不当致使药品变质而使某患者服药后过敏

D．消费者使用产品后发生不适，但现在科学技术无法证明产品与不适之间的关系

3．以下（ ）属于限制竞争的行为。

A．甲自来水公司指定消费者只能购买使用其下属企业生产的水表

B．乙商场设置最高额为一万元的有奖销售进行促销

C．丁企业与丙企业在招标过程中串通

D．戊企业在销售过程中使用商业贿赂的手段

4．晓燕与他人合作开办了一个固体饮料厂，没有进行工商登记领取营业执照，也未办理卫生许可证，用淀粉、白糖等生产所谓的“麦乳精”、“强身大补精”，销售中使用的是他人的注册商标标志，后被工商行政管理部门查获。请问，如何认定其行为？（　　）

A．她没有领取营业执照，不是经营者，不适用《反不正当竞争法》

B．她从事的是经营行为，应适用《反不正当竞争法》

C．她假冒注册商标，构成侵权行为

D．她违反工商行政管理法规，构成无照经营的违法行为

5．某厂商出售家用计算机时，向消费者声明，本店对机内预装的软件是否有合法版权概不负责，机器售出后发生任何版权纠纷，概与本店无关。厂商做出上述声明的做法属于（　　）。

A．产品侵权行为　　　　B．民事欺诈行为

C．无效民事行为　　　　D．单方免责声明行为

三、案例分析题

居民甲在某商场购得一台“多功能食品加工机”，回家试用后发现该产品只有一种功能，遂向商场提出退货。商场答复：“该产品说明书未就其性能作明确说明，这是厂家的责任，所以顾客应向厂家索赔，商场概不负责。”

问题：

（1）该产品存在什么问题？

（2）谁应对该产品负责？

（3）根据《消费者权益保护法》，居民甲享有哪些权利？

第 7 章

工业产权法

学习目标

通过本章的学习，要求：理解工业产权的概念、特征；了解工业产权体系中的专利法和商标法的主要内容；掌握专利权的主体、客体以及专利权的保护；掌握商标权的客体、授予商标权的条件、侵犯商标权的行为种类以及驰名商标的保护。

引导案例

大磨坊公司于2010年1月由我国商标局核准注册取得了“大磨坊”注册商标专用权，核定使用的商品为面包。2011年10月大磨坊公司与太阳城商场签订了为期三年代销协议，约定由太阳城商场设专柜出售面包，由大磨坊公司提供名、优、特、新的注册商标商品。2012年4月起，大磨坊公司停止向太阳城商场供货。同年6月大磨坊公司发现太阳城商场在大磨坊专柜上仍在销售与其类似的面包，商品价签上注明产地大磨坊。大磨坊公司以侵害其商标专用权为由诉至法院。

思考题：

（1）太阳城商场在大磨坊公司不供货时，仍在其大磨坊专柜销售商品价签上注明产地为“大磨坊”的面包，是否构成对大磨坊公司商标专用权的侵犯？为什么？

（2）大磨坊公司是否构成违约？

（3）商标的使用方式与构成侵权有关吗？为什么？

7.1 工业产权法概述

7.1.1 工业产权的概念及特征

1. 工业产权的概念

工业产权，是指人们依法对应用于商品生产和流通中的创造发明和显著标记等智力成果，在一定地区和期限内享有的专有权。按照《保护工业产权巴黎公约》的规定，工业产权包括发明、实用新型、外观设计、商标、服装标记、厂商名称、货源标记、原产地名称及制止不正当竞争的权利。在我国，工业产权主要指专利权和商标专用权。

【相关提示】

工业产权一词最早出现于 1791 年法国的专利法中。在此之前，英国和法国都称专利权为特权或垄断权。当时法国专利法的起草人德布浮拉认为使用特权或垄断权这样的词，会遭到立法议会和反封建的法国人民的反对，因而提出“工业产权”这个概念。

1883 年制定的《保护工业产权巴黎公约》也采用了这个词，工业产权一词现已成为国际通用的专业术语。

2．工业产权的特征

工业产权作为一种无形财产权，与有形财产权相比具有以下法律特征。

（1）专有性。工业产权是国家赋予专利权人和商标专用人，在有效期内对其专利和商标享有的独占、适用、收益和处分的权利。未经权利人许可，任何第三人皆不得使用，否则，即构成侵权。

（2）地域性。工业产权的地域性是指工业产权的空间限制。工业产权属于无形财产，一个国家的专利法、商标法所保护的工业产权，除在一定情况下适用保护工业产权的国际公约以外，只在该国范围内有效，对其他国家不发生法律效力。

（3）时间性。工业产权的时间性是指工业产权的时间限制。即工业产权的保护是有一定期限的，这也就是工业产权的有效期。法律规定的期限届满，工业产权专有权即告终止，权利人即丧失其专有权，这些智力成果即成为社会财富。

7.1.2　工业产权法的概念和立法现状

1．工业产权法的概念

工业产权法是指调整因确认、保护、转让和使用工业产权而发生的各种社会关系的法律规范的总称。我国的工业产权法主要包括专利法和商标法。

2．立法现状

我国 1982 年颁布了《中华人民共和国商标法》（简称《商标法》），并于 1993 年、2001 年、2013 年对《商标法》进行了三次修订，与《商标法》配套实施的法规有国务院于 2002 年颁布、并与 2014 年修订的《中华人民共和国商标法实施条例》。

我国 1984 年颁布了《中华人民共和国专利法》（简称《专利法》），并于 1992 年、2000 年、2008 年对《专利法》进行了三次修订，与《专利法》配套实施的法规有国务院于 2001 年颁布的《中华人民共和国专利法实施细则》（2010 年修订）。

7.2 商标法

7.2.1 商标法概述

1．商标的概念及特征

商标（Trademark），是指商品的生产者、经营者或者商业服务的提供者用以标明自己所生产、经营的产品或者所提供的服务，与他人生产、经营的产品或者提供的服务相区别的标记。商标是随着商品经济的发展而逐渐形成的产物。它作为一种标记，能够使商品生产者、经营者或者商业服务的提供者所生产、经营的产品或者所提供的服务，与他人生产、经营的产品或者提供的服务相区别，便于消费者选购。

商标具有如下特征：

（1）商标主要是由文字、图形、字母、数字、三维标志、颜色组合和声音等，以及上述要素的组合而成的标记。商标的构成具有多样性，是能够将一企业的商品或者服务与另一企业的商品或者服务加以区别的任何标志或者标志的组合。

（2）商标是用于商品或者服务上的显著标记。商标依附于商品或者服务而存在，其使用具有商业意义和商业价值。

（3）商标是代表特定商品生产者、经销者或者服务提供者的专用符号。商标具有识别性和表彰性功能。

（4）商标是依附于商品表面或包装，或标于与所提供的服务相关的物品上的具有显著特征的简洁符号。

2．商标的种类

在商品经济的发展过程中，商标的表现形式各式各样。因此，为了研究和使用的方便，可以根据不同的标准对商标进行分类。

（1）按商标是否经过注册，可将商标分为注册商标和未注册商标。注册商标，是指由当事人申请，经商标注册机构核准注册的商标。注册商标是我国《商标法》的保护对象。未注册商标，是指未经商标注册机构核准注册的商标。未注册商标一般不受法律保护。未注册商标可以使用，但其使用人不享有商标专用权。当他人就相同商标取得注册后，未注册商标应当停止使用，否则构成侵权。

（2）按照商标的构成分类，可以将商标分为文字商标、图形商标、组合商标。文字商标，是指由文字构成的商标。文字既可以是汉字，也可以是少数民族文字、阿拉伯数字以及外文。我国的文字商标以汉字为主，有的还附有汉语拼音字母或者外国文字。图形商标，是指由平面图形构成的商标。组合商标，是指由文字和图形组成的商标。组合商标图文并茂、引人注目，便于记忆和识别。

（3）按商标的识别对象不同，可将商标分为商品商标和服务商标。商品商标，是指生产者在生产、制造、加工、拣选或者销售的商品上使用的商标。这类商标的使用者主要是商品的生产者、经营者。我们平时见到的商标大部分是商品商标。服务商标，是指商业服务的提供者用以区别自己所提供的服务不同于他人所提供的服务的一种标记，也是表明服务提供者的服务质量的一种标记。

（4）按商标的特殊性质和用途的不同，可将商标分为证明商标和集体商标。证明商标，是指由对某种商品或者服务具有监督能力的组织所控制，而由该组织以外的单位或者个人使用于其商品或者服务，用以证明该商品或者服务的原产地、原料、制造方法、质量或者其他特定品质的标志。经营者提供的商品或者服务符合证明商标使用条件的，注册人不得拒绝使用。证明商标注册人不得在经营活动中使用其证明商标。集体商标，是指以团体、协会或者其他组织名义注册，供该组织成员在商事活动中使用，以表明使用者在该组织中的成员资格的标志。集体商标的作用就在于表明商品的经营者或服务的提供者属于同一组织，其生产的商品或提供的服务具有共同的特征。

3．商标权

商标权，又称商标专用权，是指商标注册人依法在法定期限内对商标管理机关核准注册的商标所享有的独占权、排他使用权和处分权。《商标法》规定："经商标局核准注册后的商标为注册商标，商标注册人享有商标专用权，受法律保护。"因此，只有经过商标局核准注册的商标才享有商标专用权并受法律保护，未注册商标则不享有商标专用权，也不受法律保护。

商标专用权主要包括以下权利：

（1）独占使用权。独占使用权是指商标权人依法对核准注册的商标享有的在核定的商品或服务上所独占使用的权利。商标独占使用权的运用，还得满足以下条件：一是必须在法定的时间和法定的范围内使用；二是必须将商标使用于商标管理机关核定的商品或者服务上。

（2）禁用权。禁用权是指商标权人享有的禁止他人实施侵犯其商品专用权的权利。

（3）转让与许可使用权。转让权是指注册商标所有人享有的依照法律规定的程序将自己的商标权转让给第三人的权利；许可使用权是指商标人享有的依法同他人签订使用许可合同，允许他人使用其注册商标的权利。

4．商标法的概念

商标法是调整在商标的确认、使用、保护和管理过程中发生的各种社会关系的法律规范的总称。我国现行的《商标法》是 1982 年 8 月 23 日由第五届全国人大常委会第二十四次会议通过的。另外，国务院还颁布了《商标法实施条例》。1993 年 2 月 22 日、2001 年 10 月 27 日和 2013 年 8 月 30 日我国全国人大常委会分别对《商标法》进行了修订。《商标法》是社会主义市场经济法律体系的重要组成部分，对于加强商标管理，有力保护商标专用权，促使生产、经营者保证商品和服务质量，维护商标信誉，以保障消费者和生产、经营者的利益，促进社会主义市场经济的发展，都有着重要的作用。

7.2.2 商标注册

1. 商标注册的概念

商标注册，是指商标使用人为取得商标专用权，依照法定条件和程序向国家商标局提出申请，经过审核予以注册，授予商标专用权的行为。经商标局核准注册的商标为注册商标，商标注册人享有商标专用权，受法律保护。

2. 商标注册的原则

（1）自愿注册和强制注册相结合的原则。根据《商标法》的规定，我国的商标注册实行自愿注册和强制注册相结合的原则。目前，我国的大部分商标采取自愿注册原则。

【相关链接】

《商标法实施细则》规定：国家规定并由国家工商行政管理总局公布的人用药品和烟草制品以及由其公布的其他商品，必须使用注册商标。

（2）申请在先的原则。如果两个或者两个以上的商标注册申请人，在同一种商品或者类似商品上，以相同或者近似的商标申请注册的，初步审定并公告申请在先的商标；或者同一天申请的，初步审定并公告使用在先的商标，驳回其他人的申请，不予公告。

（3）优先权原则。商标注册申请人自其商标在外国第一次提出商标注册申请之日起 6 个月内，又在中国就相同商品以同一商标提出商标注册申请的，依照该外国同中国签订的协议或者共同参加的国际条约，或者按照相互承认优先权的原则，可以享有优先权。

3. 商标注册的条件

（1）商标注册的申请人。我国《商标法》规定，自然人、法人或者其他组织对其生产、制造、加工、拣选或者经销的商品，需要取得商标专用权的，应当向商标局申请商品商标注册。自然人、法人或者其他组织对其提供的服务项目，需要取得商标专用权的，应当向商标局申请服务商标注册。外国人或者外国企业在中国申请商标注册的，应当按其所属国和中华人民共和国签订的协议或者共同参加的国际条约办理，或者按对等原则办理。外国人或者外国企业是指在中国没有经常居所或者营业所的外国人或者外国企业。外国人或者外国企业在中国申请商标注册和办理其他商标事宜的，应当委托国家认可的具有商标代理资格的组织代理。

（2）商标注册的申请条件。申请商标注册的条件主要有：一件商标，一份申请；申请注册的商标应当具有显著特征；申请注册的商标不得违反法律的禁止性规定。

【相关链接】

《商标法》规定，不得作为商标使用的标志包括：同中华人民共和国的国家名称、国旗、国徽、国歌、军旗、军徽、军歌、勋章等相同或者近似的，以及同中央国家机关的名称、标志、所在地特定地点的名称或者标志性建筑物的名称、图形相同的。

4．商标注册的程序

（1）商标注册的审查。我国《商标法》对商标注册的审查实行形式审查和实质审查。形式审查是对商标注册申请的书件、手续是否符合法律规定的审查。形式审查的内容主要包括：申请人是否具备申请资格；申请书的填写是否属实、准确、清晰；有关手续是否完备等。通过形式审查，决定商标注册申请能否受理。实质审查是对申请注册的商标是否具备注册商标条件的审查。实质审查主要包括审查申请注册的商标是否违背商标法禁用条款；是否具备法定构成要素；是否具有显著特征；是否与他人在同一种或类似商品上注册的商标相混同等。

（2）初步审定和公告。对申请注册的商标，商标局应当自收到商标注册申请文件之日起 9 个月内审查完毕，符合本法有关规定的，予以初步审定公告。申请注册的商标，凡不符合商标法有关规定，或者同他人在同一种商品或者类似商品上已经注册的，或者同初步审定的商标相同或者近似的，由商标局驳回申请，不予公告。两个或者两个以上的商标注册申请人，在同一种商品或者类似商品上，以相同或者近似的商标申请注册的，初步审定并公告申请在先的商标；同一天申请的，初步审定并公告使用在先的商标，驳回其他人的申请，不予公告。商标局对驳回申请、不予公告的商标，应当书面通知商标注册申请人。商标注册申请人对商标局驳回申请、不予公告的决定不服的，可以自收到通知之日起 15 日内向商标评审委员会申请复审，由商标评审委员会做出决定，并书面通知申请人。当事人对商标评审委员会的决定不服的，可以自收到通知之日起 30 日内向人民法院起诉。

（3）商标异议。商标异议是指对初步审定公告的商标提出反对意见，要求撤销初步审定，不予注册。对初步审定公告的商标，自公告之日起 3 个月内，在先权利人、利害关系人或者任何人认为违反商标法相关规定的，可以向商标局提出异议。对初步审定公告的商标提出异议的，商标局应当听取异议人和被异议人陈述事实和理由，经调查核实后，自公告期满之日起 12 个月内做出是否准予注册的决定，并书面通知异议人和被异议人。商标局做出不予注册决定，被异议人不服的，可以自收到通知之日起 15 日内向商标评审委员会申请复审。商标评审委员会应当自收到申请之日起 12 个月内做出复审决定，并书面通知异议人和被异议人。被异议人对商标评审委员会的决定不服的，可以自收到通知之日起 30 日内向人民法院起诉。人民法院应当通知异议人作为第三人参加诉讼。商标评审委员会在依照《商标法》规定进行复审的过程中，所涉及的在先权利的确定必须以人民法院正在审理或者行政机关正在处理的另一案件的结果为依据的，可以中止审查。中止原因消除后，应当恢复审查程序。

（4）准注册。经过初步审定的商标，自公告之日起 3 个月内没有异议的，或者虽然有异议但经商标局裁定异议不能成立的，予以核准注册，发给商标注册证，并予公告。核准注册标志着商标注册申请人取得商标专用权。

5. 驰名商标的认定与使用

驰名商标应当根据当事人的请求，作为处理涉及商标案件需要认定的事实进行认定。认定驰名商标应当考虑下列因素：相关公众对该商标的知晓程度；该商标使用的持续时间；该商标的任何宣传工作的持续时间、程度和地理范围；该商标作为驰名商标受保护的记录；该商标驰名的其他因素。

生产、经营者不得将“驰名商标”字样用于商品、商品包装或者容器上，或者用于广告宣传、展览以及其他商业活动中。

【案例聚焦】 “HONGDA”商标侵权案

无锡市鸿达铝业有限公司 2003 年 1 月 1 日起，未经商标注册人的许可，擅自在摩托车配件上使用与“HONDA”近似的“HONGDA” 商标。至案发时，当事人已经销售价值达 43 万元的摩托车配件。

经查，使用在商标注册用商品和服务国际分类第 12 类汽车等商品上的“HONDA”商标，是日本技研工业株式会社的注册商标，该商标专用权受法律保护。

无锡市锡山工商行政管理局认为，当事人的行为属于商标侵权行为。根据法律规定，决定对当事人做出如下处罚：① 责令立即停止侵权行为；② 罚款人民币 30 万元整。

7.2.3 注册商标的有效期和续展

1. 注册商标的有效期

《商标法》第三十七条规定：“注册商标的有效期为 10 年，自核准注册之日起计算。”

2. 注册商标的续展

注册商标的续展是指注册商标权人为了确保在法定有效期届满后不丧失对注册商标的专用权，按照法定的程序和时间向商标局申请延长注册商标有效期的法律程序。

我国《商标法》规定，注册商标有效期满，需要继续使用的，应当在期满前 6 个月内申请续展注册；在此期间未能提出申请的，可以给予 6 个月的宽展期。宽展期满仍未提出申请的，注销其注册商标。每次续展注册的有效期为 10 年。续展注册经核准后，予以公告。

7.2.4　注册商标的转让和使用许可

1．注册商标的转让

注册商标的转让，是指商标权人依法将其所有的注册商标转让给他人所有的法律行为。转让注册商标的，转让人和受让人应当签订转让协议，并共同向商标局提出申请。受让人应当保证使用该注册商标的商品质量。转让注册商标的，商标注册人对其在同一种商品上注册的近似的商标，或者在类似商品上注册的相同或者近似的商标，应当一并转让。对容易导致混淆或者有其他不良影响的转让，商标局不予核准，书面通知申请人并说明理由。转让注册商标经核准后，予以公告。受让人自公告之日起享有商标专用权。

2．注册商标的使用许可

注册商标的使用许可，是指商标注册人将其注册商标以一定的条件，通过签订使用许可合同，许可他人使用的法律行为。商标注册人可以通过签订商标使用许可合同，许可他人使用其注册商标。许可人应当监督被许可人使用其注册商标的商品质量。被许可人应当保证使用该注册商标的商品质量。经许可使用他人注册商标的，必须在使用该注册商标的商品上标明被许可人的名称和商品产地。许可他人使用其注册商标的，许可人应当将其商标使用许可报商标局备案，由商标局公告。商标使用许可未经备案不得对抗善意第三人。

7.2.5　商标管理

商标管理，是指国家商标管理机关依法对注册商标和未注册商标的使用进行的管理活动。

1．注册商标的使用管理

注册商标的使用管理是商标管理的重要内容。

使用注册商标时，商标注册人自行改变注册商标、注册人名义、地址或者其他注册事项的，由地方工商行政管理部门责令限期改正；期满不改正，由商标局撤销其注册商标。注册商标成为其核定使用的商品的通用名称或者没有正当理由连续三年不使用的，任何单位或者个人可以向商标局申请撤销该注册商标。商标局应当自收到申请之日起 9 个月内做出决定。

注册商标被撤销、被宣告无效或者期满不再续展的，自撤销、宣告无效或者注销之日起一年内，商标局对与该商标相同或者近似的商标注册申请，不予核准。

2．对未注册商标的使用管理

将未注册商标冒充注册商标使用的，或者使用未注册商标违反《商标法》第十条规定的，由地方工商行政管理部门予以制止，限期改正，并可以予以通报，违法经营额 5 万元以上的，可以处违法经营额 20%以下的罚款，没有违法经营额或者违法经营额不足 5 万元的，可以处 1 万元以下的罚款。

对商标局撤销或者不予撤销注册商标的决定，当事人不服的，可以自收到通知之日起 15 日内向商标评审委员会申请复审。商标评审委员会应当自收到申请之日起 9 个月内做出决定，并书面通知当事人。当事人对商标评审委员会的决定不服的，可以自收到通知之日起 30 日内向人民法院起诉。

法定期限届满，当事人对商标局做出的撤销注册商标的决定不申请复审或者对商标评审委员会做出的复审决定不向人民法院起诉的，撤销注册商标的决定、复审决定生效。被撤销的注册商标，由商标局予以公告，该注册商标专用权自公告之日起终止。

7.2.6 注册商标专用权的保护

注册商标专用权的保护，是指运用法律手段制裁商标侵权行为，以确保商标权人对其注册商标所享有的商标权得以实现的法律机制。只有建立起完善的注册商标专用权的保护制度，商标权人的权利才能够实现。《商标法》规定了注册商标的专用权保护范围，应当以核准注册的商标和核定使用的商品为限。

1．侵犯商标专用权的行为

商标侵权行为是指侵犯他人注册商标专用权的行为。《商标法》规定了侵犯注册商标专用权的几种行为：① 未经商标注册人的许可，在同一种商品上使用与其注册商标相同的商标的；② 未经商标注册人的许可，在同一种商品上使用与其注册商标近似的商标，或者在类似商品上使用与其注册商标相同或者近似的商标，容易导致混淆的；③ 销售侵犯注册商标专用权的商品的；④ 伪造、擅自制造他人注册商标标识或者销售伪造、擅自制造的注册商标标识的；⑤ 未经商标注册人同意，更换其注册商标并将该更换商标的商品又投入市场的；⑥ 故意为侵犯他人商标专用权行为提供便利条件，帮助他人实施侵犯商标专用权行为的；⑦ 给他人的注册商标专用权造成其他损害的。

将他人注册商标、未注册的驰名商标作为企业名称中的字号使用，误导公众，构成不正当竞争行为的，依照《反不正当竞争法》处理。

2．侵犯注册商标专用权的法律责任

（1）民事责任。对侵犯注册商标专用权的行为，引起纠纷的，由当事人协商解决；不愿协商或者协商不成的，商标注册人或者利害关系人可以请求工商行政管理部门处理，也可以直接向人民法院起诉，要求侵权人承担民事责任，主要包括停止侵害、消除影响、赔偿损失等。侵犯商标专用权的赔偿数额，为侵权人在侵权期间因侵权所获得的利益，或者被侵权人在被侵权期间因被侵权所受到的损失，包括被侵权人为制止侵权行为所支付的合理开支。对侵犯商标专用权的赔偿数额的争议，当事人可以请求进行处理的工商行政管理部门调解，也可以依照《中华人民共和国民事诉讼法》向人民法院起诉。经工商行政管理部门调解，当事人未达成协议或者调解书生效后不履行的，当事人可以依照《中华人民共和国民事诉讼法》向人民法院起诉。

（2）行政责任。对侵犯注册商标专用权的行为，工商行政管理部门有权依法查处；涉嫌犯罪的，应当及时移送司法机关依法处理。工商行政管理部门处理时，认定侵权行为成立的，责令立即停止侵权行为，没收、销毁侵权商品和主要用于制造侵权商品、伪造注册商标标识的工具，违法经营额5万元以上的，可以处违法经营额五倍以下的罚款，没有违法经营额或者违法经营额不足5万元的，可以处25万元以下的罚款。对五年内实施两次以上商标侵权行为或者有其他严重情节的，应当从重处罚。销售不知道是侵犯注册商标专用权的商品，能证明该商品是自己合法取得并说明提供者的，由工商行政管理部门责令停止销售。

（3）刑事责任。根据《商标法》的规定，以下行为构成侵犯注册商标专用权的犯罪行为：未经商标注册人许可，在同一种商品上使用与其注册商标相同的商标，构成犯罪的，除赔偿被侵权人的损失外，依法追究刑事责任。伪造、擅自制造他人注册商标标识或者销售伪造、擅自制造的注册商标标识，构成犯罪的，除赔偿被侵权人的损失外，依法追究刑事责任。销售明知是假冒注册商标的商品，构成犯罪的，除赔偿被侵权人的损失外，依法追究刑事责任。

7.3 专利法

7.3.1 专利法概述

1．专利与专利权的概念

专利是一项发明创造，即发明、实用新型或外观设计向国家专利局提出专利申请，经依法审查合格后，向专利申请人授予的在规定的时间内对该项发明创造享有的专有权。

专利权是指依照专利法的规定，授予发明人或专利权人在一定期限内对某项发明创造所享有的专有权。专利权是民事法律制度中的一项重要的民事权利，除具备知识产权的共同特征之外，还具有以下法律特征。

（1）公开性。专利权的内容主要是由专有实施权组成，它是专利权人通过独占其发明创造或者设计专利而行使制造、使用或者销售权的。如果专利权人不具备实施条件，则有权许可他人实施该项专利，以满足其物质利益。实施专利的前提是公开专利成果，以便使公众得以知晓，杜绝重复发明或者设计。

（2）独占性。同一内容的发明创造或者设计只能授予一次专利，即使有两个发明人或者设计人分别独立完成相同的发明创造或者设计，专利权也仅能授予申请在先者。申请人的发明创造或者设计一旦被专利管理机关依法授予专利权，该专利权人或者其合法受让人在法定期限内便享有垄断的权利。除法律另有规定外，其他任何人未经专利权人或者其合法受让人许可，都不得以营利为目的实施该专利，否则就构成侵权。

（3）法定性。专利权并非因发明创造或者设计而取得。有所发明创造或者设计的个人或团体，需按照法定程序向国务院专利行政部门或类似机构提出申请，经审查确认合格后，才能依法授予其专利权。

2. 专利法和专利制度

专利法，是指调整因发明创造而产生的各种社会关系的法律规范的总称。我国现行的专利法是1984年3月12日由第六届全国人大常委会第四次会议通过的《中华人民共和国专利法》（简称《专利法》），同时还包括一些该法的实施细则等法规。1992年4月、2000年8月和2008年12月，该法分别做过三次修订。专利法的宗旨是为了鼓励发明创造，促进我国科学技术的发展，为社会主义现代化建设服务。因此，专利法是保护发明创造专利权，推动科学技术进步，促进社会生产力发展的重要法律。专利法的实施有赖于专利制度的健全和完善。

7.3.2 专利权的主体和客体

1. 专利权的主体

专利权的主体，也称专利权人，是指为取得专利权而向国务院专利行政管理部门提出专利申请的单位和个人。专利权的主体主要包括以下几种。

（1）职务发明人。职务发明人是指对执行本单位的任务或者主要是利用本单位的物质技术条件完成发明创造做出创造性贡献的人。执行本单位的任务所完成的职务发明，包括：在本职工作中做出的发明创造；履行本单位交付的本职工作之外的任务所做出的发明创造；退职、退休或者调动工作后一年内做出的，与其在原单位承担的本职工作或者原单位分配的任务有关的发明创造。本单位的物质技术条件是指本单位的资金、设备、零部件、原材料或者不对外公开的技术资料等。

职务发明申请专利的权利属于该单位；申请被批准后，该单位为专利权人。利用本单位的物质技术条件所完成的发明创造，单位与发明人或者设计人订有合同，对申请专利的权利和专利权的归属做出约定的，从其约定。

（2）非职务发明人。非职务发明人是指不是为执行本单位的任务或者没有利用本单位的物质技术条件完成发明创造的人。在完成发明创造过程中，只负责组织工作的人、为物质技术条件的利用提供方便的人或者从事其他辅助工作的人，不是发明人或者设计人。申请被批准后，该发明人或者设计人为专利权人。

（3）共同发明人。共同发明人是指两个以上单位或者个人合作，对完成的发明创造共同做出创造性贡献的人。共同发明除另有协议的以外，申请专利的权利属于完成或者共同完成的单位或者个人；申请被批准后，申请的单位或者个人为专利权人。

（4）外国人、外国企业和外国组织。外国人、外国企业和外国组织做出的发明创造在中国申请专利，在中国有经常居所和营业所的，可以享受国民待遇；在中国没有经常居所和营业所的，则依照所属国与中国签订的协议或者共同参加的国家条约，或者依照互惠的原则，给予国民待遇。

2．专利权的客体

专利权的客体，是指依法可以取得专利权的发明创造。我国《专利法》规定，发明创造主要包括发明、实用新型和外观设计。

（1）发明。发明是指对产品、方法或者其改进所提出的新的技术方案。

【相关提示】

发明分为产品发明、方法发明和改进发明。产品发明是指人工制造的各种制品的发明。方法发明是指把一种对象改造成另一种对象所用的手段的发明。改进发明是指在现有产品或者方法的基础之上，在保持其独特性质的条件下，又改善了其性能、使之具有新的功效的改进技术方案。但是，它仅带来部分质变，并没有从根本上突破原有的技术。

（2）实用新型。实用新型是指对产品的形状、构造或者其结合所提出的适用于实用的新的技术方案。实用新型只保护产品，该产品应当是经过工业方法制造的、占据一定空间的实体。

（3）外观设计。外观设计是指对产品的形状、图案、色彩或者其结合所做出的富有美感并适用于工业应用的新设计。外观设计的载体必须是产品。外观设计只涉及产品外表的形状、图案、色彩或者其结合，而不涉及设计技术与制造技术。为外观设计所授予的专利权，称为外观设计专利权。

7.3.3 授予专利权的条件

1．授予发明和实用新型专利的条件

授予专利权的发明和实用新型，应当具备新颖性、创造性和实用性。

（1）新颖性。新颖性是指在申请日以前没有同样的发明或者实用新型在国内外出版物上公开发表过、在国内公开使用过或者以其他方式为公众所知，也没有同样的发明或者实用新型由他人向国务院专利行政部门提出过申请并且记载在申请日以后公布的专利申请文件中。

（2）创造性。创造性是指同申请日以前已有的技术相比，该发明有突出的实质性特点和显著的进步，该实用新型有实质性特点和进步。已有的技术是指申请日前在国内外出版物上公开发表、在国内公开使用或者以其他方式为公众所知的技术，即现有技术。实质性特点是指申请专利的发明或者实用新型与原来的技术相比有本质性突破，它不是原来技术的类似或推导，而是创造性构思的结果。

（3）实用性。实用性是指该发明或者实用新型能够制造或者使用，并且能够产生积极效果。它有两重含义：第一，该技术能够在产业中制造或者使用。第二，必须能够产生积极的效果，即同现有的技术相比，申请专利的发明或实用新型能够产生更好的经济效益或社会效益。

2. 授予外观设计专利的条件

授予专利权的外观设计，应当同申请日以前在国内外出版物上公开发表过或者国内公开使用过的外观设计不相同和不相近似，并不得与他人在先取得的合法权利相冲突。也就是说，对于授予外观设计专利权的条件主要要求的是其新颖性，而对于创造性和实用性的标准相比之下要低一些。另外，授予专利权的外观设计必须富有美感。如果被应用于工业产品上的，还必须具有实用性。

不能授予专利权的范围，具体包括以下内容：

（1）对违反国家法律、法规和社会公德或者妨害公共利益的发明创造，不能授予专利权。

（2）有以下情形之一的，也不能授予专利权：① 科学发现；② 智力活动的规则方法；③ 疾病的诊断和治疗方法；④ 动物和植物品种；⑤ 用原子核变换方法获得的物质。但是，动物和植物品种的生产方法，可以依法授予专利权。

【案例聚焦】 受孕方法不得授予专利

小A于2013年8月向中国专利局提出了“科学计划生育”的发明专利申请，该项专利申请内容为向有生育能力的夫妇传授选择生男孩还是生女的方法，以控制人口的无限增长和人口性别比例的平衡。专利局以该项专利申请属于《专利法》不授予专利权的情形为由，驳回了小A的申请。小A对此不服，向专利复审委员会提出复审请求，专利复审委员会认为该申请为一种受孕方法，为不授予专利权的治疗方法，维持原驳回决定。小A遂向法院起诉，声称该专利申请主题是科学计划生育，不应该将其列为人类的受孕方法。专利复审委员会辩称，原告的申请是计划生育、控制人口、平衡人口性别比例等，归根结底属于人类的受孕方法问题，属于治疗方法。法院经审查，裁定专利复审委员会驳回小A的专利申请是正确的。

7.3.4 专利的申请

1. 专利申请的原则

（1）先申请原则。先申请原则是指两个以上的申请人分别就同样的发明创造申请专利的，专利权授予最先申请的人。两个以上的申请人在同一日分别就同样的发明创造申请专利的，应当在收到国务院专利行政部门的通知后自行协商确定申请人。判断申请在先的标准是专利的申请日。申请日是指国务院专利行政部门收到专利申请文件之日。如果该申请文件是邮寄的，以寄出的邮戳日为申请日。如果两个以上申请人在同一日分别就同样的发明创造申请专利，应当在收到国务院专利行政部门的通知后自行协商确定申请日。

（2）单一性原则。单一性原则是指一件发明或者实用新型专利申请应当限于一项发明或者实用新型。属于一个总的发明构思的两个以上的发明或者实用新型，可以作为一件申请。

（3）优先权原则。优先权原则是指申请人在某一公约成员国首次提出专利申请后，在一定期限内就相同主题的发明创造又向其他缔约国提出申请时，申请人有权要求以第一次申请的日期作为以后申请的日期。

2．专利申请文件

申请发明或者实用新型专利的，应当提交请求书、说明书及其摘要和权利要求书等文件；申请外观设计专利的，应当提交请求书以及该外观设计的图片或者照片等文件，并写明使用该外观设计的产品及其所属的文件。请求书应当写明发明或者实用新型的名称、发明人或者设计人的姓名、申请人的姓名或者名称、地址以及其他事项。说明书应当对发明或者实用新型做出清楚、完整的说明，以所属技术领域的技术人员能够实现为主，必要的时候应当有附图。摘要应当简要说明发明或者实用新型的技术要点。申请人在专利权被授予之前可以随时撤回其专利申请。如果申请人要撤回专利申请的，应当向国务院专利行政部门提出声明，写明发明创造的名称、申请号和申请日。申请人也可以对其专利申请文件进行修改，但是，对发明和实用新型专利申请文件的修改不得超出原说明书和权利要求书记载的范围，对外观设计专利申请文件的修改不得超出原图片或者照片表示的范围。

7.3.5　专利申请的审批

1．发明专利的审批

（1）初步审查与早期公开。国务院专利行政部门收到发明专利申请后，经初步审查认为符合专利法要求的，自申请日起满 18 个月，即行公布。国务院专利行政部门可以根据申请人的请求早日公布其申请。

（2）实质审查。发明专利申请自申请日起 3 年内，国务院专利行政部门可以根据申请人随时提出的请求，对其申请进行实质审查。申请人无正当理由逾期不请求实质审查的，该申请即被视为撤回。专利局认为必要的时候，可以自行对发明专利申请进行实质审查。

（3）授权登记公告。发明专利申请经实质审查没有发现驳回理由的，由国务院专利行政部门做出授予发明专利权的决定，发给发明专利证书，同时予以登记和公告。发明专利权自公告之日起生效。

（4）专利申请的驳回。国务院专利行政部门对发明专利申请进行实质审查后，认为不符合本法规定的，应当通知申请人，要求其在指定的期限内陈述意见，或者对其申请进行修改。发明专利申请经申请人陈述意见或者进行修改后，国务院专利行政部门仍然认为不符合专利法规定的，应当予以驳回。

发明专利申请经实质审查应当予以驳回的情形主要包括：发明专利申请不是对产品、方法或者其改进所提出的新的技术方案；属于违反国家法律、社会公德或者妨害公共利益的发明创造；符合《专利法》第二十五条规定的不授予专利权的事项；不具备新颖性、创造性和实用性的发明创造；违反了申请单一性原则；两个以上的申请人在同一日分别就同样的发明创造申请专利经自行协商未确定申请人等。

2．实用新型和外观设计专利申请的审批

实用新型和外观设计专利的审查实行初步审查制度。即经初步审查，实用新型和外观设计专利申请没有发现驳回理由的，由国务院专利行政部门做出授予实用新型专利权或者外观设计专利权的决定，发给相应的专利证书，同时予以登记和公告。实用新型专利权和外观设计专利权自公告之日起生效。

3．专利申请的复审

国务院专利行政部门设立专利复审委员会。专利申请人对国务院专利行政部门驳回申请的决定不服的，可以自收到通知之日起 3 个月内，向专利复审委员会请求复审。专利复审委员会复审后，做出决定，并通知专利申请人。专利申请人对专利复审委员会的复审决定不服的，可以自收到通知之日起 3 个月内向人民法院起诉。

7.3.6 专利权的内容和限制

1．专利权人的权利

专利权人可以依自己的意志独立行使其专利权。

（1）独占权实施权。《专利法》规定，发明和实用新型专利权被授予后，除法律另有规定外，任何单位或者个人未经专利权人许可，都不得实施其专利。外观设计专利权被授予后，任何单位或者个人未经专利权人许可，都不得为生产经营目的制造、销售、进口其外观设计专利产品。

（2）实施许可权。《专利法》规定，任何单位或者个人实施他人专利的，应当与专利权人订立书面实施许可合同，向专利权人支付专利使用费。被许可人无权允许合同规定以外的任何单位或者个人实施该专利。

（3）转让权。《专利法》规定，转让专利权的，当事人应当订立书面合同，并向国务院专利行政部门登记，由国务院专利行政部门予以公告。如果中国单位或者个人向外国人转让专利权的，必须经国务院有关主管部门批准。专利权的转让自登记之日起生效。

（4）标示权。专利权人有权在其专利产品或者该产品的包装上标明专利标记和专利号。

2．专利权人的义务

专利权人的义务主要是缴纳专利年费。年费是专利权人付给专利局的管理费用。不按规定缴纳年费的，专利权应予终止。

此外，职务发明创造取得专利后，被授予专利权的单位应当对职务发明创造的发明人或者设计人给予奖励；发明创造专利实施后，根据其推广应用的范围和取得的经济效益，对发明人或者设计人给予合理的报酬。

3．专利权的期限和终止

法律对专利权人的专利权的保护是有一定的时间限制的。我国《专利法》规定，发明专利权的期限为20年，实用新型专利权和外观设计专利权的期限为10年，均自申请日起计算。

专利权的终止，是指专利权人丧失对发明创造的专利权。我国《专利法》规定了专利权终止的两种情况：① 期限届满自然终止；② 期限届满前终止，具体包括以下两种情形：没有按照规定缴纳年费；专利权人以书面声明放弃其专利权。

4．专利权限制

（1）专利权的宣告无效。自国务院专利行政部门公告授予专利权之日起，任何单位或者个人认为该专利权的授予不符合《专利法》有关规定的，可以请求专利复审委员会宣告该专利权无效。专利复审委员会对宣告专利权无效的请求应当及时审查并做出决定，通知请求人和专利权人。宣告专利权无效的决定，由国务院专利行政部门登记和公告。宣告无效的专利权视为自始即不存在。

（2）专利实施的强制许可。专利实施的强制许可，又称非自愿许可，是指专利局在一定的条件下，为了国家利益和社会公共利益，无专利权人的同意而强制专利权人许可他人实施其专利的一种强制性法律措施。

专利实施的强制许可主要适用于以下几种情况：① 具备实施条件的单位以合理的条件请求发明或者实用新型专利权人许可实施其专利，而未能在合理长的时间内获得这种许可时，国务院专利行政部门根据该单位的申请，可以给予实施该发明专利或者实用新型专利的强制许可；② 在国家出现紧急状态或者非常情况时，或者为了公共利益的目的，国务院专利行政部门可以给予实施发明专利或者实用新型专利的强制许可；③ 一项取得专利权的发明或者实用新型比以前已经取得专利权的发明或者实用新型具有显著经济意义的重大技术进步，其实施又有赖于前一发明或者实用新型的实施的，国务院专利行政部门根据后一专利权人的申请，可以给予实施前一发明或者实用新型的强制许可。在实施强制许可的情形下，国务院专利行政部门也可以根据前一专利权人的申请，给予实施后一发明或者实用新型的强制许可。

我国《专利法》规定，申请实施强制许可的单位或者个人，应当向国务院专利行政部门提交强制许可请求书，说明理由并附具有关证明文件各一式两份。国务院专利行政部门做出的给予实施强制许可的决定，应当及时通知专利权人，并予以登记和公告。给予实施强制许可的决定，应当根据强制许可的理由规定实施的范围和时间。强制许可的理由消除并不再发生时，国务院专利行政部门应当根据专利权人的请求，经审查后做出终止实施强制许可的决定。取得实施强制许可的单位或者个人不享有独占的实施权，并且无权允许他人实施。取得实施强制许可的单位或者个人应当付给专利权人合理的使用费，其数额由双方协商；双方不能达成协议的，由国务院专利行政部门裁决。专利权人对国务院专利行政部门关于实施强制许可的决定不服的，专利权人和取得实施强制许可的单位或者个人对国务院专利行政部门关于实施强制许可的使用费的裁决不服的，可以自收到通知之日起 3 个月内向人民法院起诉。

7.3.7 专利侵权行为

1. 专利权的保护范围

我国《专利法》规定，发明或者实用新型专利权的保护范围以其权利要求的内容为准，说明书及附图可以用于解释权利要求。外观设计专利权的保护范围以表示在图片或者照片中的该外观设计专利产品为准。

2. 侵犯专利权行为

侵犯专利权的行为，是指他人未经专利权人的同意，以营利为目的实施其专利的行为。

（1）未经专利权人许可实施其专利的行为。主要有：① 为生产经营目的制造、使用、许诺销售、销售、进口其专利产品；② 使用专利方法以及使用、许诺销售、销售、进口依照该专利方法直接获得的产品；③ 外观设计专利权被授予后，未经专利权人许可，为生产经营目的制造、销售、进口其外观设计专利产品。

（2）假冒他人专利的行为。主要有：① 未经许可，在其制造或者销售的产品、产品的包装上标注他人的专利号；② 未经许可，在广告或者其他宣传材料中使用他人的专利号，使人将所涉及的技术误认为是他人的专利技术；③ 未经许可，在合同中使用他人的专利号，使人将合同涉及的技术误认为是他人的专利技术；④ 伪造或者变造他人的专利证书、专利文件或者专利申请文件。

（3）冒充专利产品、专利方法的行为。主要有：① 制造或者销售标有专利标记的非专利产品；② 专利权被宣告无效后，继续在制造或者销售的产品上标注专利标记；③ 在广告或者其他宣传材料中将非专利技术称为专利技术；④ 在合同中将非专利技术称为专利技术；⑤ 伪造或者变造专利证书、专利文件或者专利申请文件。

【相关链接】

侵权行为的构成必须具备下列条件：① 侵害的对象为有效的专利。② 必须有侵害行为的发生。③ 侵权行为人是以生产经营为目的实施侵权行为。④ 侵权行为人主观上无须有过错。

3. 专利侵权的例外

根据我国《专利法》的规定，有下列情形之一的，不视为侵犯专利权：① 专利权人制造、进口或者经专利权人许可而制造、进口的专利产品或者依照专利方法直接获得的产品售出后，使用、许诺销售或者销售该产品的；② 在专利申请日前已经制造相同产品、使用相同方法或者已经做好制造、使用的必要准备，并且仅在原有范围内继续制造、使用的；③ 临时通过中国领陆、领水、领空的外国运输工具，依照其所属国同中国签订的协议或者共同参加的国际条约，或者依照互惠原则，为运输工具自身需要而在其装置和设备中使用有关专利的；④ 专为科学研究和实验而使用有关专利的。

4．侵犯专利权的法律责任

（1）民事责任。在专利侵权行为发生后，专利权人或者利害关系人可以请求行政机关或者人民法院追究行为人的民事责任。主要有停止侵权、赔偿损失、消除影响等。

（2）行政责任。国家专利管理机关处理专利侵权纠纷时，有权责令侵权人停止侵权行为并赔偿损失。假冒他人专利的，除依法承担民事责任外，由管理专利工作的部门责令改正并予公告，没收违法所得，可以并处违法所得三倍以下的罚款，没有违法所得的，可以处5万元以下的罚款；构成犯罪的，依法追究刑事责任。以非专利产品冒充专利产品、以非专利方法冒充专利方法的，由管理专利工作的部门责令改正并予公告，可以处5万元以下的罚款。

（3）刑事责任。侵犯他人专利情节严重的，对直接责任人依照《刑法》追究刑事责任。从事专利管理工作的国家机关工作人员以及其他有关国家机关工作人员玩忽职守、滥用职权、徇私舞弊，构成犯罪的，依法追究刑事责任；尚不构成犯罪的，依法给予行政处分。

练　习　题

一、单项选择题

1．根据专利法律制度的规定，某汽车制造厂完成的下列新技术成果中，可能获得实用新型专利的是（　　）。

A．汽车新燃料　　　　B．汽车防冻液

C．汽车发动机　　　　D．汽车节能方法

2．依据我国《商标法》，下列选项中不可以作为商标申请注册的标志是（　　）。

A．文字、图形组合标志　　　　B．三维标志

C．声音标志　　　　D．字母、数字组合标志

3．根据《商标法》，注册商标有效期满后可以续展注册，每次续展注册的有效期为（　　）。

A．6个月　　B．5年　　C．10年　　D．20年

4．以下（　　）项发明可授予专利权。

A．科学发现　　　　B．药品

C．疾病治疗方法　　　　D．食品生产方法

5．根据《专利法》的规定，发明专利权的期限为（　　）。

A．10年　　B．20年　　C．30年　　D．40年

二、多项选择题

1．根据我国《商标法》的规定，可以不使用注册商标的商品有（　　）。

A．食品　　B．调味品　　C．彩色电视机　　D．电冰箱

2．商标权具有（　　）。

A．专有性　　B．新颖性　　C．时间性　　D．地域性

3．专利权的客体有（　　）。

A．发明　　B．实用新型　　C．外观设计　　D．文学作品

4．实用新型专利权的内容包括（　　）。

A．制造权　　B．使用权　　C．许诺销售权　　D．销售权

5．关于外观设计特征，正确的说法有（　　）。

A．承载外观设计的产品必须具有相对的独立性

B．外观设计必须能够适于工业上应用

C．外观设计必须是与独立的具体产品合为一体的新设计

D．外观设计可以是立体的，也可以是平面的

三、案例分析题

2013年3月，北京工人甲在业余时间独立完成了一项实用新型产品。4月15日甲将该实用新型产品在我国主办的北京国际发明展览会上展出（系首次）。5月4日，甲向专利局提交了专利申请文件。

在昆明，丙厂技术员乙于2013年4月2日独立完成了工厂交给的开发同一实用新型产品的任务，并于5月2日向专利局邮寄了专利申请文件。丙厂认为该专利申请权应属厂方，故于5月3日向专利局邮寄了专利申请文件。专利局分别于5月9日、5月10日收到乙、丙的申请文件。

问题：

（1）甲、乙、丙中哪些人有专利申请权？为什么？

（2）专利局对这些申请该如何处理？为什么？

第 8 章

金　融　法

学习目标

通过本章的学习，要求：了解中国人民银行、商业银行的立法概况；掌握商业银行的组织机构、经营原则、业务范围；理解票据概念、特征、种类，汇票的概念及其与本票、支票的异同；掌握证券的概念和种类；掌握股票和债券上市的条件和程序。

引导案例

甲公司购买乙公司价值 30 万元的办公用品，向乙公司出具了一张 A 银行为付款人、票面金额为 30 万元的定日付款汇票。乙公司收到汇票后，向 A 银行提示承兑，A 银行予以承兑。后乙公司为偿付所欠丙公司 30 万元货款，将该汇票背书转让给丙公司，并在背书时记载“禁止转让”字样。丙公司购买原材料时，又将该汇票背书转让给债权人丁。丁于该汇票付款期限届满时，向 A 银行提示付款，A 银行以甲公司账户资金不足为由拒绝付款，并作成拒绝付款证明交给丁。

思考题：

根据《票据法》的规定，回答下列问题：

（1）A 银行拒绝付款的理由是否成立？简要说明理由。

（2）丁可以向哪些人行使追索权？简要说明理由。

8.1　金融法概述

1. 金融的概念

金融从字面词义上理解就是指货币的流通。但在现代经济条件下，金融的含义已远远超过其原有词义。就金融而言，它不仅包括货币、资金的筹集与融通，而且还包括在市场经济条件下发展起来的信用活动及相关的经济活动。

因此，金融是指货币流通和信用活动及与之相关的经济活动的总称。它具体包括货币的发行、流通与回笼，存款的吸收与付出，贷款的发放与收回，金银与外汇的买卖，有价证券的发行认购和转让买卖，保险和信托，以及国内与国际的货币结算等。

2．金融法的概念

金融法是调整金融法律关系的法律规范的总和。金融关系是指金融领域内有关经济主体发生的社会关系。

3．金融法的调整对象

金融社会关系错综复杂，包括社会货币资金的筹集、分配、融通、使用、管理及调控活动，甚至还包括货币金融的开采、买卖、管理等。这些关系就是金融法的调整对象，具体表现为以下三类。

（1）金融调控关系。金融调控关系即国家及有关的国家机关，以稳定金融市场、引导资金流向、控制信用规模为目的，对金融市场中的一些敏感数字实行调节和控制所产生的关系。在现在经济条件下，金融调控的手段主要是间接的。

（2）金融监管关系。金融监管关系即国家及有关的国家机关对金融市场、金融市场的参与者及金融市场的参与者之间的交易活动实施监督管理而产生的关系。在这种关系中，监管主体与被监管主体之间地位是不平等的，它们之间是一种命令与服从的关系。

（3）金融交易关系。金融交易关系即金融市场的参与者之间在平等、自愿、等价有偿的基础上所发生的存款、贷款、结算、外汇与证券买卖、保险、信托等关系。

4．金融法的体系结构

我国金融法的体系主要包括：金融组织法、金融调控法、间接融资法、直接融资法、特许融资法和金融中介法；银行法、信贷法、证券法、保险法、票据与支付法、涉外金融机构法；金融机构与金融监管法和金融服务市场管理条例、货币市场管理法、资本市场管理法；银行法、货币法、证券法、票据法、金融信托法、保险法。

8.2 中国人民银行法

8.2.1 中国人民银行的法律地位

《中国人民银行法》第二条规定，中国人民银行是中华人民共和国的中央银行。中国人民银行在国务院领导下，制定和执行货币政策，防范和化解金融风险，维护金融稳定。中国人民银行是代表国家进行金融管理和金融调控的特殊的金融机构，是我国金融活动的中心，处于金融组织体系的最高地位。

中国人民银行是中华人民共和国的中央银行，其全部资本由国家出资，属国家所有。中国人民银行是国务院监督管理全国金融事业的职能部门。

8.2.2　中国人民银行的职能

1．主要职能

（1）发行的银行。发行的银行是指世界各国的中央银行都享有货币的独占发行权，且法律规定该货币为国内唯一的法定货币，即以立法形式明确授予中央银行发行和管理货币的权力，拥有货币发行的垄断权。在我国，中国人民银行享有货币发行权，人民币是唯一合法货币。

（2）政府的银行。政府的银行即国家的银行，是指各国的中央银行都由国家掌握，中国人民银行就是由我国中央政府即国务院领导的银行。这是因为中央银行发行的货币是以国家信用做保证的，且中央银行代表国家制定和执行货币政策并通过货币政策的制定和执行来调控国民经济。即中国人民银行作为政府的银行，它服务于政府，并代表政府处理有关的金融事务。

（3）银行的银行。银行的银行主要是指中央银行作为最后贷款人，以商业银行为业务对象，对商业银行的支付能力和风险负有监护责任。

中国人民银行为商业银行等金融机构提供并办理如下业务：① 要求金融机构按照规定的比例交存存款准备金；② 确定中央银行的基准利率；③ 为在中国人民银行开立账户的金融机构办理再贴现；④ 向商业银行提供贷款；⑤ 向金融机构提供清算服务。

2．职责范围

按照《中国人民银行法》第四条的规定，中国人民银行依法履行下列 13 项职责：① 发布与履行其职责有关的命令和规章；② 依法制定和执行货币政策；③ 发行人民币，管理人民币流通；④ 监督管理银行间同业拆借市场和银行间债券市场；⑤ 实施外汇管理，监督管理银行间外汇市场；⑥ 监督管理黄金市场；⑦ 持有、管理、经营国家外汇储备、黄金储备；⑧ 经理国库；⑨ 维护支付、清算系统的正常运行；⑩ 指导、部署金融业及反洗钱工作，负责反洗钱的资金监测；⑪ 负责金融业的统计、调查、分析和预测；⑫ 作为国家的中央银行，从事有关的国际金融活动；⑬ 国务院规定的其他职责。中国人民银行依法监测金融市场的运行情况，对金融市场实行宏观调控，促进金融业的稳定、协调与健康发展。

8.2.3　人民币的发行和管理

1．人民币的法律地位

《中国人民银行法》第十六条规定，中华人民共和国的法定货币是人民币。这一规定表明了人民币的法律地位，即它是我国境内流通、使用的唯一合法货币。作为法定支付手段，以人民币支付我国境内的一切公共的和私人的债务，任何单位和个人不得拒收。我国实行独立、统一、稳定的货币政策。国家禁止金银、外币在国内市场自由流通。

2．人民币的发行

人民币的发行是指中国人民银行向流通市场投放现金的行为。发行人民币、管理人民币流通是《中国人民银行法》赋予中国人民银行的职责之一。《中国人民银行法》第十八条明确规定，人民币由中国人民银行统一印制、发行。

由于人民币的发行是基础货币的投放，它直接关系着货币币值的稳定，关系着整个国民经济的稳定，所以，长期以来，我国对人民币的发行一直坚持如下原则。

（1）集中统一发行原则。人民币由中国人民银行统一发行，其他任何地方、单位和个人都无权发行货币或变相货币。《中国人民银行法》第十九条明确规定，禁止在宣传品、出版物或者其他商品上非法使用人民币图样。《中国人民银行法》第四十四条规定，在宣传品、出版物或者其他商品上非法使用人民币图样的，中国人民银行应当责令改正，并销毁非法使用的人民币图样，没收违法所得，并处 5 万元以下罚款。

（2）经济发行原则。货币发行必须适应商品流通的需要。按照货币流通规律的要求，市场货币流通量应与商品流通量相适应，从而保证经济的健康发展。与经济发行相对应的是财政发行，它是为弥补国家财政赤字或应付财政支出紧张局面而采取的发行措施。理论和实践均证明，财政发行不符合经济发展的客观规律，容易导致通货膨胀，因此应坚决杜绝财政发行。

（3）计划发行原则。人民币的发行按货币发行计划进行。由中国人民银行提出货币发行计划，报国务院审批后实施。坚持计划发行可以保证市场物价和币值的稳定。

3．人民币的管理

《中国人民银行法》对人民币管理的规定主要有：禁止伪造、变造人民币；禁止出售、购买伪造、变造的人民币；禁止运输、持有、使用伪造、变造的人民币；禁止故意毁损人民币；禁止在宣传品、出版物或者其他商品上非法使用人民币图样；任何单位和个人不得印制、发售代币票券，以代替人民币在市场上流通；残缺、污损的人民币，按照中国人民银行的规定兑换，并由中国人民银行负责收回、销毁。1999 年 12 月，国务院专门制定《中华人民共和国人民币管理条例》。

8.2.4 中国人民银行的业务范围

1．作为政府银行的业务

（1）依照法律、行政法规的规定经理国库。

（2）代理国务院财政部门组织发行、兑付国债和其他政府债券。

（3）持有、管理、经营国家外汇储备、黄金储备。

（4）中国人民银行作为政府银行从事的其他业务。

2．作为银行的银行的业务

（1）中国人民银行可以根据需要，为银行业金融机构开立账户，但不得对银行业金融机构的账户透支。

（2）组织或者协助组织银行业金融机构相互之间的清算系统，协调银行业金融机构相互之间的清算事项，提供清算服务。

（3）根据执行货币政策的需要，可以决定对商业银行贷款的数额、期限、利率和方式，但贷款的期限不得超过一年。

（4）中国人民银行作为银行的银行从事的其他业务。

3．对金融业检查、监督的业务

《中国人民银行法》规定了中国人民银行有权对金融机构及其他单位和个人行为的检查、监督。

（1）执行有关存款准备金管理规定的行为。

（2）与中国人民银行特种贷款有关的行为。

（3）执行有关人民币管理规定的行为。

（4）执行有关银行间同业拆借市场、银行间债券市场管理规定的行为。

（5）执行有关外汇管理规定的行为。

（6）执行有关黄金管理规定的行为。

（7）代理中国人民银行经理国库的行为。

（8）执行有关清算管理规定的行为。

（9）执行有关反洗钱规定的行为。

另外，中国人民银行根据执行货币政策和维护金融稳定的需要，可以建议国务院银行业监督管理机构对银行业金融机构进行检查、监督。国务院银行业监督管理机构应当自收到建议之日起 30 日内予以答复。当银行业金融机构出现支付困难，可能引发金融风险时，为了维护金融稳定，中国人民银行经国务院批准，有权对银行业金融机构进行检查、监督。中国人民银行根据履行职责的需要，有权要求银行业金融机构报送必要的资产负债表、利润表及其他财务会计、统计报表和资料。中国人民银行与国务院银行业监督管理机构、国务院其他金融监督管理机构建立信息共享机构。

8.2.5 违反《中国人民银行法》的行为其应承担的法律责任

1．违反《中国人民银行法》的行为

（1）伪造、变造人民币，出售伪造、变造的人民币的，或者明知是伪造、变造的人民币而运输的。

（2）买卖伪造、变造的人民币或者明知是伪造、变造的人民币而持有、使用的。

（3）在宣传品、出版物或者其他商品上非法使用人民币图样的。

（4）印刷、发售代币券，以代替人民币在市场上流通的。

（5）违反法律、行政法规有关金融监管规定的。

（6）中国人民银行有违反有关业务规定行为的。

（7）地方政府、各级政府部门、社会团体和个人强令中国人民银行及其工作人员违反有关规定提供贷款或者担保的。

（8）中国人民银行的工作人员泄露国家秘密或者所知悉的商业秘密的。

（9）中国人民银行的工作人员贪污受贿、徇私舞弊、滥用职权、玩忽职守的。

2．违反《中国人民银行法》应承担的法律责任

对于违反《中国人民银行法》的有关规定的单位，中国人民银行应当责令其停业、改正违反行为，区别不同情形给予警告、没收违法所得、罚款等行政处罚，对负有直接责任的人员，情节轻微的，依法给予行政处分；构成犯罪的，依法追究刑事责任。当事人对行政处罚不服的，可以依照《中华人民共和国行政诉讼法》的规定提起行政诉讼。

《中国人民银行法》对于相关的民事赔偿责任做出明确规定，主要包括以下内容。

（1）中国人民银行有下列行为之一并造成损失的，负有直接责任的主管人员和其他直接责任人员应当承担部分或者全部赔偿责任：① 违反规定提供贷款的；② 对单位和个人提供担保的；③ 擅自动用发行基金的。

（2）地方政府、各级政府部门、社会团体和个人强令中国人民银行及其工作人员违反《中国人民银行法》的规定提供贷款或者担保，造成损失的，应当承担部分或者全部责任。

8.3 商业银行法

8.3.1 商业银行法概述

1．商业银行的概念

商业银行是指依照《商业银行法》和《公司法》设立的吸收公众存款、发放贷款、办理结算等业务的企业法人。由此可见，商业银行是依法成立，以营利为目的的法人组织，是经营货币金融业务的特殊企业。它既受《商业银行法》的调整，也受《公司法》的调整。

按照《商业银行法》的规定，我国的商业银行是实行自主经营、自担风险、自负盈亏、自我约束的经营金融业务的机构，它依法开展业务，不受任何单位和个人的干涉，并以其全部法人财产独立承担民事责任。

2．商业银行法的概念

商业银行法是指调整商业银行内外部关系的法律规范的总称。商业银行法有广义和狭义之分。广义的商业银行法是指一切规范商业银行的法律、法规和行政规章。狭义的商业银行法仅指立法机关颁布实行的《商业银行法》。

8.3.2 商业银行的设立和组织机构

1. 商业银行的设立

（1）商业银行设立条件。包括：有符合《商业银行法》和《公司法》规定的章程；有符合法律规定最低限额的注册资本；有具备任职专业知识和业务工作经验的董事、高级管理人员；有健全的组织机构和管理制度；有符合要求的营业场所、安全防范措施和与业务有关的其他设施。设立商业银行还应当符合其他审慎性条件。

（2）商业银行的注册资本。根据《商业银行法》的规定，设立全国性商业银行的注册资本最低限额为10亿元人民币，设立城市商业银行的注册资本最低限额为1亿元人民币。设立农村商业银行的注册资本最低限额为5 000万元人民币。注册资本应当是实缴资本。国务院银行业监督管理机构根据审慎监管的要求，可以调整注册资本最低限额，但不得少于前述规定的限额。

（3）商业银行的设立程序。设立商业银行，申请人应当经国务院银行业监督管理机构审查批准。经审查符合条件的，申请人应填写正式申请表，并提交法律规定的文件、资料。对于正式批准设立的商业银行，由国务院银行业监督管理机构颁发经营许可证。申请人凭该经营许可证，向工商行政管理机关办理注册登记，领取企业法人营业执照，对于经批准设立的商业银行分支机构，也应由国务院银行业监督管理机构颁发经营许可证。申请人凭该许可证向工商行政管理部门办理登记，领取营业执照。

【法律提示】

《商业银行法》第十一条规定，设立商业银行，应当经国务院银行业监督管理机构审查批准。未经国务院商业银行监督管理机构批准，任何单位和个人不得从事吸收公众存款等商业银行业务，任何单位不得在名称中使用“银行”字样。

2. 商业银行的组织形式

根据《商业银行法》第十七条的规定，商业银行的组织形式、组织机构适用我国《公司法》的规定。因此，商业银行的组织形式是采取《公司法》要求的有限责任公司和股份有限公司形式。

3. 商业银行的组织机构

按照《商业银行法》和《公司法》的规定，商业银行设股东会（股东大会）、董事会、监事会。董事会可聘任总经理。国有独资商业银行不设股东会，设立监事会。监事会的产生办法由国务院规定。监事会对国有独资商业银行的信贷资产质量、资产负债比例、国有资产保值增值等情况，以及高级管理人员违反法律、行政法规或者章程的行为和损害银行利益的行为进行监督。

8.3.3 商业银行的经营原则和业务范围

1. 商业银行的经营原则

（1）商业银行经营的一般原则。商业银行作为市场主体之一，其经营与一般企业并无二样，应该遵守以下原则：① 平等、自愿、公平和诚实信用的原则；② 不得损害国家利益、社会公共利益的原则；③ 公平竞争的原则。

（2）商业银行经营的特有原则。《商业银行法》第四条规定了商业银行经营的特有原则：① 安全性原则，是指商业银行按期收回资本本息的可靠程度；② 流动性原则，是指银行资产和负债在无损状态下迅速变现的能力，也就是银行能随时应付客户提取存款或满足必要存款的能力；③ 效益性原则，是指商业银行通过业务经营产生效益。在商业银行的经营原则中，效益性是目的。商业银行作为一个企业，追求经济效益是它的内在要求和动力，追求效益贯穿于银行经营的全部过程。

2. 商业银行的业务范围

《商业银行法》第三条规定，商业银行可以经营下列部分或者全部业务：吸收公众存款；发放短期、中期和长期贷款；办理国内外结算；办理票据承兑与贴现；发行金融债券；代理发行、代理兑付、承销政府债券；买卖政府债券、金融债券；从事同业拆借；买卖、代理买卖外汇；从事银行卡业务；提供信用证服务及担保；代理收付款项及代理保险业务；提供保管箱服务；经国务院银行业监督管理机构批准的其他业务。经营范围由商业银行章程规定，报中国银监会批准，可以经营结汇、售汇业务。

《商业银行法》第四十三条规定，商业银行在中华人民共和国境内不得从事信托投资和证券经营业务，不得向非自用不动产投资者或者非银行金融机构和企业投资，但国家另有规定的除外。

8.3.4 商业银行的变更、接管与终止

1. 商业银行的变更

商业银行设立后，在经营过程中，由于各种原因，原审批注册登记事项会发生变化。《商业银行法》第二十四条规定，商业银行有下列变更事项之一的，应当经国务院银行业监督管理机构批准：① 变更名称；② 变更注册资本；③ 变更总行或者分支行所在地；④ 调整业务范围；⑤ 变更持有资本总额或者股份总额5%以上的股东；⑥ 修改章程；⑦ 国务院银行业监督管理机构规定的其他变更事项。更换董事、高级管理人员时，应当报经国务院银行业监督管理机构审查其任职资格。《商业银行法》第二十五条规定，商业银行的分立、合并，适用《中华人民共和国公司法》的规定。商业银行的分立、合并，应当经国务院银行业监督管理机构审查批准。

2．商业银行的接管

（1）接管条件。商业银行已经或者可能发生信用危机，严重影响存款人的利益时，中国银监会可以对银行实行接管。

（2）接管目的。接管目的是对被接管的商业银行采取必要措施，以保护存款人的利益，恢复商业银行的正常经营能力。被接管的商业银行的债权债务关系不因接管而变化。

（3）接管决定。接管由中国银监会决定并组织实施。中国银监会的接管决定应当载明下列内容：① 被接管的商业银行名称；② 接管理由；③ 接管组织；④ 接管期限。接管决定由中国银监会予以公告。

（4）接管效力。接管自接管决定实施之日起开始。自接管开始之日起，由接管组织行使商业银行的经营管理权力。接管期限届满，中国银监会可以决定延期，但接管期限最长不得超过两年。

（5）接管终止。有下列情形之一的，接管终止：① 接管决定规定的期限届满或者中国银监会决定的接管延期届满；② 接管期限届满前，该商业银行已恢复正常经营能力；③ 接管期限届满前，该商业银行被合并或者被依法宣告破产。

【小思考】商业银行出现信用危机严重影响存款人利益时，可由中央银行对其实行接管，实行接管后，商业银行的债权和债务由接管组织概括承受，请问这种说法正确吗？

3．商业银行的终止

（1）因解散而终止。银行解散程序包括两个：① 申请解散；② 国务院银行业监督管理机构批准解散。

商业银行解散时，应当依法成立清算小组，进行清算，按照清偿计划及时偿还存款本金和利息等负债。国务院银行业监督管理机构监督清算过程。

（2）因撤销而终止。商业银行因违法、违规，被吊销经营许可证的，被国务院银行业监督管理机构撤销。当银行被吊销营业许可证时，国务院银行业监督管理机构应当依法组织清算，立即开始清算。

（3）因破产而终止。银行因不能偿还到期债务，发生信用危机时，经过国务院银行业监督管理机构同意，由人民法院宣布破产。

（4）因清算而终止。银行的清算程序与一般公司清算程序不同，银行的法定清算程序是：① 支付清算费用；② 清偿所欠职工的工资和劳动保险；③ 支付个人储蓄存款的本金和利息；④ 偿还有优先权的债权人债务；⑤ 偿还其他一般债务人的债务；⑥ 股东分配剩余财产。

【小思考】某商业银行破产清算时先清算费用，然后支付个人储蓄存款的本金和利息，最后支付所欠职工工资和劳动保险费用，请问这种清偿顺序正确吗？

8.3.5 违反商业银行法应承担的法律责任

1．民事责任

（1）商业银行应承担的民事责任。商业银行有下列情形之一，对存款人或者其他客户造成财产损害，应当承担支付迟延履行的利息及其他民事责任：① 无故拖延、拒绝支付存款本金和利息的；② 违反票据承兑等结算业务规定，不予兑现，不予收付入账，压单、压票或者违反规定退票的；③ 非法查询、冻结、扣划个人储蓄存款或者单位存款的；④ 违反《商业银行法》的规定对存款人或者其他客户造成损害的其他行为。

（2）商业银行工作人员应承担的民事赔偿责任。商业银行的工作人员利用职务上的便利，索取、收受贿赂或者违反国家规定收受各种名义的回扣、手续费，发放贷款或者提供担保造成损失的，应当承担全部或者部分赔偿责任。商业银行的工作人员违反规定徇私向亲属、朋友发放贷款或者提供担保造成的，应当承担全部或者部分赔偿责任。商业银行的工作人员对单位或者个人强令其发放贷款或者提供担保未予拒绝的，应当给予纪律处分；造成损失的，应当承担全部或者部分赔偿责任。

（3）第三人应承担的民事赔偿责任。单位或者个人强令商业银行发放贷款或者提供担保的，应当对直接负责的主管人员、其他直接责任人员和个人给予纪律处分；造成损失的，应当承担全部或者部分赔偿责任。

2．行政责任

（1）《商业银行法》中行政责任的分类。行政责任按照行使行政处罚主体的不同，可以分为国务院银行业监督管理机构的行政处罚和中国人民银行的行政处罚；按照行政处罚的方式不同，可分为责令改正、没收违法所得、行政罚款、责令停业整顿、吊销经营许可证、取缔等；按照责任主体的不同，可分为对商业银行的处罚、对个人的处罚及处分。

（2）具体规定。商业银行违反《商业银行法》规定的，国务院银行业监督管理机构可以区别不同情形，取消其直接负责董事、高级管理人员一定期限直至终身的任职资格，禁止直接负责董事、高级管理人员和其他直接责任人员一定期限直至终身从事银行业工作。商业银行的行为尚不构成犯罪的，对直接负责董事、高级管理人员和其他直接责任人员，给予警告，处5万元以上50万元以下罚款。

（3）对行政责任的救济。商业银行及其工作人员对国务院银行业监督管理机构、中国人民银行的处罚决定不服的，可以依照《中华人民共和国行政诉讼法》的规定向人民法院提起诉讼。

8.4　票据法

8.4.1　票据法概述

1．票据的概念、特征和种类

票据有广义和狭义两种理解。广义的票据相当于有价证券，泛指一切体现商事权利或具有财产价值的书面凭证，权利的发生、转移和行使均以持有该凭证为必要。狭义的票据则专指票据法所规定的汇票、本票和支票。在法律上所说的票据，仅指狭义的票据，即由出票人签发的、约定由自己或者自己委托的人无条件支付确定的金额给持票人的有价证券。

（1）票据的特征。要据的特征主要有：① 票据是设权证券；② 票据是货币证券或称金钱证券；③ 票据是要式证券；④ 票据是无因证券；⑤ 票据是流通证券；⑥ 票据是文义证券；⑦ 票据是提示证券；⑧ 票据是返还证券。

（2）票据的种类。根据《中华人民共和国票据法》的规定，我国法定的票据种类有三种：① 汇票，汇票是出票人签发的，委托付款人在见票时或者在指定日期无条件支付确定的金额给收款人或者持票人的票据，汇票分为银行汇票和商业汇票两种；② 本票，本票是出票人签发的，承诺自己在见票时无条件支付确定的金额给收款人或者持票人的票据，我国《票据法》上所称的本票是指银行本票；③ 支票，支票是出票人签发的，委托办理支票存款业务的银行或其他金融机构在见票时无条件支付确定的金额给收款人或者持票人的票据。

2．票据法

（1）票据法的概念。票据法是调整票据关系的法律规范的总称。票据法有广义、狭义之分。狭义的票据法，指由国家立法机关按照一定体系制定的以“票据法”为名称的单行法律，如《中华人民共和国票据法》(简称《票据法》)。广义的票据法，指一切有关票据的法律规范。广义的票据法不仅包括名为“票据法”的票据规范，还包括其他法律中对票据的规定，如民法中可以适用于票据的规范（人的行为能力制度、代理制度、动产物权制度等）、刑法中有关票据的规定（如伪造有价证券罪）、民事诉讼法中关于票据的规定（公示催告和除权判决、票据纠纷的诉讼等规范）。

（2）我国的票据立法概况。为适应市场经济的发展和金融体制改革深化的要求，1995 年 5 月 10 日，第八届全国人民代表大会常务委员会第 13 次会议通过了《中华人民共和国票据法》。自 1996 年 1 月 1 日《票据法》施行以后，中国人民银行先后发布了《商业银行汇票承兑、贴现与再贴现管理暂行办法》、《票据管理实施办法》、《支付结算办法》。2004 年 8 月 28 日第十届全国人民代表大会常务委员会第 11 次会议通过了《关于修改〈中华人民共和国票据法〉的决定》，进一步完善了我国的票据法制度。

3．票据行为

票据行为，指票据关系的当事人之间以发生、变更或消灭票据关系为目的而进行的法律行为，即以负担票据债务为目的而在票据上为意思表示的法律行为。

（1）票据行为的种类。

1）主票据行为，又称基本票据行为，是指能够引起票据法律关系发生的行为。主票据行为仅指出票行为，它是指出票人签发票据并将其交付给收款人的票据行为。出票是制作票据的原始行为，是汇票、本票、支票所共有的行为，包括签发票据和支付票据两个行为。出票是创设票据权利的行为，是从票据行为有效成立的前提。只有主票据行为依法成立，票据才能有效。

2）从票据行为，是指能够引起票据法律关系变更或消灭的行为，包括背书、承兑、参加承兑、保证和保付等。由于这些行为要以票据已经出票为前提，要附属于主票据行为（出票）而存在，故又称附属票据行为。

（2）票据行为的代理。票据行为的代理，又称票据代理，是指代理人基于被代理人（本人）的授权，在票据上明示本人的名义，表明为本人代理的意思并签名的行为。

1）越权代理指票据代理人超越代理权限而为的票据行为。越权部分由越权代理人自己承担责任。我国《票据法》第五条第二款规定，代理人超越代理权限的，应当就其超越权限的部分承担票据责任。

2）无权代理是指代理人没有代理权而以代理人的名义在票据上签名的行为。我国《票据法》规定，没有代理权而以代理人名义在票据上签章的，应当由签章人承担票据责任。

3）自己代理是指代理人以本人名义同自己发生法律关系；双方代理则是指在同一法律关系中代理人同时代理双方当事人的法律行为。票据法和民法一样，规定自己代理和双方代理为无效。

4）表见代理是指代理人虽然没有代理权，但是客观上有足以使第三人相信其有代理权的理由而为的票据代理行为。表见代理成立时，持票人既可以向本人主张权利，也可以向无权代理人主张权利。

（3）票据权利。

1）票据权利的概念。票据权利是指持票人享有的能够请求票据债务人支付票据金额的权利，包括付款请求权和追索权。

① 付款请求权是指票据债权人请求票据主债务人或者其他付款义务人按照票载金额支付金钱的权利。付款人请求权是第一次请求权，其权利主体是持票人，其主债务人是汇票的承兑人、本票的出票人及支票的付款人。其他付款义务人是参加付款人、参加承兑人、担当付款人等。

② 追索权是指持票人于不获付款、不获承兑或其他法定原因发生时，在保全票据权利的基础上，向除主债务人以外的前手（包括出票人、背书人或其他债务人）请求偿还票据金额及其损失的权利。被追索人已为清偿，而对另外的相对人再行使追索权，称为再追索权。追索权虽

然在有其他法定原因（如不获承兑、破产宣告）时也可在票据到期日前行使，但在原则上是为票据不获付款时而设立的票据权利，一般应在票据到期不获付款时才能使用，所以称其为第二次请求权。同时，追索权的行使，不仅是为了追回票据金额，而且在支付内容上增加了有关费用，如票载金额利息、做成拒绝证书的费用等，因此，追索权又被称为偿还请求权。

2）票据权利的取得。票据权利是证券化权利，是以持有票据为依据的，因此，行为人合法、有效地取得了票据，即取得了票据权利。当事人取得票据主要有以下几种情况：① 从出票人处取得；② 从持有票据的人（持票人）处受让取得；③ 依照法定方式，如税收、继承、企业合并等方式取得票据。

按照《票据法》的规定，行为人合法取得票据，便依法取得票据权利，但应注意以下问题。票据的取得，必须给付对价，即应当给付票据双方当事人认可的相对应的代价。法定情形下票据取得不受给付对价的限制。我国《票据法》一方面强调票据的取得要以真实的交易关系和债权、债务关系为基础，要以给付对价为必要；另一方面也承认一些例外情况下无偿取得票据行为的有效性。《票据法》第十一条规定，因税收、继承、赠与可以依法无偿取得票据的，不受给付对价的限制。但是，所享有的票据权利不得优于其前手的权利。这里的前手是指在票据签章人或者持票人之前签章的其他票据债务人。

【法律提示】

《票据法》第十二条规定，以欺诈、盗窃、胁迫、恶意或重大过失而取得票据的；或者明知前列情形，出于恶意取得票据的，不得享有票据权利。持票人因重大过失取得不符合本法规定的票据的，也不得享有票据权利。

（4）票据抗辩权。票据抗辩权是指票据债务人依照票据法享有的、因法定事由的存在而对抗持票人，拒绝履行票据债务的权利。

1）票据抗辩权的种类。根据抗辩的事由及其效力的不同，票据抗辩可以分为物的抗辩和人的抗辩两类。物的抗辩权又称绝对抗辩或者客观抗辩，是指基于票据本身所存的事由而发生的抗辩。因抗辩事由是基于票据这个客观物体而发生，故称物的抗辩；又因该抗辩事由可以对一切持票人提出，所以又称绝对抗辩。

2）票据抗辩权的限制。票据抗辩权的限制是指票据法规定的票据债务人对特定持票人不得抗辩的限制。《票据法》第十三条规定，票据债务人不得以自己与出票人或者与持票人的前手之间的抗辩事由，对抗持票人。但是，持票人明知存在抗辩事由而取得票据的除外。

3）票据抗辩权限制制度的除外规定。有下列情形之一的，票据抗辩权不受限制：① 持票人明知票据债务人与出票人或者与自己的前手之间有抗辩事由，仍收取票据的；② 持票人无对价取得票据的。无对价取得票据者，继受其前手的权利瑕疵，票据债务人与该持票人前手之间的抗辩事由，不但未被“切断”，反而转移至持票人，故持票人请求付款时，被请求的债务人不得以无对价取得为由，行使抗辩权，拒绝其请求。

8.4.2 汇票

1．汇票的概念和种类

汇票是出票人或者承兑人对付款人或者受托付款人发出的一个支付指令，要求后者在接到到期汇票时无条件地向持票人支付票据上记载的款项，付款人付款后所有的汇票关系就此消灭，如果不能付款，持票人即可行使追索权，直至票据权利实现为止。我国《票据法》第十九条规定，汇票是出票人签发的，委托付款人在见票时或者在指定日期无条件支付确定的金额给收款人或者持票人的票据。这个概念比较准确地反映了汇票的特征和作用。

根据汇票指定的付款日期的不同，可将汇票分为即期汇票和远期汇票；根据汇票出票人的不同，可将汇票分为银行汇票和商业汇票；根据票据上是否记载收款人的姓名或商号，可将汇票分为记名汇票与无记名汇票。

2．汇票出票

（1）汇票出票的概念。出票是指出票人依照《票据法》的要求记载汇票所必须记载的事项，签署自己的姓名、加盖单位公章（或者与银行约定的财务章），然后交付给收款人的票据行为。由于票据的背书、保证、承兑、付款和追索等行为都产生在出票行为之后，所以人们将出票行为称为基础票据行为，由出票行为陆续产生之后的各种票据权利和义务。

（2）汇票出票的记载事项。根据我国《票据法》第二十二条第一款规定，汇票必须记载以下事项：① 表明“汇票”的字样；② 有无条件支付的委托；③ 确定的金额；④ 付款人的名称；⑤ 收款人的名称；⑥ 出票日期；⑦ 出票人签章。

相对必要记载事项是指在出票时应当予以记载，但如果未做记载，票据法另有补充规定，汇票并不因此失效。它主要包括以下事项：付款日期、付款地、出票地。

任意记载事项是指出票人可以自由选择是否记载的事项，但是一经记载即发生票据法上的效力。我国《票据法》第二十七条第二款规定，出票人在汇票上记载“不得转让”字样的，汇票不得转让。可见，出票人可以自由决定是否在汇票上记载“不得转让”。如果不做记载，汇票效力不因此受到影响。

不得记载的事项是指出票人在出票时有些事项是不得记载的，否则此项记载无效。根据我国《票据法》第二十六条的规定，出票人签发汇票后，即承担保证该汇票承兑和付款的责任。如果出票人违反此项规定，在汇票上记载了“免除担保承兑和免除担保付款”，该项记载无效，汇票的效力并不因此受影响。

【法律提示】

《票据法》第二十三条规定，汇票上记载付款日期、付款地、出票地等事项的，应当清楚、明确；汇票上未记载付款日期的，为见票即付；汇票上未记载付款地的，付款人的营业场所、住所或者经常居住地为付款地；汇票上未记载出票地的，出票人的营业场所、住所或者经常居住地为出票地。

3．背书转让

（1）背书交付。背书交付是指收款人（持票人）以转让票据权利为目的在汇票上签章并做必要的记载所做的一种附属票据行为。转让人称为背书人，受让人称为被背书人。《票据法》第二十七条规定，持票人可以将汇票权利转让给他人或者将一定的汇票权利授予他人行使，此种行为应当背书并交付汇票。

1）背书交付的要求。汇票以背书转让或者以背书将一定的汇票权利授予他人行使时，必须记载被背书人的名称，个人须记本名，单位须记载注册登记的全称，交付票据是背书转让票据行为的结果。

2）背书的例外。根据《票据法》第三十六条的规定，汇票被拒绝承兑、被拒绝付款或者超过付款提示期限的，不得背书转让；背书转让的，背书人应当承担汇票责任。

（2）背书的法律后果。

1）权利的取得。被背书人因为不是收款人，其取得汇票并行使汇票权利时，须按《票据法》第三十一条的规定证实自己的身份，即以背书转让的汇票，背书应当连续。持票人以背书的连续，证明其汇票权利；非经背书转让，而以其他合法方式取得汇票的，须依法举证，例如，因继承取得票据的须持有被继承人死亡证书和继承票据公证书，以证明自己的票据权利；因破产取得票据的，须持有法院的破产裁定书和清算凭证等，以证明自己的票据权利。

2）背书须连续。《票据法》规定的背书连续是指在票据转让中，转让汇票的背书人与受让汇票的被背书人在汇票上的签章依前后次序衔接。如果中间缺少相连的环节，即构成空白背书，而我国的《票据法》是不承认空白背书的 ，结果将是导致不能行使汇票权利。

3）被背书人的责任。以背书转让的汇票，后手应当对其直接前手背书的真实性负责。后手是指受让票据人，其直接前手是指转让票据人。《票据法》做此规定是为了使被背书人证实自己的票据权利是从前手中受让而来，来路清晰，不存在背书不连续的瑕疵。

4）背书人的连带责任。背书人背书转让汇票后，即承担保证其后手所持汇票承兑和付款的责任，背书人在汇票得不到承兑或者付款时，应当向持票人清偿《票据法》第七十条和第七十一条规定的金额和费用。此规定是为了保证汇票流通信用的可靠性，保障持票人的利益的连带责任措施。

（3）汇票背书转让的限制。

1）出票人在汇票上记载“不得转让”字样的，汇票不得转让；否则出票人及付款人将有权对非收款人的持票人拒绝承兑或拒绝付款。依照《最高法院关于审理票据纠纷若干问题的规定》第四十八条，《票据法》第二十七条的规定，票据的出票人在票据上记载“不得转让”字样，票据持有人背书转让的，背书行为无效。背书转让后的受让人不得享有票据权利，票据的出票人、承兑人对持票人不承担票据责任。

2）票据权利不得分割，汇票须完整转让，将汇票金额的一部分转让的背书，或将同一张汇票金额分别转让给两人以上的背书无效。

3）背书不得附有条件，《票据法》规定，背书附有条件的，所附条件不具有汇票上的效力。背书人所记载的任何条件都将被视为无记载，持票人不得请求付款人按此条件承兑或付款，也不得将此条件作为再背书转让的优惠吸引他人接受让与。

4）背书记载“委托收款”字样的，被背书人有权代背书人行使被委托的汇票权利。《联合国国际汇票和国际本票公约》（草案）第二十条规定，背书含有诸如“托收用”、“存款用”、“价值在托收中”、“委托代理”、“向银行付款”等字样的，托收人仅得为托收目的而在票据上背书，并且对票据的任何后手持票人不承担责任。据此判断我国《票据法》规定，背书记载“委托收款”字样的汇票，受托人的票据权利也应限于为受托事项而背书，在此情况下不用承担背书后的票据责任，如果付款人仍然付款的，即构成票据法上规定的重大过错付款，付款人须承担相应的法律责任。

5）不得转让的情形：汇票被拒绝承兑、被拒绝付款或者超过付款提示期限的，不得背书转让；背书转让的，背书人应当承担汇票责任。

4．汇票承兑

承兑是指汇票付款人承诺在到期日支付汇票金额的票据行为。我国《票据法》规定的三种票据中只有商业汇票才有承兑制度，目的是明确出票人在汇票中所记载的事项是否为付款人所承认，如果同意承兑，在票据的正面加盖“承兑”印章并签章后，就成为该汇票的主债务人。

（1）提示承兑。

1）提示承兑是指持票人向付款人出示汇票，并要求付款人承诺付款的行为。我国《票据法》第三十九条规定，定日付款或者出票后定期付款的汇票，持票人应当在汇票到期日前向付款人提示承兑。定日付款和出票后定期付款都是远期汇票，持票人不能立即行使票据权利，而提示承兑便成为行使请求付款权的前提，此程序是付款人保障付款资金安全所设立，持票人不得绕过承兑程序直接要求主债务人付款。

2）提示承兑的期间，《票据法》第四十条规定，见票后定期付款的汇票，持票人应当自出票日起1个月内向付款人提示承兑。汇票未按照规定期限提示承兑的，持票人丧失对其前手的追索权。见票后定期付款是指汇票经承兑后，按照申请承兑人和承兑行达成的承兑协议中约定的日期付款。

（2）提示承兑的例外。见票即付的汇票无须承兑，在银行承兑汇票法律关系中，银行只是受托付款人，只要出票人的账上有足够的存款就必须无条件的付款，《票据法》规定，须在持票人提示付款的当日付款，不得以该汇票未经承兑而拒绝立即付款，否则就构成拒绝付款，有损银行信用，须承担由拒付导致的财产责任和相关的行政责任。

5．汇票保证

（1）汇票保证的概念及效力。

1）汇票保证是指汇票除主债务人及连带债务人以外的第三人以承担无条件付款为目的，在汇票上签章及记载必要事项的票据行为。其中担保汇票付款者称为保证人，被担保的汇票债务人称被保证人。汇票保证以担保汇票付款、增强信用为目的，有利于保障交易安全。

2）汇票保证的效力是指保证人在汇票上签章即构成保证责任，保证人应当与被保证人对持票人承担连带责任。汇票到期后，被保证人为主债务人的不能付款时，持票人有权向保证人请求付款，保证人应当无条件付款；当汇票被付款人拒付，持票人向连带债务人追索，为被追索的连带债务人担保的保证人承担连带无条件付款责任。保证人清偿汇票债务后，代替被追索的债务人取得汇票权利，可以行使持票人对被保证人及其前手的追索权。

（2）汇票保证主体的限制。国家机关、以公益为目的的事业单位、社会团体、企业法人的分支机构和职能部门作为票据保证人的，票据保证无效，但经国务院批准为使用外国政府或者国际经济组织贷款进行转贷，国家机关提供票据保证的，以及企业法人的分支机构在法人书面授权范围内提供票据保证的具有法律效力。

（3）汇票保证的例外。《票据法》第四十九条规定，被保证人的债务因汇票记载事项欠缺而无效的除外。这是因为保证是一种附属票据行为，是建立在有效的汇票债权债务关系上的担保关系，当主票据行为（如有汇票必要记载事项欠缺、记载事项违法等原因）不能生效时，作为保证的从票据行为自然也就失效，持票人不得主张向保证人行使追索权。

6．付款

（1）付款的概念。付款是债务人将票面金额无条件付给持票人的票据行为，是持票人实现经济利益的行为。在法律上付款是指消灭票据法律关系的事实，主债务人的义务就此结束，在票据上留有签章的所有连带债务人的义务也告结束，所以付款是票据的终结行为。《票据法》第六十条规定，付款人依法足额付款后，全体汇票债务人的责任解除。

（2）付款的程序。

1）付款提示。付款提示是指持票人向付款人或代理人实际支出汇票，以请求其付款的行为。付款提示的当事人，一方为提示人，另一方为被提示人。提示人通常是持票人，但也可以是受持票人委托的收款银行和票据交换中心。被提示人包括付款人、付款人委托的付款银行及票据交换中心。

2）实际付款。持票人依照前条规定提示付款的，付款人必须在当日足额付款。我国《票据法》采用付款人即时足额付款原则，不允许付款人延期付款、部分付款。付款的标的物在通常情况下是人民币。

3）交回汇票。汇票是交回证券，付款人付款后，持票人应将汇票交给付款人。

【法律提示】

《票据法》第五十三条规定，持票人应当按照下列期限提示付款：① 见票即付的汇票，自出票日起1个月内向付款人提示付款；② 定日付款、出票后定期付款或者见票后定期付款的汇票，自到期日起10日内向承兑人提示付款。

持票人未按照前款规定期限提示付款的，在做出说明后，承兑人或者付款人仍应当继续对持票人承担付款责任。

通过委托收款银行或者通过票据交换系统向付款人提示付款的，视同持票人提示付款。

7．追索权

（1）追索权的法律性质。汇票到期被拒绝承兑或拒绝付款的，持票人可以对背书人、出票人、保证人及汇票的其他债务人行使追索权。追索权是持票人在第一次请求付款受到拒绝后，按顺序行使的第二次请求权，第一次请求权是请求主债务人付款，这是持票人的基本票据权利，在主债务人拒绝付款或无力付款时，持票人可行使第二次请求权，要求所有在汇票上签名的人中的一人、数人或全体人员，偿付汇票金额。

（2）追索权的行使。

1）追索的条件。《票据法》第六十二条规定，持票人行使追索权时，应当提供被拒绝承兑或者被拒绝付款的有关证明。付款请求权是持票人享有的第一顺序权利，追索权是持票人享有的第二顺序权利，这种权利的行使必须具备汇票原件及下列任意一个证明文件：承兑人出具的拒绝承兑证明、承兑人或付款人出具的退票理由书、医疗机构出具的死亡证书、司法机关出具的通缉令、法院做出的破产裁定书。只有票据原件和拒绝证明同时具备才能行使追索权。

2）拒绝证明的效力。拒绝证明是持票人行使追索权的法律根据之一，没有拒绝证明就不能向除承兑人或付款人以外的连带债务人请求偿还汇票金额。因此持票人在承兑或付款受到拒绝时，应当注意以下两点：其一，要求承兑人或付款人出具拒绝证明或者退票理由书；其二，承兑人或者付款人不出具拒绝证明或者退票理由书的，应当承担由此产生的民事责任，包括无条件付款的责任。

3）通知前手。通知是指持票人承兑汇票或请求付款受到拒绝时，以及具有其他不能行使请求付款权的情形时，在行使追索权前，将不能行使请求付款权的事实书面告诉其前手及所有汇票债务人的一种票据行为，其内容应当记明汇票的主要记载事项，并说明该汇票已经不能得到付款的情况。《票据法》第六十六条规定，持票人应当自收到被拒绝承兑或者被拒绝付款的有关证明之日起3日内，将被拒绝事由书面通知其前手；其前手应当自收到通知之日起3日内书面通知其再前手。持票人也可以同时向各汇票债务人发出书面通知。未按上述期限通知的，持票人仍可行使追索权。但是，因延期通知给其前手造成损失的，如由于债务人逃亡、隐匿等情况导致无法追索的，由没有按照规定期限通知的汇票当事人承担对该损失的赔偿责任。

（3）追索的例外。

1）持票人为出票人的，对其前手无追索权。在此汇票的出票人就是主债务人，银行汇票的主债务人是出票行，商业汇票的主债务人是买卖合同中的买方，根据票据的基础关系，出票人应当承担付款的责任，在他将汇票交付给收款人时即意味着届期要无条件付款，如果收款人背书转让，被背书人也进行了背书转让后，又转让给出票人时，出票人只有第一次票据权利请求付款权，没有向其后手追索的第二次票据权利。

2）持票人为背书人的，对其后手无追索权。这是因为背书人的后手是被背书人，其汇票权利自背书人手中取得，该汇票对背书人来说应当具有充分的汇票权利，当汇票经过若干次转让，又转回背书人手中时，他仍然不能否认自己曾经对该汇票做过的真实性的保证。所以，在行使追索权时应当以其在票据上第一次签章记载确定其前后手位置，不得以最后一次记载的位置行使追索权。

【法律提示】

《票据法》第六十一条，汇票到期被拒绝付款的，持票人可以对背书人、出票人及汇票的其他债务人行使追索权。汇票到期日前，由下列情形之一的，持票人也可以行使追索权：① 汇票被拒绝承兑的；② 承兑人或者付款人死亡、逃匿的；③ 承兑人或者付款人被依法宣告破产的或者因违法被责令终止业务活动的。

8.4.3　本票

1. 本票的概念和种类

（1）本票的概念。本票是指出票人签发的，承诺自己在见票时无条件支付确定的金额给持票人的票据。在国外，本票依持票人的不同可分为银行本票和商业本票，我国《票据法》只承认银行本票，即银行签发的承诺自己在见票时无条件支付确定的金额给收款人或者持票人的票据。

（2）本票的种类。

1）以本票上是否记载本票权利人的方式为标准，可将本票分为记名式本票、指示式本票和无记名式本票，这一分类的各种本票，意义与汇票中同一分类相同，仅是票种、票名不同，如记名式本票与记名式汇票的相同处在于均为记名式票据。

2）以本票上制定的到期日方式为标准，可将本票分为到期本票和远期本票。

3）以本票的出票人为标准，本票可分为银行本票和商业本票。银行签发的本票为银行本票，其他企事业单位和个人签发的本票为商业本票。

2. 本票的出票

（1）本票出票的效力。

1）持票人取得本票权利，对出票人有付款请求权和追索权。本票权利是票据权利，包括付款请求权和追索权。

2）出票人负有直接无条件付款的责任。出票人因出票行为，对持票人负担了直接付款、无条件付款的票据责任。

（2）本票的记载事项。本票是一种要式证券，因此，我国《票据法》对本票的记载事项做了明文规定。本票必须记载以下事项：① 表明“本票”的字样；② 无条件的支付承诺；③ 确定的金额；④ 收款人名称；⑤ 出票日期；⑥ 出票人签章。

本票上未记载上述事项之一的，本票无效。同时，《票据法》要求本票上记载付款地、出票地等事项的，应当清楚、明确，本票上未记载付款地的以出票人的营业场所为付款地；本票上未记载出票地的，以出票人的营业场所为出票地。

3. 本票行为的法律规定

本票行为包括出票、背书、保证、付款及追索权的行使等，其基本法律规定同汇票。另外，《票据法》及有关法规还规定，本票的出票人必须具有支付本票金额的可靠资金来源，并保证支付；本票的出票人限于经人民银行批准办理本票业务的银行机构；本票出票人在持票人提示见票时，必须承担付款责任；本票的付款期限自出票日起最长不得超过 2 个月；本票的持票人未按照规定提示见票的，丧失对出票人以外的前手的追索权。

8.4.4 支票

1. 支票的概念和种类

支票是指出票人签发的，委托办理支票存款业务的银行或者其他金融机构在见票时无条件支付确定的金额给收款人或者持票人的票据。

支票的种类如下：

（1）现金支票指票据正面印有“现金”字样，只能用来支取现金的支票。

（2）转账支票指票据正面印有“转账”字样，只能用来转账的支票。

（3）普通支票指票据上未印有“现金”或“转账”字样的，即可用来支取现金也可用来转账的支票。但是，普通支票左上角画两条平行线的为画线支票。画线支票只能用来转账，不得支取现金。

2. 支票的出票

（1）支票的出票应遵循的规定。支票的出票除应遵循《票据法》总则及对汇票相关行为的有关规定外，还必须遵守以下规定。

1）开立支票存款账户，申请人必须使用其本名，并提交证明其身份的合法证件。账户开立和支票领用，应当有可靠的资信，并存入一定的资金，开立支票存款账户，申请人应当预留其本名的签名式样和印鉴；

2）支票的出票人所签发的支票金额不得超过其付款时在付款人处实有的存款金额。出票人签发的支票金额超过其付款时在付款人处实有的存款金额的，为空头支票。禁止签发空头支票。支票的出票人不得签发与其预留本名的签名式样或者印鉴不符的支票。

（2）支票的记载事项。根据《票据法》规定，支票必须记载下列事项：① 表明“支票”的字样；② 无条件支付的委托；③ 确定的金额；④ 付款人名称；⑤ 出票日期；⑥ 持票人签章。

另外，《票据法》还规定，支票上的金额可以由出票人授权补记，未补记前的支票，不得使用；支票上未记载收款人名称的，经出票人授权可以补记；支票上未记载付款地的，以出款人的营业场所为付款地；支票上未记载出票地的，以出票人的营业产所、住所或者经常居住地为出票地；出票人可以在支票上记载自己为收款人；支票付款人为支票上记载的出票人开户银行。

3．支票的付款

（1）提示时间。支票的持票人应当自出票日起 10 日内提示付款；异地使用的支票，其提示付款的期限由人民银行另行规定。超过提示付款期限提示付款的，付款人可以不予付款；付款人不予付款的，出票人仍应对持票人承担票据责任。

（2）支付。支票限于见票即付，不得另行记载付款日期。另行记载付款日期的，该记载无效。出票人必须按照签发的支票金额承担保证向该持票人付款的责任。出票人在付款人处的存款足以支付支票金额时，付款人应当在当日足额付款。

（3）付款责任的解除。付款人依法支付支票金额的，对出票人不再承担委托付款责任，对持票人不再承担付款责任。但是，付款人以恶意或者有重大过失付款的除外。

【案例聚焦】

建筑公司到五金商店购买 2 000 元电器设备，当场提货，以空白转账支票付款，注明限额 2 500 元。五金商店开具了发票，双方即时结清。10 天以后，建筑公司发现有 8 万元被这张支票划走，遂要求五金商店赔偿。五金商店声称，建筑公司到货当天，一个自称建筑公司工作人员的人来到商店，说支票印章有问题，改用现金支付，用 2 000 元现金换走支票。五金商店没有核对此人身份。之后，该支票被转入其他银行账户，金额为 8 万元。原注明“限额 2 500 元”被涂改。建筑公司要求五金商店赔偿，五金商店拒绝。应该由谁对被冒用空白支票负责？

8.4.5 违反票据法的法律责任

1．票据欺诈行为的法律责任

票据欺诈属于金融欺诈的一种，是利用票据进行欺诈活动的行为。有下列票据欺诈行为之一的，依法追究刑事责任：① 伪造、变造票据的；② 故意使用伪造、变造票据的；③ 签发空头支票或者故意签发与其预留的本名签名式样或者印鉴不符的支票，骗取财物的；④ 签发无可靠资金来源的汇票、本票，骗取资金的；⑤ 汇票、本票的出票人在出票时做虚假记载，骗取财物的；⑥ 冒用他人的票据，或者故意使用过期或作废的票据，骗取财物的；⑦ 付款人同出票人、持票人恶意串通，实施前6项所列行为之一的。有上述行为之一，情节轻微，不构成犯罪的，依照国家有关规定给予行政处罚。

2．金融机构工作人员违法行为的法律责任

金融机构工作人员在票据业务中玩忽职守，对违反《票据法》有关规定的票据予以承兑、付款或者保证的，给予处分；造成重大损失，构成犯罪的，依法追究刑事责任。由于金融机构工作人员上述行为给当事人造成损失的，由该金融机构和直接责任人员依法承担赔偿责任。

3．票据付款人违法行为的法律责任

票据的付款人对见票即付或者到期的票据故意压票，拖延支付的，由金融机构的行政管理部门予以罚款，对直接责任人员予以处分。付款人的上述行为给持票人或者他人造成损失的，依法承担赔偿责任。

8.5 证券法

8.5.1 证券和证券法概述

1．证券的概念和种类

证券是指载有一定金额的、代表财产所有权或债券的一种证书。它既是现代社会的一种金融商品，又是一种融资工具，体现着金融资产。

证券有广义和狭义之分。广义的证券指有价证券和证据证券。有价证券根据其所代表的财产所有权的经济性质的不同，可分为货币证券、财物证券和资本证券。其中货币证券主要是汇票、支票和本票；财物证券主要是栈单、提货单和货运凭证；资本证券主要是股票、债券、投资基金等。证据证券根据证明的内容不同，主要包括借据、收据和保险单等。狭义的证券仅指资本证券，如股票、债券和投资基金，它是指资金需求者通过直接融资方式从资金供应者直接获得资金后，向资金提供者签发的证券。

2．证券法概述

证券法是规定证券的种类及其在一级市场的发行和二级市场的交易中所产生的社会关系的法律规范的总称。

证券法的基本原则如下：

（1）公平原则又称公示原则，即所谓披露信息制度，它是指在证券发行和交易过程中，证券发行人和其他有关当事人，必须依法及时、准确地向社会公众披露能够影响投资者做出投资决定的一切信息资料。也就是说，投资者只有在获得全面、准确和完整信息的基础上，才能够为自己做出的投资选择承担风险。

（2）平等原则，是指在证券发行和交易活动中，投资人、发行人、证券商和证券专业服务机构等市场主体的法律地位平等，即平等地享受权利和承担义务，公平地开展竞争，合法权益受到公平保护。

（3）公正原则，是指在证券市场中，立法者应制定公正的规则，司法和管理者应该按照这一规则公正地执行法律，对于一切被监管者予以公正待遇。

除此之外，证券市场也应当遵守《民法》中的自愿、等价有偿、诚实信用原则。

【小思考】某公司要增发 H 股，在其发行方案规定，① 允许证券投资基金仅需缴纳 20%的定金即可获得与其他投资者相同的中签机会；② 允许证券投资基金超出自身资产净值规模申报、申购。请问，该行为是否符合公平原则？

8.5.2 证券发行与承销

1．证券发行

证券发行是指证券发行人依照法定程序将自己的证券出售或交付给投资者的行为。依证券发行对象是否特定可分为公募发行和私募发行；依证券种类不同可分为股票发行和债券发行；依证券发行是否通过证券承销机构可分为直接发行和间接发行；依证券发行目的不同可分为设立发行和增资发行；依证券发行价格与证券票面金额或贴现金额的关系不同可分为平价发行、溢价发行和折价发行。

2．证券承销

证券承销是指证券公司等证券经营机构依照承销协议包销或者代销发行人所发行的股票和债券或其他投资证券的行为。证券承销方式有两种：代销和包销。证券代销是指证券公司代发行人发售证券，在承销期结束时，将未售出的证券全部退还给发行人的承销方式。证券包销是指证券经营机构将发行人的证券按照协议全部购入或者在承销期结束后将售后剩余证券全部自行购入的承销方式。证券包销的发行风险归属证券经营机构，它是我国目前证券承销所采用的主要承销方式，不仅适用于股票发行，也适用于公司债券的发行。证券包销分为全额包销和余额包销两种形式。全额包销是指证券经营机构以自己拥有的资产一次性全部买进证券发行人发行的证券，再以唯一的销售者身份，以市场价格向公众发售的销售方式。余额包销是指证券经营机构在承销期结束时将售后剩余证券全部自行购入的承销方式。

【法律提示】

《证券法》第二十九条规定，公开发行证券的发行人有权依法自主选择承销的证券公司。证券公司不得以不正当竞争手段招揽证券承销业务。

《证券法》第三十条规定，证券公司承销证券，应当同发行人签订代销或者包销协议，载明下列事项：① 当事人的名称、住所及法定代表人姓名；② 代销、包销证券的种类、数量、金额及发行价格；③ 代销、包销的期限及起止日期；④ 代销、包销的付款方式及日期；⑤ 代销、包销的费用和结算办法；⑥ 违约责任；⑦ 国务院证券监督管理机构规定的其他事项。

8.5.3 证券上市与交易制度

1．证券上市

证券上市是发行人发行的有价证券，依据法定的条件和程序，在证券交易所集中竞价交易的行为。

（1）证券上市的条件。

1）股票上市的条件。股份有限公司申请股票上市，应当符合下列条件：股票经国务院证券监督管理机构核准已公开发行；公司股本总额不少于人民币 3 000 万元；公开发行的股份达到公司股份总数的 25%以上；公司股本总额超过人民币 4 亿元的，公开发行股份的比例为 10%以上；公司最近 3 年无重大违法行为，财务会计报告无虚假记载。

2）公司债券上市的条件。公司申请公司债券上市交易，应当符合下列条件：公司债券的期限为 1 年以上；公司债券实际发行额不少于人民币 5 000 万元；公司申请债券上市时仍符合法定的公司债券发行条件。

（2）证券的暂停、终止上市。

1）股票的暂停、终止上市。

① 上市公司有下列情形之一的，由证券交易所决定暂停其股票上市交易：公司股本总额、股权分布等发生变化不再具备上市条件；公司不按照规定公开其财务状况，或者对财务会计报告做虚假记载，可能误导投资者；公司有重大违法行为；公司最近 3 年连续亏损；证券交易所上市规则规定的其他情形。

② 上市公司有下列情形之一的，由证券交易所决定终止其股票上市交易：公司股本总额、股权分布等发生变化不再具备上市条件，在证券交易所规定的期限内仍不能达到上市条件；公

司不按照规定公开其财务状况，或者对财务会计报告做虚假记载，且拒绝纠正；公司最近 3 年连续亏损，在其后一个年度内未能恢复赢利；公司解散或者被宣告破产；证券交易所上市规则规定的其他情形。

2）公司债券的暂停、终止上市。

① 公司债券上市交易后，公司有下列情形之一的，由证券交易所决定暂停其公司债券上市交易：公司有重大违法行为；公司情况发生重大变化不符合公司债券上市条件；发行公司债券所募集的资金不按照核准的用途使用；按照公司债券募集办法履行义务；公司最近 2 年连续亏损。

② 公司有暂停债券上市交易第 1 项、第 4 项所列情形之一且经查实后果严重的，或者有第 3 项、第 5 项所列情形之一，在限期内未能消除的，由证券交易所决定终止其公司债券上市交易。公司解散或被宣告破产的，由证券交易所终止其公司债券上市交易。

2. 证券交易

（1）证券交易的条件。证券交易的条件是指在证券市场上公开进行交易的证券必须符合法律规定的相关条件才能买卖。证券交易的条件主要包括以下内容：① 证券交易当事人依法买卖的证券，必须是依法发行并交付的证券，非经法定程序发行的证券，不得买卖；② 依法发行的股票、公司证券及其他证券法律对其转让期限有限制性规定的，在限定期限内，不得买卖；经依法核准的上市交易的股票、公司证券及其他证券，应当在证券交易所挂牌交易。

（2）证券交易的程序。首先，投资者在二级市场买卖证券前，须选择一家证券公司作为自己的代理交易人，存入一定的保证金，在保证金融额度内买进证券，卖出证券的金额自动存放在保证金账户，投资者可以随时投进或者取出保证金账户内的资金。其次，证券交易必须以现货方式进行，证券公司不得从事向客户融资或者融券的证券交易活动。再次，投资者需要按交易金额的 2‰缴纳印花税，证券公司对股票交易收取 3.5‰的佣金。最后，股票交易实行涨跌停板制：在一个交易日内，某个个股的价位升幅或降幅不得超过 10%，超过的就在当日提前结束交易。

3. 信息公开制度

信息公开制度是指上市公司在证券发行和交易过程中，必须真实、准确、完整、及时地按照法律规定的形式向公众投资者公开一切有关公司重要信息的制度，从而使上市公司的证券能够在有效、公开、知情的市场中进行交易。

发行股票、公司债券的公司，必须按照公司法的规定，经中国证监会批准后，公开必须具备的文件，发行人必须根据真实、完整的原则公告招股说明书、公司债券募集办法，依法发行新股票或者公司债券的，还应当公告财务会计报告。发行人在此过程中，不得在文件上有虚假记载、误导性陈述或者重大遗漏。

8.5.4 证券监督管理制度

1. 证券监督管理概述

证券监督管理是指监管机构依据证券法规，对证券发行、交易和服务活动实施的监督与管理。证券监督管理制度就是关于证券监督管理机构对证券发行、交易与服务活动实施监督管理的一系列规范的总称。它包括证券监督管理的目标和原则，证券监督管理体制，证券监督管理机构的性质、职责权限、法律责任，以及证券监督管理的国际合作等内容。

证券监督管理原则是指证券监督管理活动本身应当遵循的基本准则。它贯穿于证券监督管理活动的始终，对证券监督管理行为具有指导性作用，有助于保障证券监督管理目标的实现。证券监督管理原则主要包括依法监管原则、适当监管原则、效率原则、自律管理与政府监管相结合原则等。

2. 证券监督管理机构的职责

（1）依法制定有关证券市场监督管理的规章、规则。证券市场要规范化、法制化，仅有狭义的证券法是不够的，还需要一系列配套的行政法规和部门规章及各种规则。且证券监督管理机构要依法监督管理证券市场，也必须通过制定规章和准则来实现，但前提是必须依法制定，不能超越立法权限。

（2）依法行使审批或者核准权。根据《证券法》的规定，证券公司的设立、变更、终止，在境外设立、收购或者参股证券经营机构，为客户买卖证券提供融资融券服务；证券登记结算机构的设立、解散等都需要证券监督管理机构的审批或核准。

（3）依法对证券的发行、交易、登记、存管、结算进行监督管理。《证券法》对证券的发行、交易、登记、存管、结算等环节均有详尽的规定，为保证《证券法》的实施，维护证券市场的秩序，《证券法》赋予证券监督管理机构在证券发行与交易诸环节中的监管职责。

（4）依法对证券发行人、上市公司、证券公司、证券投资基金管理公司、证券服务机构、证券交易所、证券登记结算机构的证券业务活动，进行监督管理。

（5）依法监督检查证券发行、上市和交易的信息公开情况。信息公开有利于提高证券市场的透明度，从而有利于保护证券投资者。为保证证券发行、上市，交易的信息公开做到及时、真实、准确，使投资者得到平等的信息获取机会和交易机会，国务院证券监督管理机构负有依法监督检查证券发行、上市和交易的信息公开情况的职责。

（6）依法对违反证券市场监督管理法律、行政法规的行为进行查处。

（7）法律、行政法规规定的其他职责。

此外，随着我国证券市场的对外开放，证券监督管理的国际合作问题日益突出。新修订的《证券法》适应我国证券市场发展的趋势，规定国务院证券监督管理机构可以和其他国家或者地区的证券监督管理机构建立监督管理合作机制，实施跨境监督管理。

练 习 题

一、单项选择题

1. 中国人民银行不能从事的业务是（　　）。

A．再贴现　　B．经理国库　　C．公开市场业务　　D．向地方政府贷款

2．根据《证券法》的规定，股份有限公司申请证券上市交易，应当向特定机构申请，由该机构依法审核同意，并由双方签订上市协议后方可上市，该特定机构是（　　）。

A．国务院证券监督管理机构　　B．证券交易所

C．国务院授权的部门　　D．省级人民政府

3．甲在一张承兑汇票上签署“保证”字样，并记载自己为保证人，但没有记载被保证人的名称，则下列说法正确的是（　　）。

A．该汇票无效　　B．出票人为被保证人

C．承兑人为被保证人　　D．甲的票据保证行为无效

4．甲将一汇票背书转让给乙，但该汇票上未记载乙的名称。其后，乙在该汇票被背书人栏内记载了自己的名称。根据《票据法》的规定，下列有关该汇票背书与记载效力的表述中，正确的是（　　）。

A．甲的背书无效，因为甲未记载被背书人乙的名称

B．甲的背书无效，且将导致该票据无效

C．乙的记载无效，应由背书人甲补记

D．乙的记载有效，其记载与背书人甲记载具有同等法律效力

5．下列关于证券交易所职责的表述中，不符合证券法律制定规定的是（　　）。

A．公布证券交易即时行情并按交易日制作市场行情表

B．决定公司债券的暂停或终止上市

C．因突发性事件采取技术性停牌应报国务院证券监督管理机构批准

D．根据需求，可对出现重大异常交易情况的证券账户限制交易，并报国务院证券监督管理机构备案

二、多项选择题

1．根据《人民银行法》的规定，中国人民银行为执行货币政策，可以运用以下（　　）货币政策。

A．法定存款准备金　　B．基准利率

C．再贴现　　D．向商业银行提供贷款

2．根据《票据法》的规定，下列情形中，属于汇票背书行为无效的有（　　）。

A．附有条件的背书

B．只将汇票金额的一部分进行转让的背书

C．将汇票金额分别转让给予二人或二人以上的背书

D．背书人在汇票上记载“不得转让”，其后手又进行背书转让的

3．根据《票据法》的规定，下列情形中，将导致支票无效的有（　　）。

A．支票上未记载付款地

B．支票上未记载付款日期

C．支票金额中文大写与数码记载不一致

D．支票的出票日期被更改

4．根据上市公司收购法律制度的规定，下列情形中，属于表明投资者获得或拥有上市公司控制权的有（　　）。

A．投资者为上市公司持股50%以上的控股股东

B．投资者可实际支配上市公司股份表决权超过30%

C．投资者通过实际支配上市公司股份表决权能够决定公司董事会1/3成员选任

D．投资者依其可实际支配的上市公司股份表决权足以对公司股东大会的决议产生重大影响

5．根据《证券法》的规定，证券投资咨询机构及其从业人员不得从事的证券服务业务的行为有（　　）。

A．代理委托人从事证券投资

B．与委托人约定分享证券投资收益

C．买卖本咨询机构提供服务的上市公司股票

D．利用传播媒介向投资者推荐上市公司股票

三、案例分析题

1．甲公司作为出票人，为支付装修费用签发支票一张，付款人为A银行，收款人为乙公司，金额为150万元。乙公司为支付从丙商场购货货款而将该支票背书转让给丙商场。丙商场持票据向A银行提示付款，A银行因甲公司支票存款账户上资金不足而退票。丙商场先后要求乙公司、甲公司支付票款，乙公司以该票据付款责任在甲公司为由拒绝，甲公司以乙公司所提供的装修不符合约定为由也拒绝付款。

问题：

（1）丙商场持有票据享有什么票据权利？这些权利是如何行使的？

（2）甲公司和乙公司的抗辩是否正确？为什么？

（3）丙商场在这种情形下可采取什么做法维护自身权益？

2．2013年1月15日，红花公司和月华公司签订买卖合同。合同约定：红花公司向月华公司开出30万元的银行承兑汇票作为预付款，其余货款待货物交付验收后结算；票据不得转让；

承兑银行为A银行，到期日为2013年4月1日。2013年1月20日，红花公司开出汇票，A银行作了承兑。同年2月1日蓝天公司向月华公司催要欠款，月华公司将该汇票背书转让给蓝天公司，蓝天公司随后将汇票向B银行贴现。后红花公司发现月华公司产品存在质量问题而拒绝提货，至2013年3月29日双方协商未果。红花公司行使单方解除权解除合同，并通知A银行不得支付该汇票金额。2013年4月1日汇票到期，B银行向A银行提示付款，A银行以红花公司通知银行止付为由拒绝支付。

问题：

（1）月华背书转让汇票给蓝天公司的行为是否有效？

（2）A银行的拒付理由是否成立？A银行是否存在抗辩事由？

（3）A银行在拒付的情况下，B银行如何利用《票据法》中的制度维护自己的利益？

第 9 章

税　　法

学习目标

通过对本章的学习，要求：理解税收和税法的概念，理解税法的原则；掌握税法的构成要素；了解我国现行税收的分类；掌握增值税、消费税、营业税、企业所得税、个人所得税的基本内容，并能熟练计算；掌握税收征收管理法的内容。

引导案例

李某原系上海某电子技术有限公司总经理，有关资料显示，2009—2011 年，李某涉嫌利用职务之便大量偷逃税款。

税务稽查人员于 2012 年年底来到某电子技术有限公司河南分公司将该公司有关账册调回进行检查表明，近三年来李某合计应纳个人所得税共计 392 074.14 元，已代扣代缴税款 120 711.15 元，应补缴个人所得税 271 362.99 元。其中，因不申报纳税造成少缴个人所得税 21 956.85 元，因提成奖金不申报少缴个人所得税 225 126.14 元，因扣缴义务人未按规定足额代扣代缴少缴个人所得税 24 280 元。同时，李某为取得更多的个人收入，利用职务之便，指使公司财务人员以莫须有的“电脑耗材”等名目计入“管理费用”，通过虚假报销，取得个人收入。掌握了这个情况，稽查人员认真核对了该公司的报销凭证，后经陈某、公司财务人员指证和李某自己交代，2009 年 1 月 1 日—2011 年 12 月 31 日，李某个人以虚假报销、虚列费用的方式少缴个人所得税 22 5126.14 元。

思考题：

（1）税务局对李某虚假报销取得收入行为如何定性？怎样处罚？

（2）税务局对李某不选择异地进行工资、薪金合并申报纳税如何定性？怎样处罚？

9.1 税法概述

9.1.1 税收概述

1．税收的概念

税收是国家为满足社会公共需要，凭借公共权力，按照法律所规定的标准和程序，参与国民收入分配，强制地、无偿地取得财政收入的一种方式。

在我国，税收是财政收入的主要来源。目前，我国税收收入已占国家财政收入的90%以上；税收是调控经济运行的重要手段，政府运用税收手段，既可以调节宏观经济总量，也可以调节经济结构；税收也是调节收入分配的重要工具，如个人所得税实行超额累进税率，具有高收入者适用高税率、低收入者适用低税率或不征税的特点，有助于调节个人收入分配，促进社会公平；税收还具有监督经济活动的作用。

我国社会主义制度下，国家、集体和个人之间的根本利益是一致的，税收具有“取之于民，用之于民”的本质特征。

2．税收的主要特征

（1）强制性。税收的强制性主要体现在征税过程中，主要是指国家以社会管理者的身份，用法律、法规等形式对征收捐税加以规定，并依照法律强制征税。

（2）无偿性。税收的无偿性是指国家征税后，税款一律纳入国家财政预算，由财政统一分配，而不直接向具体纳税人返还或支付报酬。税收的无偿性表现为个体的无偿性、整体的有偿性。税收的无偿性是对个体纳税人而言的，其享有的公共利益与其缴纳的税款并非一对一的对等，但就纳税人的整体而言则是对等的，政府使用税款的目的是向社会全体成员包括具体纳税人提供社会需要的公共产品和公共服务。

（3）固定性。税收的固定性是指国家征税必须通过法律的形式，预先规定征税对象、纳税人和征税标准等征税规范，按照预定的标准征税。

税收的三个特征是统一的整体，相互联系，缺一不可。无偿性是税收这种特殊分配手段本质的体现，强制性是实现税收无偿征收的保证，固定性是无偿性和强制性的必然要求。三者相互配合，保证了政府财政收入的稳定。

9.1.2 税法的含义

1．税法的概念

税法是国家制定的用以调整国家与纳税人之间在征纳税方面的权利及义务关系的法律规范的总称。税法是国家及纳税人依法征税、依法纳税的行为准则。

制定和实施税法的目的就是保障国家利益和纳税人的合法权益，维护正常的税收秩序，保证国家的财政收入。

2．税法的基本原则

（1）税收公平原则。税收公平原则的基本含义是，税收负担必须依据纳税人的负担能力分配，负担能力相等者税负相同，负担能力不等者税负不同。当纳税人的负担能力（纳税能力）相等时，是以纳税人获得收入（取得所得）的能力，为确定负担能力的基本标准，但当所得指标不完备时，财产或消费水平可作为补充指标；当纳税人的负担能力不等时，应当根据其从政府活动中期望得到的利益大小缴税或使社会牺牲最小。

（2）税收法定原则。税收法定原则是指，由于税收是国家为实现职能而对单位和个人占有的部分财产的强制再分配，税收征收管理对单位和个人的基本财产权利有重要影响，同时也对国家利益有重要影响，因此，课税要素的全部内容必须由法律规定。课税要素主要包括纳税人、征税机关、征税对象、税率、税收优惠、征税基本程序、税务争议的解决办法等，这些课税要素是纳税义务成立的必要条件。课税要素由法律确定，才能保证依法设定纳税义务。我国的法律是由全国人民代表大会及其常委会制定的，我国《立法法》也明确规定，国家税收基本制度属于全国人民代表大会及其常委会的立法事项，所以，实施税收征收管理活动必须严格遵守法律的规定。税收征收管理必须依照法律规定进行，这是税收法定原则的重要内容，体现了税收法定原则的要求，是由税收的本质决定的。

（3）实质课税原则。实质课税原则，即量能课税原则，是指应根据纳税人的真实负担能力决定纳税人的税负，不能仅考核其表面上是否符合课税要件。这是因为纳税人是否满足课税要件，其外在形式和内在真实之间，往往因一些客观因素或纳税人的刻意伪装而产生差异。例如，纳税人借转让定价而减少计税所得，按其确定的价格计税则不能反映其真实所得。税务机关根据实质课税原则，有权重新估定计税价格，并据以计算应纳税额。

9.1.3　税法要素

税法的构成即税收法律规范的内部结构，它由以下要素构成。

1．纳税人

纳税人又称纳税主体，是税法要素的最基本内容之一。根据税收法定原则中课税要素法定的要求，纳税人必须依法确定。因此，法律、行政法规规定负有纳税义务的单位和个人为纳税人。纳税人有三个主要特征：① 纳税人是由法律、行政法规确定的；② 纳税人负有依法缴纳税款的义务；③ 纳税人可以是自然人，也可以是法人。

2．征税对象

征税对象又称纳税客体，主要是指税收法律关系中征纳双方权利义务所指向的物或行为。征税对象是税收制度最基本的要素，也是一种税收区别于另一种税收的主要标志。在现代社会，国家的课税对象主要包括所得、商品和财产三类，国家的税制往往也是以对应于这三类课税对象的所得税、商品税和财产税为主体。

3．税目

税目是指税法中规定的征税对象的具体项目，是征税对象的具体化。它反映了具体的征收范围，代表了征税广度，是一个税种课征制度组成的要素。并不是所有的税种都规定税目，有些税种征税对象简单、明确，没有另行规定税目的必要。设计税目的方法有两种：一是列举法，二是概括法。与此相对应，税目可分为列举税目和概括税目。

税目具有两方面的作用：一是明确征税的范围，体现征税的广度，凡属于列举税目之内的产品或收入为课税对象，反之则为非应税对象；二是对具体征税项目进行归类和界定，以使针对不同的税目确定差别税率。

4．税率

税率是应纳税额与征税对象之间的比例，通常用百分比来表示。税率的高低，直接关系到国家征税的数量和纳税人的税收负担，因而它是税收制度的中心环节。税率主要有以下几种形式。

（1）比例税率。比例税率是对同一征税对象不分数额大小，规定相同的征税比例的税率。流转税一般都实行比例税率。比例税率又分为统一比例税率和差别比例税率。前者指一种税只设置一种比例税率，所有纳税人都按同一税率纳税；后者指一种税设两种或两种以上的比例税率。

（2）累进税率。累进税率又称累进税制，指随同征税对象数量的增大，征税比例随之提高的税率，被称为经济的“自动稳定器”，一般适用于收益、财产征税。它可分为全额累进税率和超额累进税率。此外，由于计税依据、减税免税、加成征税、加倍征税、偷税漏税等原因造成纳税人的实际税率与税法所规定的税率即名义税率不相等。

（3）定额税率。定额税率是指征税对象的计量单位直接规定为纳税的绝对额的税率形式，适用于从量征收的税种。

5．计税依据

计税依据是指计算应纳税额根据的标准，即根据什么来计算纳税人应缴纳的税额。计税依据与征税对象虽然同样是反映征税的客体，但两者要解决的问题不相同。征税对象解决对什么征税的问题，计税依据则是确定了征税对象之后，解决如何计量的问题。计税依据分为从价计征和从量计征两种类型。从价计征的税收，以征税对象的自然数量与单位价格的乘积作为计税依据；从量计征的税收，以征税对象的自然实物量作为计税依据，该项实物量以税法规定的计量标准（重量、体积、面积等）计算。

6．纳税环节

纳税环节主要指税法规定的征税对象在从生产到消费的流转过程中应当缴纳税款的环节。

纳税环节的存在，取决于课税客体即征税对象的运动属性，包括所处位置的变换和所有者的变更。国家在规定某种征税对象时，尚必须明确规定其纳税环节，即发生纳税义务的时间和场所。

7. 纳税期限

纳税期限是指纳税人发生纳税义务后向国家缴纳税款的期限。例如，企业所得税在月份或者季度终了后15日内预缴，年度终了后4个月内汇算清缴，多退少补；营业税的纳税期限分别为5日、10日、15日或者1个月，纳税人的具体纳税期限，由主管税务机关根据纳税人应纳税额的大小分别核定，不能按照固定期限纳税的，可以按次纳税。

8. 减免税

减免税主要是对某些纳税人和征税对象采取减少征税或者免予征税的特殊规定。减免税只能由法律、行政法规做出规定，或者法律、行政法规授权国务院做出规定。减免税是对某些纳税人和征税对象给予鼓励和照顾的一种措施。减免税的类型有一次性减免税、一定期限的减免税、困难照顾型减免税、扶持发展型减免税等。

9. 法律责任

法律责任是对违反税法规定的单位和个人采取的处罚措施。法律责任一般包括违法行为和因违法而应承担的法律责任。违法行为主要是指违反税法规定的行为，包括作为与不作为。税法中的法律责任既包括行政责任，也包括刑事责任。无论是国家税务机构工作人员，还是纳税人，只要违反税法的规定，均应依法承担相应的法律责任。

9.1.4 税收的分类

税收分类是以一定的目的和要求出发，按照一定的标准，对各不同税种隶属税类所做的一种划分。我国的税种分类主要有以下几种。

1. 按课税对象分类

按照课税对象的不同，我国的现行税种包括流转税、所得税、财产税、行为税与资源税。

（1）流转税。流转税是以商品生产流转额和非生产流转额为课税对象征收的一类税。流转税是我国税制结构中的主体税类，目前包括增值税、消费税、营业税和关税等税种。

（2）所得税。所得税也称收益税，是指以各种所得额为课税对象的一类税。所得税也是我国税制结构中的主体税类，目前包括企业所得税、个人所得税等税种。

（3）财产税。财产税是指以纳税人所拥有或支配的财产为课税对象的一类税，包括遗产税、房产税、契税、车辆购置税和车船税等。

（4）行为税。行为税是指以纳税人的某些特定行为为课税对象的一类税。我国现行税制中的城市维护建设税、固定资产投资方向调节税、印花税、屠宰税和筵席税都属于行为税。

（5）资源税。资源税是指对在我国境内从事资源开发的单位和个人征收的一类税。我国现行税制中资源税、土地增值税、耕地占用税和城镇土地使用税都属于资源税。

2．按税收的管理和使用权限为标准分类

（1）中央税。中央税是指由中央政府征收和管理使用或由地方政府征收后全部划归中央政府所有并支配使用的一类税。例如，我国现行的关税和消费税等。这类税一般收入较大，征收范围广泛。

（2）地方税。地方税是指由地方政府征收和管理使用的一类税。例如，我国现行的个人所得税、屠宰税和筵席税等（严格来讲，我国的地方税目前只有屠宰税和筵席税）。这类税一般收入稳定，并与地方经济利益关系密切。

（3）中央与地方共享税。中央与地方共享税是指税收的管理权和使用权属中央政府和地方政府共同拥有的一类税。例如，我国现行的增值税和资源税等。这类税直接涉及中央与地方的共同利益。

【相关链接】

国税系统负责征收管理的税种：增值税，消费税，铁道、各银行总行、保险总公司集中缴纳的营业税、企业所得税、城市维护建设税，中央企业企业所得税，地方银行和外资银行及非银行金融企业所得税，海洋石油企业企业所得税、资源税、印花税（证券交易部分），境内外商投资企业和外国企业企业所得税，中央税的滞补罚收入，车辆购置税。

地税系统负责征收管理的税种：营业税、个人所得税、土地增值税、城市维护建设税、车船税、房产税、烟叶税、资源税、城镇土地使用税、耕地占用税、企业所得税（除国税征管部分）、印花税（除国税征管部分）、筵席税、地方税的滞补罚收入、教育费附加。

3．按税收的计算依据为标准分类

（1）从量税。从量税是指以课税对象的数量（重量、面积、件数）为依据，按固定税额计征的一类税。

从量税实行定额税率，具有计算简便等优点。例如，我国现行的资源税、车船使用税和土地使用税等。

（2）从价税。从价税是指以课税对象的价格为依据，按一定比例计征的一类税。

从价税实行比例税率和累进税率，税收负担比较合理。例如，我国现行的增值税、营业税、关税和各种所得税等税种。

【相关链接】

（1）价内税。价内税是指税款在应税商品价格内，作为商品价格一个组成部分的一类税。例如，我国现行的消费税、营业税和关税等税种。

（2）价外税。价外税是指税款不在商品价格之内，不作为商品价格的一个组成部分的一类税。例如，我国现行的增值税（目前商品的价税合一并不能否认增值税的价外税性质）。

9.2 流转税

流转税又称商品税，是以纳税人的商品流转额和非商品流转额为征税对象的一类税收。其中，商品流转额是指因销售或购进商品而发生的货币金额，既可以是销售商品的收入额，也可以是购进商品支付的金额；非商品流转额是指各种劳动收入或服务性业务收入金额。

流转税主要包括增值税、消费税、营业税、关税等，是我国税收的主要来源。流转税法律制度在整个税法体系中也占有重要地位。

9.2.1 增值税法律制度

我国对增值税的征收主要依据 1993 年 12 月 13 日中华人民共和国国务院令第 134 号发布，2008 年 11 月 5 日国务院第三十四次常务会议修订通过的《中华人民共和国增值税暂行条例》及其实施细则。

1. 增值税的含义

增值税是指，以在中华人民共和国境内销售货物或者提供加工、修理修配劳务以及进口货物的单位和个人取得的增值额为课税对象计算税款，并实行税款抵扣制的一种税。增值税以增值额为课税对象，以销售额或营业额为计税依据，同时实行税款抵扣制的计税方式，决定其属于流转税性质的税种。

对于增值税定义的理解，应当重点界定几个词汇。货物，是指有形动产，包括电力、热力、气体在内；加工，是指受托加工货物，即委托方提供原料及主要材料，受托方按照委托方的要求，制造货物并收取加工费的业务；修理修配，是指受托对损伤和丧失功能的货物进行修复，使其恢复原状和功能的业务；销售货物，是指有偿转让货物的所有权。单位或者个体工商户聘用的员工为本单位或者雇主提供加工、修理修配劳务，不包括在内。

另外，为避免单位或者个体工商户不合理避税，对于下列行为，视同销售货物：将货物交付其他单位或者个人代销；销售代销货物；设有两个以上机构并实行统一核算的纳税人，将货物从一个机构移送其他机构用于销售，但相关机构设在同一县（市）的除外；将自产或者委托加工的货物用于非增值税应税项目；将自产、委托加工的货物用于集体福利或者个人消费；将自产、委托加工或者购进的货物作为投资，提供给其他单位或者个体工商户；将自产、委托加工或者购进的货物分配给股东或者投资者；将自产、委托加工或者购进的货物无偿赠送其他单位或者个人。

2．纳税人

在中华人民共和国境内销售货物或者提供加工、修理修配劳务以及进口货物的单位和个人，为增值税的纳税人。这里的单位，是指企业、行政单位、事业单位、军事单位、社会团体及其他单位。个人，是指个体工商户和其他个人。

根据经营规模大小及会计核算健全与否，纳税人分为一般纳税人和小规模纳税人。其中小规模纳税人的认定标准是：

（1）从事货物生产或者提供应税劳务的纳税人，以及以从事货物生产或者提供应税劳务为主，并兼营货物批发或者零售的纳税人，年应征增值税销售额（简称应税销售额）在 50 万元以下（含本数，下同）的。

（2）其他的纳税人，年应税销售额在 80 万元以下的。

（3）年应税销售额超过小规模纳税人标准的其他个人按小规模纳税人纳税；非企业性单位、不经常发生应税行为的企业可选择按小规模纳税人纳税。小规模纳税人的销售额不包括其应纳税额。

3．税率

增值税税率实行比例税率，纳税人销售进口货物或者提供加工、修理修配劳务，基本税率为 17%，低税率为 13%。

（1）纳税人销售或者进口货物，除（2）、（3）规定外，税率为 17%。

（2）纳税人销售或者进口下列货物，税率为 13%：粮食、食用植物油；自来水、暖气、冷气、热水、煤气、石油液化气、天然气、沼气、居民用煤炭制品；图书、报纸、杂志；饲料、化肥、农药、农机、农膜；国务院规定的其他货物。

（3）纳税人出口货物，税率为零；但是，国务院另有规定的除外。

（4）纳税人提供加工、修理修配劳务（简称应税劳务），税率为 17%。

（5）小规模纳税人增值税征收率为 3%。

4．我国增值税的计算方法

增值税分为生产型、收入型和消费型三种，主要依据对外购固定资产处理方式的不同而划分。

按照增值税的计税原理，增值税应按全部销售额计算税款，但只对货物或劳务价值中新增价值部分征税；实行税款抵扣制度，对以前环节已纳税款予以扣除。

为此，增值税的计算方法有两种：直接计算法和间接计算法。我国采用间接计算法，即不直接根据增值额计算增值税，而是应算出应税货物或劳务的整体税负，然后从整体税负中扣除法定的外购项目已纳税款。

（1）一般纳税人。一般纳税人销售货物或者提供应税劳务（简称销售货物或者应税劳务），应纳税额为当期销项税额抵扣当期进项税额后的余额。应纳税额计算公式：

应纳税额=当期销项税额–当期进项税额

销项税额=销售额×税率

进项税额=买价×扣除率

纳税人销售货物或者应税劳务，按照销售额和相应税率计算并向购买方收取的增值税额，为销项税额。销售额为纳税人销售货物或者应税劳务向购买方收取的全部价款和价外费用，但是不包括收取的销项税额。

纳税人购进货物或者应税劳务，取得的增值税扣税凭证不符合法律、行政法规或者国务院税务主管部门有关规定的，其进项税额不得从销项税额中抵扣。下列项目的进项税额不得从销项税额中抵扣：用于非增值税应税项目、免征增值税项目、集体福利或者个人消费的购进货物或者应税劳务；非正常损失的购进货物及相关的应税劳务；非正常损失的在产品、产成品所耗用的购进货物或者应税劳务；国务院财政、税务主管部门规定的纳税人自用消费品。

当期销项税额小于当期进项税额不足抵扣时，其不足部分可以结转下期继续抵扣。

（2）小规模纳税人。小规模纳税人销售货物或者应税劳务，实行按照销售额和征收率计算应纳税额的简易办法，并不得抵扣进项税额。应纳税额计算公式：

应纳税额=销售额×征收率

在实际业务中，小规模纳税人销售货物或者应税劳务一般多采用销售额和应纳税额合并定价方法的，按下列公式计算销售额：

销售额＝含税销售额÷（1＋征收率）

5．减免税

增值税制度实行价外征收而其多环节多次征收，中间环节减免税没有任何意义，为此增值税的减免税是指最终环节的减免。

免征增值税的项目有：农业生产者销售的自产农产品；避孕药品和用具；古旧图书；直接用于科学研究、科学试验和教学的进口仪器、设备；外国政府、国际组织无偿援助的进口物资和设备；由残疾人的组织直接进口供残疾人专用的物品；销售的自己使用过的物品。

9.2.2 消费税

消费税是我国1994年税制改革中新设置的一个税种，目的是为了调节产品结构，引导消费方向，保证国家财政收入。我国对增值税的征收主要依据1993年12月13日中华人民共和国国务院令第 134 号发布，2008 年 11 月 5 日国务院第三十四次常务会议修订通过的《中华人民共和国增值税暂行条例》及其实施细则。

1．消费税的含义

消费税又称货物税，是在我国境内生产、委托加工和进口应税消费品的单位和个人，以及销售应税消费品的其他单位和个人就其销售额和销售数量，在特定环节征收的一种流转税。简而言之，消费税就是以特定消费品和消费行为为课税对象所征收的一种税。其具有征税项目具有选择性、征税环节单一性、征收方法多样性、税收调节具有特殊性及消费税具有转嫁性等特征。

2．纳税主体

消费税的纳税人是指我国境内生产、委托加工和进口应税消费品的单位和个人，以及销售应税消费品的其他单位和个人。

这里的单位，是指企业、行政单位、事业单位、军事单位、社会团体及其他单位；个人，是指个体工商户及其他个人。

3．征税对象

消费税的征税对象是在我国境内生产、委托加工、进口的特定消费品，主要包括烟、酒、化妆品、贵重首饰及珠宝玉石、鞭炮及焰火、成品油、摩托车、小汽车、高尔夫球及球具、高档手表、游艇、木制一次性筷子、实木地板、电池、涂料等。

4．税率

消费税采用比例税率和定额税率两种形式，以适应不同应税消费品的实际情况。消费税税目、税率如表 9-1 所示。

表 9-1　消费税税目、税率表

税　　目	计税单位	税率（税额）
一、烟		
1．卷烟		
（1）每标准条（200 支）对外调拨价在 70 元以上（含 70 元）的	标准箱（5 万支）	56%；150 元
（2）每标准条（200 支）对外调拨价在 70 元以下的	标准箱（5 万支）	36%；150 元
2．雪茄烟		36%
3．烟丝		30%
4．卷烟批发环节		11%；250 元
二、酒		

续表

税　　目	计税单位	税率（税额）
1．粮食白酒	斤或者 500 毫升	20%；0.5 元
2．黄酒	吨	240 元
3．啤酒		
（1）每吨出厂价格（含包装物及包装物押金）在 3 000 元（含 3 000 元，不含增值税）以上的	吨	250 元
（2）每吨在 3 000 元以下的	吨	220 元
（3）娱乐业和饮食业自制的	吨	250 元
4．其他酒		10%
三、化妆品		30%
四、贵重首饰及珠宝玉石		
1．金银首饰、铂金首饰和钻石、钻石饰品		5%
2．其他贵重首饰和珠宝玉石		10%
五、鞭炮、焰火		15%
六、成品油		
1．汽油	升	1.52 元
2．柴油	升	1.2 元
3．石脑油	升	1.52 元
4．溶剂油	升	1.52 元
5．润滑油	升	1.52 元
6．燃料油	升	1.2 元
7．航空煤油（暂缓征收）	升	1.2 元
七、摩托车		
1．汽缸容量（排气量，下同）为 250 毫升的		3%
2．汽缸容量超过 250 毫升的		10%
八、小汽车		
1．乘用车		
（1）汽缸容量（排气量，下同）在 1.0 升（含）以下的		1%
（2）汽缸容量在 1.0 升以上至 1.5 升（含）的		3%
（3）汽缸容量在 1.5 升以上至 2.0 升（含）的		5%
（4）汽缸容量在 2.0 升以上至 2.5 升（含）的		9%
（5）汽缸容量在 2.5 升以上至 3.0 升（含）的		12%

续表

税　目	计税单位	税率（税额）
（6）汽缸容量在 3.0 升以上至 4.0 升（含）的		25%
（7）汽缸容量在 4.0 升以上的		40%
2．中轻型商用客车		5%
九、高尔夫球及球具		10%
十、高档手表		20%
十一、游艇		10%
十二、木制一次性筷子		5%
十三、实木地板		5%
十四、电池（铅蓄电池）		4%
十五、涂料（施工状态下挥发性有机物含量超过 420 克/升）		4%

实行从量定额办法计算应纳税额的应税消费品，计量单位的换算标准如下：① 黄酒 1 吨＝962 升；② 啤酒 1 吨＝988 升；③ 汽油 1 吨＝1 388 升；④ 柴油 1 吨＝1 176 升；⑤ 航空煤油 1 吨=1 246 升；⑥ 石脑油 1 吨=1 385 升；⑦ 溶剂油 1 吨=1 282 升；⑧ 润滑油 1 吨=1 126 升；⑨ 燃料油 1 吨=1 015 升。

5．计税方法

消费税实行从价定率、从量定额，或者从价定率和从量定额复合计税（简称复合计税）的办法计算应纳税额。纳税人销售的应税消费品，以人民币计算销售额。

消费税的应纳税额计算公式：

实行从价定率办法计算的应纳税额=销售额×比例税率

实行从量定额办法计算的应纳税额=销售数量×定额税率

实行复合计税办法计算的应纳税额=销售额×比例税率＋销售数量×定额税率

销售额包括价款和价外费用。价外费用，是指价外向购买方收取的手续费、补贴、基金、集资费、返还利润、奖励费、违约金、滞纳金、延期付款利息、赔偿金、代收款项、代垫款项、包装费、包装物租金、储备费、优质费、运输装卸费以及其他各种性质的价外收费。

这里的销售额，不包括应向购货方收取的增值税税款。如果纳税人应税消费品的销售额中未扣除增值税税款或者因不得开具增值税专用发票而发生价款和增值税税款合并收取的，在计算消费税时，应当换算为不含增值税税款的销售额。其换算公式为：

应税消费品的销售额＝含增值税的销售额÷（1＋增值税税率或者征收率）

应税消费品连同包装物销售的，无论包装物是否单独计价以及在会计上如何核算，均应并入应税消费品的销售额中缴纳消费税。如果包装物不作价随同产品销售，而是收取押金，此项押金则不应并入应税消费品的销售额中征税。但对因逾期未收回的包装物不再退还的或者已收取的时间超过 12 个月的押金，应并入应税消费品的销售额，按照应税消费品的适用税率缴纳消费税。

对既作价随同应税消费品销售，又另外收取押金的包装物的押金，凡纳税人在规定的期限内没有退还的，均应并入应税消费品的销售额，按照应税消费品的适用税率缴纳消费税。

例如，某企业 2009 年 5 月 20 日销售白酒 1 000 千克，每千克售价为 10 元，销售款项已收到，则应纳消费税税额计算如下：

实行复合计税办法计算的应纳税额=销售额 × 比例税率＋销售数量 × 定额税率=

1 000 × 10 × 20%＋1 000 × 0.5=2 500（元）

9.2.3 营业税

我国对营业税的征收主要依据 2008 年 11 月 5 日国务院第三十四次常务会议修订通过，自 2009 年 1 月 1 日起施行的《中华人民共和国营业税暂行条例》和与之配套的实施细则。

1．营业税的含义

营业税是对在中华人民共和国境内提供应税劳务、转让无形资产或者销售不动产的行为为课税对象所征收的一种流转税。

这里的应税劳务是指属于交通运输业、建筑业、金融保险业、邮电通信业、文化体育业、娱乐业、服务业税目征收范围的劳务（简称应税劳务）。加工和修理、修配，不属于营业税的规定范畴。

2．纳税主体

营业税的纳税人是指在中华人民共和国境内提供应税劳务、转让无形资产或者销售不动产的单位和个人。

3．征税对象

营业税的征税对象是在中华人民共和国境内提供应税劳务、转让无形资产和销售不动产的经营行为。应税劳务是指属于交通运输业、建筑业、金融保险业、邮电通信业、文化体育业、娱乐业、服务业所提供的劳务。转让无形资产是指转让土地使用权、专利权、商标权等行为。销售不动产是指销售建筑物及其他土地附着物的行为。

4．税目和税率

营业税税目和税率如表 9-2 所示。

表 9-2 营业税税目和税率

税　　目	税　　率
一、交通运输业	3%
二、建筑业	3%
三、金融保险业	5%
四、邮电通信业	3%
五、文化体育业	3%
六、娱乐业	5%～20%
七、服务业	5%
八、转让无形资产	5%
九、销售不动产	5%

5. 营业税应纳税额的计算

（1）营业税的计税依据。营业税的计税依据为纳税人提供应税劳务、转让无形资产和销售不动产的营业额。纳税人的营业额为纳税人提供应税劳务、转让无形资产或者销售不动产收取的全部价款和价外费用。价外费用，包括收取的手续费、补贴、基金、集资费、返还利润、奖励费、违约金、滞纳金、延期付款利息、赔偿金、代收款项、代垫款项、罚息及其他各种性质的价外收费，但不包括同时符合以下条件代为收取的政府性基金或者行政事业性收费：由国务院或者财政部批准设立的政府性基金，由国务院或者省级人民政府及其财政、价格主管部门批准设立的行政事业性收费；收取时开具省级以上财政部门印制的财政票据；所收款项全额上缴财政。

（2）营业税的起征点。营业税起征点，是指纳税人营业额合计达到起征点。营业税起征点的适用范围限于个人。

营业税起征点的幅度规定如下：按期纳税的，为月营业额 1 000~5 000 元；按次纳税的，为每次（日）营业额 100 元。

（3）应纳税额的计算。纳税人提供应税劳务、转让无形资产或者销售不动产，按照营业额和规定的税率计算应纳税额。营业额以人民币计算。应纳税额计算公式：

$$应纳税额=营业额\times税率$$

6. 减免税

下列项目免征营业税：

（1）托儿所、幼儿园、养老院、残疾人福利机构提供的育养服务、婚姻介绍、殡葬服务；

（2）残疾人员个人提供的劳务；

（3）医院、诊所和其他医疗机构提供的医疗服务；

（4）学校和其他教育机构提供的教育劳务，学生勤工俭学提供的劳务；

（5）农业机耕、排灌、病虫害防治、植物保护、农牧保险以及相关技术培训业务，家禽、牲畜、水生动物的配种和疾病防治；

（6）纪念馆、博物馆、文化馆、文物保护单位管理机构、美术馆、展览馆、书画院、图书馆举办文化活动的门票收入，宗教场所举办文化、宗教活动的门票收入；

（7）境内保险机构为出口货物提供的保险产品。

纳税人兼营免税、减税项目的，应当分别核算免税、减税项目的营业额；未分别核算营业额的，不得免税、减税。

另外，纳税人营业额未达到营业税起征点的，免征营业税；达到起征点的，全额计算缴纳营业税。

7．营业税改征增值税试点方案

财政部、国家税务总局于2011年11月17日正式公布营业税改征增值税试点方案。

根据试点方案，改革试点的主要税制安排为：

第一，在现行增值税17%标准税率和13%低税率基础上，新增11%和6%两档低税率。租赁有形动产等适用17%税率，交通运输业、建筑业等适用11%税率，其他部分现代服务业适用6%税率。

第二，交通运输业、建筑业、邮电通信业、现代服务业、文化体育业、销售不动产和转让无形资产，原则上适用增值税一般计税方法。金融保险业和生活性服务业，原则上适用增值税简易计税方法。

第三，计税依据。纳税人计税依据原则上为发生应税交易取得的全部收入。对一些存在大量代收转付或代垫资金的行业，其代收代垫金额可予以合理扣除。

第四，服务贸易进出口。服务贸易进口在国内环节征收增值税，出口实行零税率或免税制度。

对于改革试点期间过渡性政策安排，试点方案明确：

第一，税收收入归属。试点期间保持现行财政体制基本稳定，原归属试点地区的营业税收入，改征增值税后收入仍归属试点地区，税款分别入库。因试点产生的财政减收，按现行财政体制由中央和地方分别负担。

第二，税收优惠政策过渡。国家给予试点行业的原营业税优惠政策可以延续，但对于通过改革能够解决重复征税问题的，予以取消。试点期间针对具体情况采取适当的过渡政策。

第三，跨地区税种协调。试点纳税人以机构所在地作为增值税纳税地点，其在异地缴纳的营业税，允许在计算缴纳增值税时抵减。非试点纳税人在试点地区从事经营活动的，继续按照现行营业税有关规定申报缴纳营业税。

第四，增值税抵扣政策的衔接。现有增值税纳税人向试点纳税人购买服务取得的增值税专用发票，可按现行规定抵扣进项税额。

试点方案还明确，营业税改征的增值税，由国家税务局负责征管。国家税务总局负责制定改革试点的征管办法，扩展增值税管理信息系统和税收征管信息系统，设计并统一印制货物运输业增值税专用发票，全面做好相关征管准备和实施工作。

9.3 所得税

所得税又称收益税，是以纳税人的法定所得额或收益额为课税对象的一类税。其特点是以纳税人的所得额为计税依据，以纳税人的实际负担能力确定税负，多得多征，少得少征，无所得不征。所得税主要包括个人所得税和企业所得税。

9.3.1 个人所得税

个人所得税是对个人（自然人）取得的各项应税所得征收的一种税。我国规范个人所得税的基本法律规范是2011年6月30日全国人民代表大会常务委员会修订颁布、自2011年9月1日施行的《中华人民共和国个人所得税法》(简称《个人所得税法》)。

1. 纳税主体

凡在中华人民共和国境内有住所，或者无住所而在境内居住满一年的个人，以及在中国境内无住所又不居住或者无住所而在境内居住不满一年的个人，只要达到我国税法规定的纳税标准，都是个人所得税的纳税人。

2. 征税对象

个人所得税以个人取得的各项所得为征税对象。

（1）工资、薪金所得。个人因任职或者受雇而取得的工资、薪金、奖金、年终加薪、劳动分红、津贴、补贴以及与任职或者受雇有关的其他所得。

（2）个体工商户的生产、经营所得。个体工商户的生产、经营所得，是指：① 个体工商户从事工业、手工业、建筑业、交通运输业、商业、饮食业、服务业、修理业以及其他行业生产、经营取得的所得；② 个人经政府有关部门批准，取得执照，从事办学、医疗、咨询以及其他有偿服务活动取得的所得；③ 其他个人从事个体工商业生产、经营取得的所得；④ 上述个体工商户和个人取得的与生产、经营有关的各项应纳税所得。

（3）对企事业单位的承包经营、承租经营所得。个人承包经营、承租经营以及转包、转租取得的所得，包括个人按月或者按次取得的工资、薪金性质的所得。

（4）劳务报酬所得。个人从事设计、装潢、安装、制图、化验、测试、医疗、法律、会计、咨询、讲学、新闻、广播、翻译、审稿、书画、雕刻、影视、录音、录像、演出、表演、广告、展览、技术服务、介绍服务、经纪服务、代办服务以及其他劳务取得的所得。

（5）稿酬所得。个人因其作品以图书、报刊形式出版、发表而取得的所得。

（6）特许权使用费所得。个人提供专利权、商标权、著作权、非专利技术以及其他特许权的使用权取得的所得；提供著作权的使用权取得的所得，不包括稿酬所得。

（7）利息、股息、红利所得。个人拥有债权、股权而取得的利息、股息、红利所得。

（8）财产租赁所得。个人出租建筑物、土地使用权、机器设备、车船以及其他财产取得的所得。

（9）财产转让所得。个人转让有价证券、股权、建筑物、土地使用权、机器设备、车船以及其他财产取得的所得。

（10）偶然所得。个人得奖、中奖、中彩以及其他偶然性质的所得。

个人取得的所得，难以界定应纳税所得项目的，由主管税务机关确定。

3．税率

个人所得税大部分应税项目都是按月计算的。

（1）工资、薪金所得，适用超额累进税率，税率为3%~45%（见表9-3）。

表9-3　个人工资、薪金所得税税率

全月应纳税所得额	税　率	速算扣除数（元）
全月应纳税所得额不超过1 500元	3%	0
全月应纳税所得额超过1 500至4 500元	10%	105
全月应纳税所得额超过4 500至9 000元	20%	555
全月应纳税所得额超过9 000至35 000元	25%	1 005
全月应纳税所得额超过35 000至55 000元	30%	2 755
全月应纳税所得额超过55 000至80 000元	35%	5 505
全月应纳税所得额超过80 000元	45%	13 505

注：本表所称全月应纳税所得额是指依照《个人所得税法》第六条的规定，以每月收入额减除费用3 500元以及附加减除费用后的余额。

（2）个体工商户的生产、经营所得和对企事业单位的承包经营、承租经营所得，适用5%~35%的超额累进税率（见表9-4）。

表9-4　个体工商户的生产、经营所得和对企事业单位的承包经营、承租经营所得

全年应纳税所得额	税率（%）	速算扣除数
不超过15 000元的	5	0
超过15 000元至30 000元的部分	10	750
超过30 000元至60 000元的部分	20	3 750
超过60 000元至100 000元的部分	30	9 750

续表

全年应纳税所得额	税率（%）	速算扣除数
超过 100 000 元的部分	35	14 750

注：本表所称全年应纳税所得额是指依照《个人所得税法》第六条的规定，以每一纳税年度的收入总额，减除成本、费用以及损失后的余额。

（3）稿酬所得，适用比例税率，税率为 20%，并按应纳税额减征 30%。

（4）劳务报酬所得，适用比例税率，税率为 20%。对劳务报酬所得一次收入畸高的，可以实行加成征收，具体办法由国务院规定。

（5）特许权使用费所得，利息、股息、红利所得，财产租赁所得，财产转让所得，偶然所得和其他所得，适用比例税率，税率为 20%。

4．个人所得税计税依据

个人所得税计税依据为个人取得的各项应税收入减去规定扣除项目或金额的余额，即应纳税所得额。个人取得的应纳税所得，包括现金、实物和有价证券。个人所得项目应纳税所得额的计算方法如下：

（1）工资、薪金所得，以每月收入额减除费用 3 500 元后的余额，为应纳税所得额。外籍人员和在境外工作的中国公民在 2 000 元扣除额的基础上，再附加 2 800 元的费用扣除额。

（2）个体工商户的生产、经营所得，以每一纳税年度的收入总额，减除成本、费用以及损失后的余额，为应纳税所得额。

（3）对企事业单位的承包、承租经营所得，以某一纳税年度的收入总额，减除必要的费用后的余额，为应纳税所得额。

（4）劳务报酬所得、稿酬所得、特许权使用费所得、财产租赁所得，每次收入不超过 4 000 元的，减除费用 800 元；4 000 元以上的，减除 20%的费用，其余额为应纳税所得额。

（5）财产转让所得，以转让财产的收入额减除财产原值和合理费用后的余额，为应纳税所得额。

（6）利息、股息、红利所得，偶然所得和其他所得，以每次收入额为应纳税所得额。

除上述规定外，对个人将其所得通过中国境内社会团体、国家机关向教育、公益事业和遭受严重自然灾害地区、贫困地区的捐赠，捐赠额不超过应纳税所得额的 30%的部分，可以从其应纳税所得额中扣除；个人通过非营利性的社会团体和国家机关向红十字事业、公益性青少年活动场所、农村义务教育、福利性和非营利性的老年服务机构、完善城镇社会保障体系试点地区中的非营利性机构的捐赠，在计算缴纳个人所得税时准予全额扣除。

5．个人所得税应纳税额的计算

个人所得税应纳税额以应纳税所得额为计税依据，基本计算公式为：

全月应纳税所得额=月薪金收入总额（包括加班费等）–3 500–个人支付的社保和公积金费用

全月应纳税额=全月应纳税所得额 × 适用税率–速算扣除数

年终奖金的个人所得税适用的税率：年终奖金总额/12 后再对应适用税率。

年终奖应纳税额=年终奖金总额 × 年终奖适用税率–速算扣除数

例：中国公民郑某 2013 年 6 月工资收入 4 000 元。计算郑某 2013 年 6 月应缴纳的个人所得税。

公民郑某 2013 年 6 月应当缴纳的个人所得税＝（4 000–3 500）× 3%＝15（元）

例：某员工 2013 年 1 月工资收入 5 000 元，并同时获发 2012 年度年终奖总额 10 000 元。该员工 2013 年 1 月的个人所得税计算如下：

当月工资收入的个人所得税=[5 000–3 500–5 000 × 10%（个人社保部分）–5 000 × 5%（个人住房公积金部分）] × 3%–0（速算扣除数）=22.5（元）

该员工年度奖金的个人所得税适用的税率：10 000 ÷ 12=833.33（元），其相对应的适用税率是 3%，速算扣除数为 0。

该员工年终奖金应纳个人所得税=10 000 × 3%-0=300（元）

总纳税额：

2013 年 1 月共应纳个人所得税=22.5+300=322.5（元）

6．个人所得税纳税申报

个人所得税的纳税办法有自行申报和代扣代缴两种。

（1）自行申报纳税。自行申报纳税是由纳税人自行在税法规定的纳税期限内，向税务机关申报取得的应税所得项目和数额，如实填写个人所得税申报表，并按照税法规定计算应纳税额，据此缴纳个人所得税的一种方法。

按照《中华人民共和国个人所得税法实施条例》规定，凡在中国境内负有个人所得税纳税义务的纳税人，具有以下五种情形之一的，应当按照规定自行向税务机关办理纳税申报：年所得 12 万元以上的；从中国境内两处或两处以上取得工资、薪金所得的；从中国境外取得所得的；取得应税所得，没有扣缴义务人的；国务院规定的其他情形。

（2）代扣代缴。代扣代缴是按照税法规定负有扣缴税款义务的单位或者个人，在向个人支付应纳税所得时，应计算应纳税款，从其所得中扣除并交入国库，同时向税务机关报送纳税申报表。

7．减免税

下列各项个人所得，免纳个人所得税：省级人民政府、国务院部委和中国人民解放军军以上单位，以及外国组织、国际组织颁发的科学、教育、技术、文化、卫生、体育、环境保护等方面的奖金；国债和国家发行的金融债券利息；按照国家统一规定发给的补贴、津贴；福利费、抚恤金、救济金；保险赔款；军人的转业费、复员费；按照国家统一规定发给干部、职工的安家费、退职费、退休工资、离休工资、离休生活补助费；依照我国有关法律规定应予免税的各国驻华使馆、领事馆的外交代表、领事官员和其他人员的所得；中国政府参加的国际公约、签订的协议中规定免税的所得；经国务院财政部门批准免税的所得。

9.3.2　企业所得税

我国现行企业所得税法的主要依据是第十届全国人民代表大会第五次会议于 2007 年 3 月 16 日通过、自 2008 年 1 月 1 日起施行的《中华人民共和国企业所得税法》(简称《企业所得税法》)，以及 2007 年 11 月 28 日国务院第一百九十七次常务会议通过、自 2008 年 1 月 1 日起施行的《中华人民共和国企业所得税法实施条例》。

1．企业所得税的含义

企业所得税是指对在我国境内的企业和其他取得收入的组织的生产经营所得和其他所得征收的一种税。

2．纳税人

在中华人民共和国境内，企业和其他取得收入的组织（统称企业）为企业所得税的纳税人。

企业分为居民企业和非居民企业。居民企业，是指依法在中国境内成立，或者依照外国（地区）法律成立但实际管理机构在中国境内的企业。非居民企业，是指依照外国（地区）法律成立且实际管理机构不在中国境内，但在中国境内设立机构、场所的，或者在中国境内未设立机构、场所，但有来源于中国境内所得的企业。

《企业所得税法》第二条所称依法在中国境内成立的企业，包括依照中国法律、行政法规在中国境内成立的企业、事业单位、社会团体以及其他取得收入的组织。

《企业所得税法》第二条所称依照外国（地区）法律成立的企业，包括依照外国（地区）法律成立的企业和其他取得收入的组织。

个人独资企业、合伙企业不是企业所得税的纳税人。

3．征税对象

所得税的征税对象是纳税人的法定所得额或收益额。这里的所得，包括销售货物所得、提供劳务所得、转让财产所得、股息红利等权益性投资所得、利息所得、租金所得、特许权使用费所得、接受捐赠所得和其他所得。

居民企业应当就其来源于中国境内、境外的所得缴纳企业所得税；非居民企业在中国境内设立机构、场所的，应当就其所设机构、场所取得的来源于中国境内的所得，以及发生在中国境外但与其所设机构、场所有实际联系的所得，缴纳企业所得税；非居民企业在中国境内未设立机构、场所的，或者虽设立机构、场所但取得的所得与其所设机构、场所没有实际联系的，应当就其来源于中国境内的所得缴纳企业所得税。

4．税率

企业所得税的税率为25%。非居民企业在中国境内未设立机构、场所的，或者虽设立机构、场所但取得的所得与其所设机构、场所没有实际联系的，应当就其来源于中国境内的所得按照20%的税率缴纳企业所得税。

5．企业所得税应纳税所得额的计算

企业所得税的计税依据是应纳税所得额。企业每一纳税年度的收入总额，减除不征税收入、免税收入、各项扣除以及允许弥补的以前年度亏损后的余额，为应纳税所得额。用公式表示为：

应纳税所得额=每一纳税会计年度的收入总额–准予扣除项目金额–以前年度亏损

亏损，是指企业依照企业所得税法及其实施条例的规定将每一纳税年度的收入总额减除不征税收入、免税收入和各项扣除后小于零的数额。

企业应纳税所得额的计算，以权责发生制为原则，属于当期的收入和费用，不论款项是否收付，均作为当期的收入和费用；不属于当期的收入和费用，即使款项已经在当期收付，均不作为当期的收入和费用。

（1）收入总额的确定。企业以货币形式和非货币形式从各种来源取得的收入，为收入总额。其包括：销售货物收入；提供劳务收入；转让财产收入；股息、红利等权益性投资收益；利息收入；租金收入；特许权使用费收入；接受捐赠收入；其他收入。

收入总额中的下列收入为不征税收入：财政拨款；依法收取并纳入财政管理的行政事业性收费、政府性基金；国务院规定的其他不征税收入。

（2）准予扣除项目。企业实际发生的与取得收入有关的、合理的支出，包括成本、费用、税金、损失和其他支出，准予在计算应纳税所得额时扣除。这里的成本，是指企业在生产经营活动中发生的销售成本、销货成本、业务支出以及其他耗费；费用，是指企业在生产经营活动中发生的销售费用、管理费用和财务费用，已经计入成本的有关费用除外；税金，是指企业发生的除企业所得税和允许抵扣的增值税以外的各项税金及其附加；损失，是指企业在生产经营活动中发生的固定资产和存货的盘亏、毁损、报废损失，转让财产损失，呆账损失，坏账损失，自然灾害等不可抗力因素造成的损失以及其他损失。

准予扣除项目具体为：企业发生的合理的工资薪金支出；企业依照国务院有关主管部门或者省级人民政府规定的范围和标准为职工缴纳的基本养老保险费、基本医疗保险费、失业保险费、工伤保险费、生育保险费等基本社会保险费和住房公积金；企业在生产经营活动中发生的合理的不需要资本化的借款费用；企业在生产经营活动中发生的利息支出；企业发生的职工福利费支出，不超过工资薪金总额 14%的部分；企业拨缴的工会经费，不超过工资薪金总额 2%的部分，准予扣除；企业发生的职工教育经费支出，不超过工资薪金总额 2.5%的部分（超过部分，准予在以后纳税年度结转扣除）；企业发生的与生产经营活动有关的业务招待费支出，按

照发生额的 60%扣除，但最高不得超过当年销售（营业）收入的 5‰；企业发生的符合条件的广告费和业务宣传费支出，不超过当年销售（营业）收入 15%的部分（超过部分，准予在以后纳税年度结转扣除）；企业依照法律、行政法规有关规定提取的用于环境保护、生态恢复等方面的专项资金（专项资金提取后改变用途的，不得扣除）；企业参加财产保险，按照规定缴纳的保险费；企业发生的合理的劳动保护支出；非居民企业在中国境内设立的机构、场所，就其中国境外总机构发生的与该机构、场所生产经营有关的费用，能够提供总机构出具的费用汇集范围、定额、分配依据和方法等证明文件，并合理分摊的；企业发生的公益性捐赠支出，不超过年度利润总额 12%的部分。

（3）不得扣除项目。在计算应纳税所得额时，下列支出不得扣除：① 向投资者支付的股息、红利等权益性投资收益款项；② 企业所得税税款；③ 税收滞纳金；④ 罚金、罚款和被没收财物的损失；⑤ 公益性捐赠支出以外的捐赠支出；⑥ 企业发生的与生产经营活动无关的各种非广告性质支出，即赞助支出；⑦ 未经核定的准备金支出，主要是不符合国务院财政、税务主管部门规定的各项资产减值准备、风险准备等准备金支出。

在计算应纳税所得额时，企业财务、会计处理办法与税收法律、行政法规的规定不一致的，应当依照税收法律、行政法规的规定计算纳税。

（4）以前年度亏损。企业纳税年度发生的亏损，准予向以后年度结转，用以后年度的所得弥补，但结转年限最长不得超过 5 年。

6．应纳税额

企业的应纳税所得额乘以适用税率，减除依照《企业所得税法》关于税收优惠的规定减免和抵免的税额后的余额，为应纳税额。

$$应纳税额=应纳税所得额\times 税率$$

企业取得的下列所得已在境外缴纳的所得税税额，可以从其当期应纳税额中抵免，抵免限额为该项所得依照《企业所得税法》规定计算的应纳税额；超过抵免限额的部分，可以在以后五个年度内，用每年度抵免限额抵免当年应抵税额后的余额进行抵补：居民企业来源于中国境外的应税所得；非居民企业在中国境内设立机构、场所，取得发生在中国境外但与该机构、场所有实际联系的应税所得。

7．税收优惠

国家对重点扶持和鼓励发展的产业和项目，给予企业所得税优惠。

（1）企业的免税收入。国债利息收入；符合条件的居民企业之间的股息、红利等权益性投资收益；在中国境内设立机构、场所的非居民企业从居民企业取得与该机构、场所有实际联系的股息、红利等权益性投资收益；符合条件的非营利公益组织的收入。

（2）企业的下列所得，可以免征、减征企业所得税：从事农、林、牧、渔业项目的所得；从事国家重点扶持的公共基础设施项目投资经营的所得；从事符合条件的环境保护、节能节水项目的所得；符合条件的技术转让所得，即一个纳税年度内，居民企业技术转让所得不超过 500 万元的部分，免征企业所得税；超过 500 万元的部分，减半征收企业所得税；非居民企业在中国境内未设立机构、场所的，或者虽设立机构、场所但取得的所得与其所设机构、场所没有实际联系的，应当就其来源于中国境内的所得缴纳企业所得税。

（3）减征。符合条件的小型微利企业，减按 20%的税率征收企业所得税；国家需要重点扶持的高新技术企业，减按 15%的税率征收企业所得税。

（4）加计扣除。企业的下列支出，可以在计算应纳税所得额时加计扣除：

1）开发新技术、新产品、新工艺发生的研究开发费用。研究开发费用的加计扣除，是指企业为开发新技术、新产品、新工艺发生的研究开发费用，未形成无形资产计入当期损益的，在按照规定据实扣除的基础上，按照研究开发费用的 50%加计扣除；形成无形资产的，按照无形资产成本的 150%摊销。

2）安置残疾人员及国家鼓励安置的其他就业人员所支付的工资。企业安置残疾人员所支付的工资的加计扣除，是指企业安置残疾人员的，在按照支付给残疾职工工资据实扣除的基础上，按照支付给残疾职工工资的 100%加计扣除。残疾人员的范围适用《中华人民共和国残疾人保障法》的有关规定。

（5）其他税收优惠。其他税收优惠有：创业投资企业从事国家需要重点扶持和鼓励的创业投资，可以按投资额的一定比例抵扣应纳税所得额；企业的固定资产由于技术进步等原因，确需加速折旧的，可以缩短折旧年限或者采取加速折旧的方法；企业综合利用资源，生产符合国家产业政策规定的产品所取得的收入，可以在计算应纳税所得额时减计收入；企业购置用于环境保护、节能节水、安全生产等专用设备的投资额，可以按一定比例实行税额抵免。

9.4 税收征收管理

税收征收管理是指税务机关对纳税人依法征收税款和税务监督管理的总称。税收征收管理是税收管理的重要组成部分。它是税务机关为了贯彻税收的基本法规，实现税收计划，协调征纳关系，组织税款入库而开展的一系列活动。我国税收的征收管理机关，主要是国家税务总局和地方各级税务机关。我国关于税收征收管理的法律规范主要是 1992 年 9 月 4 日第七届全国人民代表大会常务委员会第二十七次会议通过的《中华人民共和国税收征收管理法》（简称《税收征收管理法》），该法自 1993 年 1 月 1 日起施行。1995 年 2 月 28 日第八届全国人民代表大会常务委员会第十二次会议对该法做了修改，2001 年 4 月 28 日第九届全国人民代表大会常务委员会第二十一次会议对该法再次做了修改，并自 2001 年 5 月 1 日起施行。2002 年国务院公布了《中华人民共和国税收征收管理法实施细则》。

税收征管的一般程序包括税务登记、账簿和凭证管理、发票管理、纳税申报、税款征收、税务检查等环节。税收征管法对税务机关和纳税人在各环节的权利、义务进行了规范，并明确了不履行义务的行政或法律责任。

9.4.1　税务登记

税务登记是纳税人在开业、歇业前以及生产经营期间发生变动时，就其生产经营的有关情况向所在地税务机关办理书面登记的一种制度。税务登记是税收征管的首要环节，具有应税收入、应税财产或应税行为的各类纳税人，都应依法办理税务登记。

1．税务登记办理要求及适用范围

（1）开业登记。从事生产经营的纳税人，在领取营业执照之后的 30 天内，持相关证件和资料，向税务机关申报办理税务登记。税务机关自收到申请之日起，在 30 天内审核并发给税务登记证件。

（2）变更登记。纳税人税务登记内容发生变化的，在工商行政管理机关办理变更登记后的 30 天内，持有关证件向税务机关申报办理变更税务登记。

（3）停复业登记。定期定额征收方式的纳税人在营业执照核准的经营期限内需要停业或复业的，向税务机关提出申请，经税务机关审核后进行停业或复业税务登记。纳税人在停业期间发生纳税义务的，应当按照税收法律、行政法规的规定申报缴纳税款。停业期满不能及时恢复生产经营的，应提前向税务机关提出延长停业登记申请，否则税务机关视为已复业进行征税和管理。

（4）注销登记。纳税人发生解散、破产、撤销以及其他情形，需要依法终止纳税义务的，纳税人应当在向工商行政管理机关申请办理注销之前，向税务机关申报办理注销登记。纳税人需要向税务机关提交相关证件和资料，结清应纳税款、多退（免）税款、滞纳金和罚款，缴销发票、税务登记证和其他税务证件，经税务机关核准后，办理注销税务登记手续。

2．违法处理

纳税人未按规定办理、使用登记证；纳税人的开户银行和其他金融机构未按税收征管法的规定在从事生产、经营的纳税人账户中登录税务登记证号码，或者未按规定在税务登记证中登录纳税人账号的，由税务机关责令限期改正，并视情节给予相应罚款等行政处罚。

9.4.2　账簿和凭证管理

账簿是纳税人、扣缴义务人连续记录其各种经济业务的账册和簿籍。凭证是纳税人用来记录其各种经济业务，明确经济责任，并据以登记账簿的书面证明。税务部门按照税收法律、行政法规和财务会计制度规定，对纳税人的会计账簿、凭证等实行管理和监督，是税收征管的重要环节。

1．纳税人财务、会计制度备案制度

从事生产经营的纳税人应当自领取营业执照之日起 15 日内，将其财务、会计制度或者财务、

会计处理办法和会计核算软件，报送主管税务机关备案。采用计算机记账的，其记账软件和使用说明及有关资料在使用前也应当报送税务机关备案。

2．企业财务会计制度与税收规定不一致的处理办法

纳税人执行的财务、会计制度或办法与税收规定抵触的，依照有关税收规定计算纳税。

3．账簿设置要求

纳税人应按要求设置总账、明细账、日记账（特别是现金日记账和银行存款日记账）以及与履行纳税义务有关的其他辅助账簿。

4．记账凭证使用要求

记账凭证应合法、有效。合法，是指要按照法律、行政法规的规定取得填制凭证、不得使用非法凭证；有效，是要求取得和填制的凭证内容真实，要素齐全。

5．账簿及凭证保管要求

纳税人应按《会计档案管理办法》规定保存账簿、记账凭证、完税凭证及其他有关资料，不得伪造、变造或者擅自损毁。

6．税控装置使用要求

税务部门根据税收征收管理的需要，积极推广税控装置。纳税人应当按照规定安装、使用税控装置，不得损毁或擅自改动税控装置。

7．违法处理

纳税人未按规定设置、保管账簿或者保管记账凭证和有关资料，未按规定将财务、会计制度或办法和会计核算软件报送税务机关备查，未按规定安装使用税控装置，非法印制完税凭证的，由税务机关责令限期改正，并视情节给予相应罚款等行政处罚。

9.4.3 发票管理

发票是生产、经营单位和个人在购销商品、提供和接受服务以及从事其他经营活动中，开具、收取的收付款凭证。按照发票使用范围，分为增值税专用发票和普通发票两大类。税务机关是发票主管机关，负责发票印制、领购、开具、取得、保管、缴销的管理和监督。

1．发票印制

发票一般由税务机关统一设计式样，设专人负责办理印制和管理，并套印全国统一发票印制章。其中，增值税专用发票由国家税务总局指定的企业印制；普通发票，分别由各省、自治区、直辖市国家税务局、地方税务局指定企业印制，对某些特殊经营行业，可由各主管部门统一设计发票格式、内容，报请主管税务机关审核同意，发给“发票印制通知书”。

未经上述税务机关指定，任何单位和个人不得擅自印制发票。

2．发票领购

依法办理税务登记的单位和个人，在领取税务登记证件后，可提交有关材料，向主管税务机关申请领购发票。纳税人可以根据自己的需要，履行必要的手续后，申请领购普通发票。临时到本省、自治区、直辖市以外从事经营活动的单位或者个人，除了具备领购发票的一般条件外，应当凭所在地税务机关开具的外出经营证明，并按规定提供保证人或者缴纳不超过一万元的保证金，向经营地主管税务机关申请领购经营地发票，并限期缴销。税务部门对纳税人领购发票实行交旧领新、验旧领新、批量供应方式。

3．发票开具

销货方应按规定填开发票；购买方应按规定索取发票；纳税人进行电子商务必须开具或取得发票；发票要全联一次填写，严禁开具“大头小尾”发票；发票不得跨省、直辖市、自治区使用，开具发票要加盖财务印章或发票专用章；开具发票后，如发生销货退回需要开红字发票的，必须收回原发票并注明“作废”字样或取得对方有效证明；发生销货折让的，在收回原发票并注明“作废”后，重新开具发票。

增值税一般纳税人销售货物和应税劳务，除另有规定外，必须向购买方开具增值税专用发票。

4．取得发票的管理

单位和个人在购买商品、接受经营服务或从事其他经营活动支付款项时，要按规定索取合法发票。对不符合规定的发票，包括发票本身不符合规定（白条或伪造的假发票、作废的发票等）、发票开具不符合规定、发票来源不符合规定的，任何单位和个人有权拒收。

5．发票的保管和缴销

税务机关内部或者用票单位和个人必须建立严格的发票专人保管制度、专库保管制度、专账登记制度、保管交接、定期盘点制度，保证发票安全。用票单位和个人应按规定向税务机关上缴已经使用或未使用的发票，税务机关应按规定统一将已经使用或者未使用的发票进行销毁。

6．违法处理

违反发票管理规定，未按规定印制发票或者生产防伪专用品，未按规定领购、开具、取得、保管发票，非法携带、邮寄、运输或者存放空白发票，私自印制、伪造变造、倒买倒卖发票等行为，税务机关可以查封、扣押或者销毁，没收非法所得和作案工具，并处以相应罚款等行政处罚，情节严重构成犯罪的，移送司法机关处理。

9.4.4 纳税申报

纳税申报是纳税人按照税法规定的期限和内容，向税务机关提交有关纳税事项书面报告的法律行为，是纳税人履行纳税义务、承担法律责任的主要依据，是税务机关税收管理信息的主要来源和税务管理的一项重要制度。

1. 申报对象

纳税人或者扣缴义务人无论本期有无应缴纳或者解缴的税款，都必须按税法规定的申报期限、申报内容，如实向主管税务机关办理纳税申报。

2. 申报内容

纳税申报的内容主要体现在纳税申报表或代扣缴税款报告表中，主要项目包括：税种、税目，应纳税项目或者应代扣代缴、代收代缴税款项目，计税依据，扣除项目及标准，适用税率或者单位税额，应退税项目及税额、应减免税项目及税额，应纳税额或者应代扣代缴、代收代缴税额，税款所属期限、延期缴纳税款、欠税、滞纳金等。

纳税人办理纳税申报时，除如实填写纳税申报表外，还要根据情况报送有关证件、资料。

3. 申报期限

纳税人、扣缴义务人要依照法律、行政法规或者税务机关依法确定的申报期限如实办理纳税申报，报送纳税申报表、财务会计报表或者代扣代缴、代收代缴税款报告表以及税务机关要求报送的其他纳税资料。

4. 申报方式

（1）直接申报（上门申报）。直接申报是纳税人和扣缴义务人自行到税务机关办理纳税申报或者报送代扣代缴、代收代缴报告表的申报方式。

（2）邮寄申报。经税务机关批准的纳税人、扣缴义务人使用统一规定的纳税申报特快专递专用信封，通过邮政部门办理交寄手续，并向邮政部门索取收据作为申报凭据的方式。邮寄申报以寄出的邮戳日期为实际申报日期。

（3）电子申报。经税务机关批准的纳税人，通过电话语音、电子数据交换和网络传输等方式办理纳税申报的一种方式。纳税人采用电子方式办理纳税申报的，要按照税务机关规定的期限和要求保存有关资料，并定期书面报送主管税务机关。

（4）银行网点申报。税务机关委托银行代收代缴税款，纳税人在法定的申报期限内到银行网点进行申报。

（5）简易申报。简易申报是指实行定期定额征收方式的纳税人，经税务机关批准，通过以缴纳税款凭证代替申报。

（6）其他方式。纳税人、扣缴义务人可以根据税法规定，委托中介机构税务代理人员代为办理纳税申报或简并征期的一种申报方式。

5. 延期申报

纳税人、扣缴义务人不能按期办理纳税申报或者报送代扣代缴、代收代缴税款报告表的，经税务机关核准，可以延期申报，但要在纳税期内按照上期实际缴纳的税额或者税务机关核定的税额预缴税款，并在核准的延期内办理税款结算。

6．违法处理

纳税人、扣缴义务人不按规定期限办理纳税申报的，税务机关可责令限期改正，并视情节给予相应罚款。

9.4.5 税款征收

税款征收是税务机关依据国家税收法律、行政法规确定的标准和范围，通过法定程序将纳税人应纳税款组织征收入库的一系列活动。税款征收是税收征管活动的中心环节，也是纳税人履行纳税义务的体现。

1．税款征收的主要方式和适用对象

（1）查账征收。税务机关根据纳税人会计账簿等财务核算资料，依照税法规定计算征收税款的方式。适用于财务制度健全、核算严格规范、纳税意识较强的纳税人。

（2）核定征收。税务机关根据纳税人从业人数、生产设备、耗用原材料、经营成本、平均利润率等因素，查定核实其应纳税所得额，据以征收税款的方式。一般适用于经营规模较小、实行简易记账或会计核算不健全的纳税人。

（3）定期定额征收。税务机关根据纳税人自报和一定的审核评议程序，核定其一定时期应税收入和应纳税额，并按月或季度征收税款的方式。一般适用于生产经营规模小、不能准确计算营业额和所得额的小规模纳税人或个体工商户。

（4）代收、代扣代缴。税务机关按照税法规定，对负有代收代缴、代扣代缴税款义务的单位和个人，在其向纳税人收取或支付交易款项的同时，依法从交易款项中扣收纳税人应纳税款并按规定期限和缴库办法申报解缴的税款征收方式。适用于有代收代缴、代扣代缴税款义务的单位和个人。

（5）委托代征。税务机关依法委托有关单位和个人，代其向纳税人征收税款的方式。主要适用于零星、分散、流动性大的税款征收，如集贸市场税收、车船税等。

（6）查验征收。税务机关对纳税人应税商品通过查验数量，按照市场同类产品平均价格，计算其收入并据以征收税款的方式。一般适用于在市场、车站、码头等场外临时经营的零星、流动性税源。

2．纳税期限与延期缴纳

纳税人、扣缴义务人必须依法按照规定的期限，缴纳或者解缴税款。未按照规定期限缴纳或解缴税款的，税务机关除责令限期缴纳外，从滞纳税款之日起，按日加收滞纳税款5‱的滞纳金。

对纳税人因不可抗力，导致发生较大损失、正常生产经营活动受到较大影响，或当期货币资金在扣除应付职工工资、社会保险费后，不足以缴纳税款的，经省、自治区、直辖市国家税

务局、地方税务局批准，可以延期缴纳税款，但最长不能超过 3 个月。经批准延期缴纳的税款不加收滞纳金。

3．税款减免

税款减免是税务机关依据税收法律、行政法规和国家有关税收的规定，给予纳税人的减税或免税。

按法律、法规规定或者经法定的审批机关批准减税、免税的纳税人，要持有关文件到主管税务机关办理减税、免税手续。减税、免税期满，应当自期满之日次日起恢复纳税。

享受减税、免税优惠的纳税人，如果减税、免税条件发生变化的，要自发生变化之日起 15 日内向税务机关报告；不再符合减税、免税条件的，要依法履行纳税义务，否则税务机关予以追缴。

4．税款退还和追征

对计算错误、税率适用不当等原因造成纳税人超过应纳税额多缴的税款，税务机关应及时退还。纳税人超过应纳税额缴纳的税款，税务机关发现后立即退还；纳税人自结算缴纳税款之日起 3 年内发现的，可以向税务机关要求退还多缴的税款并加算银行同期存款利息，税务机关及时查实后要立即退还。

同时，对因税务机关的责任，致使纳税人、扣缴义务人未缴或者少缴税款的，税务机关在 3 年内可以要求纳税人、扣缴义务人补缴税款，不得加收滞纳金；因纳税人、扣缴义务人计算错误等失误，未缴或者少缴税款的，税务机关在 3 年内可以追征税款、滞纳金；有特殊情况的，追征期可以延长到 5 年；对偷税、抗税、骗税的，税务机关追征其未缴或者少缴的税款、滞纳金或者所骗取的税款，不受上述规定期限的限制。

5．税收保全和强制执行

税收保全措施是税务机关为了保证税款能够及时足额入库，对有逃避纳税义务的纳税人的财产的使用权和处分权予以限制的一种行政保全措施，是保证税收征管活动正常进行的一种强制手段。主要包括书面通知纳税人开户银行或者其他金融机构冻结纳税人的相当于应纳税款的存款，以及扣押、查封纳税人的价值相当于应纳税款的商品、货物或者其他财产两方面内容。

税收强制执行是税务机关依照法定的程序和权限，强迫纳税人、扣缴义务人、纳税担保人和其他当事人缴纳拖欠的税款和罚款的一种强制措施，主要包括两方面内容，即书面通知纳税人的开户银行或者其他金融机构从其存款中扣缴税款；扣押、查封、依法拍卖或者变卖其相当于应纳税款的商品、货物或者其他财产。

税务机关采取税收保全、强制执行措施必须符合法定的条件和程序，如违法采用，将承担相应的行政赔偿责任。同时，一旦税收得到实现，相应的税收保全、强制执行措施应立即解除。

6．违法处理

纳税人偷税、骗税、欠税、逃避追缴欠税，纳税人、扣缴义务人不缴或者少缴税款、编造虚假计税依据，有关单位和个人因违法行为导致他人未缴少缴或者骗取税款等行为，妨害税款征收的，由税务机关责令限期改正，给予相应罚款等行政处罚，情节严重构成犯罪的，追究相应的刑事责任。

9.4.6　税务检查

税务检查是税务机关依照国家有关税收法律、法规、规章和财务会计制度的规定，对纳税人、代扣代缴义务人履行纳税义务、扣缴义务情况进行审查监督的一种行政检查。税务检查是确保国家财政收入和税收法律、行政法规、规章贯彻落实的重要手段，是国家经济监督体系中不可缺少的组成部分。

1．税务机关在税务检查中的权力

为保证税务机关能通过检查全面真实地掌握纳税人和扣缴义务人的生产、经营及财务情况，《税收征管法》明确规定了税务机关在税务检查中的权力，包括查账权、场地检查权、责成提供资料权、调查取证权、查证权、检查存款账户权，并对各项权力的行使规定了明确的条件和程序。

2．税务检查形式

按实施主体分类，税务检查可分为税务稽查和征管部门的日常检查。税务稽查是由税务稽查部门依法组织实施的，对纳税人、扣缴义务人履行纳税义务、扣缴义务的情况进行的全面的、综合的专业检查，主要是对涉及偷税、逃税、抗税和骗税的大案要案的检查。征收管理部门的检查是征管机构在履行职责时对征管中的某一环节出现的问题或者防止在征管某一环节出现问题而进行的税务检查。

3．税务检查的规范

（1）对税务机关行使税务检查权的规范。

① 控制检查次数。税务机关建立科学的检查制度，统筹安排检查工作，严格控制对纳税人、扣缴义务人的检查次数。国家税务总局规定，由稽查部门牵头，统一布置部署各类检查，建立国地税联合检查和检查结果共享制度，减少重复检查。

② 实行检查回避制度。

③ 应当出示相关税务证件。税务机关派出人员进行税务检查时，应当出示税务检查证和税务检查通知书。

④ 税务机关实施税务检查，应当有两人以上参加。

⑤ 检查存款账户在审批、使用、人员等方面有严格限制。

⑥ 调账检查有严格的审批和时间限制。

⑦ 应保守被检查人的秘密。

（2）对纳税人和有关部门配合税务检查的规范。纳税人、扣缴义务人必须接受税务机关依法进行的税务检查，如实反映情况，提供有关资料，不得拒绝、隐瞒。有关部门和单位应当支持、协助税务机关依法进行的税务检查，如实向税务机关反映纳税人、扣缴义务人和其他当事人与纳税或者代扣代缴、代收代缴税款有关的情况，提供有关资料或证明材料。

4．税务检查的程序

（1）选案。主要通过采用计算机选案分析系统进行筛选，采取人工归集分类、比例选择或随机抽样进行筛选，根据公民举报、上级交办、有关部门转办、交叉协查、情报交换等资料确定检查对象三种方式。其中，涉税举报是查处涉税违法案件重要来源之一。

（2）检查。税务检查机构一般应提前以书面形式通知被查对象，向被查的单位和个人下达"税务检查通知书"，告知其检查时间、需要准备的资料、情况等，但有下列情况不得事先通知：公民举报有税收违法行为的；稽查机关有根据认为纳税人有违法行为的；预先通知有碍稽查的。税务人员在检查过程中，应依照法定权限和程序向被查对象、证人及利害关系人了解情况，提取和索取物证、书证，进行实物或实地检查等。

（3）审理。在实施检查完毕的基础上，由税务机关专门组织或人员核准案件事实，审查鉴别证据，分析认定案件性质，做出处理决定。对数额较大、情节复杂或征纳双方争议较大的重大案件，税务检查机构及时提请所属税务机关的重大税务案件审理委员会进行集体审理，确保案件定性和处理的准确、适当。

（4）执行。税务检查事项完毕后，税务部门应及时将"税务处理决定书"送达纳税人，并督促被查对象将查补税款、滞纳金及罚款及时、足额缴入国库。

练　习　题

一、单项选择题

1．下列法律中，明确确定"中华人民共和国公民有依照法律纳税的义务"的是（　　）。

A．《中华人民共和国宪法》　　B．《中华人民共和国民法通则》

C．《中华人民共和国个人所得税法》　　D．《中华人民共和国税收征收管理法》

2．下列关于税收强制执行措施的表述中，正确的是（　　）。

A．税收强制执行措施不适用于扣缴义务人

B．作为家庭唯一代步工具的轿车，不在税收强制执行的范围之内

C．税务机关采取强制执行措施时，可对纳税人未缴纳的滞纳金同时强制执行

D．税务机关可对未按期缴纳工薪收入个人所得税的个人实施税收强制执行措施

3．税务机关在税务检查中发现，张某委托本地个体户李某加工实木地板。张某已将实木地

板收回并销售，但未入账，也不能出示消费税完税证明。下列关于税务机关征管行为的表述中，正确的是（　　）。

A．要求李某补缴税款

B．要求张某补缴税款

C．应对张某处以未缴消费税额0.5~3倍的罚款

D．应对李某处以未代收代缴消费税额0.5~3倍的罚款

4．下列各项中，适用增值税出口退税“先征后退”办法的是（　　）。

A．收购货物出口的外贸企业　　B．受托代理出口货物的外贸企业

C．自营出口自产货物的生产企业　　D．委托出口自产货物的生产企业

5．张先生2014年6月销售一套普通住房取得销售收入120万元。该住房系张先生于2015年12月购买取得，取得的购房发票上注明的房屋价款为90万元。张先生销售住房应缴纳的营业税为（　　）万元。

A．1.5　　B．2.7　　C．4.5　　D．6

二、多项选择题

1．下列关于我国税收法律级次的表述中，正确的有（　　）。

A.《中华人民共和国城市维护建设税暂行条例》属于税收规章

B.《中华人民共和国企业所得税法实施条例》属于税收行政法规

C.《中华人民共和国企业所得税法》属于全国人大制定的税收法律

D.《中华人民共和国增值税暂行条例》属于全国人大常委会制定的税收法律

2．下列各项中，纳税人应当自行申报缴纳个人所得税的有（　　）。

A．年所得12万元以上的

B．从中国境外取得所得的

C．取得应税所得没有扣缴义务人的

D．从中国境内两处或者两处以上取得工资、薪金所得的

3．下列关于税务机关行使税务检查权的表述中，符合税法规定的有（　　）。

A．到纳税人的住所检查应纳税的商品、货物和其他财产

B．责成纳税人提供与纳税有关的文件、证明材料和有关资料

C．到车站检查纳税人托运货物或者其他财产的有关单据、凭证和资料

D．经县税务局长批准，凭统一格式的检查存款账户许可证，查询案件涉嫌人员的储蓄存款

4．下列各项中，外购应税消费已纳消费税款准予扣除的有（　　）。

A．外购已税烟丝生产的卷烟

B．外购已税汽车轮胎生产的小轿车

C．外购已税珠宝原料生产的金银镶嵌首饰

D．外购已税石脑油为原料生产的应税消费品

5．依据企业所得税的相关规定，下列资产中，可采用加速折旧方法的有（　　）。

A．常年处于强震动状态的固定资产

B．常年处于高腐蚀状态的固定资产

C．单独估价作为固定资产入账的土地

D．由于技术进步原因产品更新换代较快的固定资产

三、计算分析题

某手表厂为增值税一般纳税人，生产销售各类手表。2013年6月销售A牌手表40只，每只零售价为15 210元；销售B牌手表25只，每只零售价为10 530元；销售C牌手表200只，每只零售价为234元。已知高档手表的消费税税率为20%。假设该手表厂无其他业务，计算该手表厂2013年6月应缴纳的消费税。

第 10 章

会计法与审计法

学习目标

通过本章的学习，要求：理解会计工作管理及会计机构、会计核算；掌握会计法的概念、调整范围和基本原则，审计法的概念和基本原则；了解审计的基本程序，违反《会计法》和《审计法》应承担的责任。

引导案例

审计机关对某股份有限公司 2012 年财务情况进行审计时，发现有以下行为：

（1）公司作为一般纳税人，在未发生存货购入业务的情况下，从其他企业买入空白增值税发票，并在发票上注明购入商品，买价 2 000 万元，增值税额 340 万元。财务部门以该发票为依据，编制购入商品的记账凭证；纳税申报时作为增值税进项税额抵扣税款。

（2）会计人员有充分证据证明以上行为属公司总经理强令会计人员所为。

（3）公司销售商品开出发票时，“发票联”内容真实，但本单位“决账联”和“存根联”的金额比真实金额小。会计以“记账联”编制记账凭证，登记账簿，导致少记销售收入 900 万元，少记增值税 153 万元。

思考题：

以上三种行为分别属于什么行为？应如何处理？

10.1 会计法

会计法是经济监督法中的一项重要内容。了解和掌握会计的立法规定，对于监督经济的运行，维护经济秩序，促进经济的健康发展，具有十分重要的现实意义。

10.1.1 会计和会计法概述

1．会计的概念

会计是以货币为主要计量单位，采用一系列专门的方法和程序，对经济交易或事项进行连续、系统、综合地核算和监督，提供经济信息，参与预测、决策的一种管理活动。会计的基本职能为核算和监督。

2．会计法的概念

从广义上理解，会计法是调整会计关系的法律规范的总称。会计关系是会计机构和会计人员在办理会计事务过程中及国家在管理会计工作过程中发生的经济关系。我国的会计法律制度包括会计法律、会计行政法规、会计规章及其他会计规范性文件。

从狭义上理解，会计法是调整会计机构、会计人员在办理会计事务过程中发生的经济关系，以及国家在管理监督会计工作过程中所发生的经济关系的法律规范的总称。目前我国执行的是1999年10月31日修改，2000年7月1日开始实施的《中华人民共和国会计法》（简称《会计法》）。

3．会计法的调整范围

《会计法》第二条规定，国家机关、社会团体、公司、企业、事业单位和其他组织的会计事务都适用《会计法》，因此，其调整对象也包括农村经济组织、外国企业和外资企业。

4．会计法的基本原则

（1）真实原则。各单位必须依法设置会计账簿，并保证其真实、完整；单位负责人对本单位的会计工作和会计资料的真实性、完整性负责。

（2）合法原则。各项会计工作必须依法进行，各单位必须依法设置会计账簿，会计机构、会计人员要遵守法律法规，依照《会计法》规定办理会计事务，进行会计核算，实行会计监督。

（3）完整原则。各单位必须根据实际发生的经济业务事项进行会计核算，填制会计凭证，登记会计账簿，编制财务会计报告，不得残缺、丢失、隐匿和损毁，确保其完整。

（4）监督原则。会计机构、会计人员依照《会计法》规定进行会计核算，实行会计监督。

（5）对会计人员依法进行保护原则。任何单位或者个人不得对依法履行职责、抵制违反《会计法》规定行为的会计人员实行打击报复。对认真执行《会计法》，忠于职守，坚持原则，做出显著成绩的会计人员，给予精神的或者物质的奖励。

10.1.2 会计工作管理及会计机构

1．会计工作管理

（1）会计工作的主管部门。我国《会计法》规定，国务院财政部门主管全国的会计工作。

县级以上地方各级人民政府财政部门管理本行政区域内的会计工作。单位负责人对本单位的会计工作和会计资料的真实性、完整性负责。

国家实行统一的会计制度。国家统一的会计制度由国务院财政部门根据《会计法》制定并公布。国务院有关部门可以依照《会计法》和国家统一的会计制度，制定对会计核算和会计监督有特殊要求的行业实施国家统一的会计制度的具体办法或者补充规定，报国务院财政部门审核批准。

（2）会计人员的管理。根据《会计法》和有关法规的规定，财政部门负责会计人员的业务管理，包括会计从业资格管理、会计专业技术资格管理、会计人员评优表彰及会计人员的继续教育等。

（3）单位内部的会计工作管理。依据我国《会计法》及有关制度规定，单位负责人对本单位的会计工作和会计资料的真实性、完整性负责。单位负责人是指法定代表人或者法律、行政法规规定代表单位行使职权的主要负责人。

2．会计机构和会计人员

（1）会计机构和会计人员的设置。各单位应当根据会计业务的需要设置会计机构，或者在有关机构中设置会计人员并指定会计主管人员。不具备设置条件的，应当委托经批准设立从事会计代理记账业务的中介机构代理记账。

国有的和国有资产占控股地位或者主导地位的大、中型企业必须设置总会计师。总会计师的任职资格、任免程序、职责权限由国务院规定。

会计机构内部应当建立稽核制度。出纳人员不得兼任稽核、会计档案保管和收入、支出、费用、债权债务账目的登记工作。

从事会计工作的人员，必须取得会计从业资格证书。担任单位会计机构负责人（会计主管人员）的，除取得会计从业资格证书外，还应当具备会计师以上专业技术职务资格或者从事会计工作 3 年以上的经历。会计人员从业资格管理办法由国务院财政部门规定。

（2）会计机构和会计人员的职责。我国《会计法》规定，会计机构和会计人员的主要职责是：依法进行会计核算；依法实行会计监督；拟定本单位办理会计事务的具体办法；参与拟订经济计划、业务计划，考核、分析预算、财务计划的执行情况；办理其他会计事务。

会计人员应当遵守职业道德，提高业务素质。因有提供虚假财务会计报告，做假账，隐匿或者故意销毁会计凭证、会计账簿、财务会计报告，贪污、挪用公款，职务侵占等与会计职务有关的违法行为被依法追究刑事责任的人员，不得取得或者重新取得会计从业资格证书。除前述规定的人员外，因违法违纪行为被吊销会计从业资格证书的人员，自被吊销会计从业资格证书之日起 5 年内，不得重新取得会计从业资格证书。

（3）会计人员的工作交接。会计人员调动工作或者离职，必须与接管人员办清交接手续。一般会计人员办理交接手续，由会计机构负责人（会计主管人员）监交；会计机构负责人（会计主管人员）办理交接手续，由单位负责人监交，必要时主管单位可以派人会同监交。

10.1.3 会计核算

1．会计年度、记账本位币和会计记录文字

会计年度是以年度为单位进行会计核算的时间区间，是反映单位财务状况、核算经营成果的时间界限。根据《会计法》规定，会计年度自公历1月1日起至12月31日止。

记账本位币是指用于日常登记账簿和编制财务会计报告时表示计量的货币。根据《会计法》规定，会计核算以人民币为记账本位币。业务收支以人民币以外的货币为主的单位，可以选定其中一种货币作为记账本位币，但是编制的财务会计报告应当折算为人民币。

会计记录文字应当使用中文。在民族自治地方，会计记录可以同时使用当地通用的一种民族文字。在中华人民共和国境内的外商投资企业、外国企业和其他外国组织的会计记录可以同时使用一种外国文字。

2．会计核算的内容

根据《会计法》规定，下列经济业务事项，应当办理会计手续，进行会计核算：款项和有价证券的收付；财物的收发、增减和使用；债权债务的发生和结算；资本、基金的增减；收入、支出、费用、成本的计算；财务成果的计算和处理；需要办理会计手续、进行会计核算的其他事项。

3．会计核算的基本要求

会计核算总的原则是要求各单位必须根据实际发生的经济业务事项进行会计核算，填制会计凭证，登记会计账簿，编制财务会计报告。任何单位不得以虚假的经济业务事项或者资料进行会计核算。

会计凭证、会计账簿、财务会计报告和其他会计资料，必须符合国家统一的会计制度的规定。使用电子计算机进行会计核算的，其软件及其生成的会计凭证、会计账簿、财务会计报告和其他会计资料，也必须符合国家统一的会计制度的规定。任何单位和个人不得伪造、变造会计凭证、会计账簿及其他会计资料，不得提供虚假的财务会计报告。

4．会计核算业务流程

（1）填制和审核会计凭证。会计凭证包括原始凭证和记账凭证。办理经济业务事项，必须填制或者取得原始凭证并及时送交会计机构。会计机构、会计人员必须按照国家统一的会计制度的规定对原始凭证进行审核，对不真实、不合法的原始凭证有权不予接受，并向单位负责人报告；对记载不准确、不完整的原始凭证予以退回，并要求按照国家统一的会计制度的规定更正、补充。

原始凭证记载的各项内容均不得涂改；原始凭证有错误的，应当由出具单位重开或者更正，

更正处应当加盖出具单位印章。原始凭证金额有错误的，应当由出具单位重开，不得在原始凭证上更正。记账凭证应当根据经过审核的原始凭证及有关资料编制。

（2）设置和登记会计账簿。会计账簿登记，必须以经过审核的会计凭证为依据，并符合有关法律、行政法规和国家统一的会计制度的规定。会计账簿包括总账、明细账、日记账和其他辅助性账簿。会计账簿应当按照连续编号的页码顺序登记。会计账簿记录发生错误或者隔页、缺号、跳行的，应当按照国家统一的会计制度规定的方法更正，并由会计人员和会计机构负责人（会计主管人员）在更正处盖章。各单位发生的各项经济业务事项应当在依法设置的会计账簿上统一登记、核算，不得违反《会计法》和国家统一的会计制度的规定私设会计账簿登记、核算。

各单位应定期将会计账簿记录与实物、款项及有关资料相互核对，保证会计账簿记录与实物及款项的实有数额相符、会计账簿记录与会计凭证的有关内容相符、会计账簿之间相对应的记录相符、会计账簿记录与会计报表的有关内容相符。

【案例聚焦】

某有限责任公司（国有企业）赵某自2007年起担任总经理。2015年8月，该公司主管部门接到举报说赵某在任职期间有打击压制坚持原则的会计人员等问题。经调查，赵某因不满会计郑某多次不听从做违法会计账的指令，尤其不满其向上级主管部门反映真实情况，将其调回车间。本案中“赵某因不满会计郑某多次不听从做违法会计账的指令，尤其不满其向上级主管部门反映真实情况，将其调回车间”属于单位负责人对依法履行职责、抵制违反《中华人民共和国会计法》规定行为的会计人员实行打击报复的行为。根据《中华人民共和国会计法》的规定，单位负责人对依法履行职责、抵制违反本法规定行为的会计人员实行打击报复，构成犯罪的，依法追究刑事责任；尚不构成犯罪的，由所在单位或者有关单位依法给予行政处分。对受打击报复的会计人员，应当恢复其名誉和原有职务、级别。

（3）编制财务会计报告。财务会计报告应当根据经过审核的会计账簿记录和有关资料编制，并符合《会计法》和国家统一的会计制度关于财务会计报告的编制要求、提供对象和提供期限的规定；其他法律、行政法规另有规定的，从其规定。

各单位采用的会计处理方法，前后各期应当一致，不得随意变更；确有必要变更的，应当按照国家统一的会计制度的规定变更，并将变更的原因、情况及影响在财务会计报告中说明。

财务会计报告由会计报表、会计报表附注和财务情况说明书组成。向不同的会计资料使用者提供的财务会计报告，其编制依据应当一致。有关法律、行政法规规定会计报表、会计报表附注和财务情况说明书须经注册会计师审计的，注册会计师及其所在的会计师事务所出具的审计报告应当随同财务会计报告一并提供。

财务会计报告应当由单位负责人和主管会计工作的负责人、会计机构负责人（会计主管人员）签名并盖章；设置总会计师的单位，还须由总会计师签名并盖章。单位负责人应当保证财务会计报告真实、完整。

5．会计档案的管理

《会计法》规定，各单位对会计凭证、会计账簿、财务会计报告和其他会计资料应当建立档案，妥善保管。会计档案的保管期限和销毁办法，由国务院财政部门会同有关部门制定。

6．公司、企业会计核算的特殊规定

公司、企业必须根据实际发生的经济业务事项，按照国家统一的会计制度的规定确认、计量和记录资产、负债、所有者权益、收入、费用、成本和利润。

根据《会计法》规定，公司、企业进行会计核算不得有下列行为：① 随意改变资产、负债、所有者权益的确认标准或者计量方法，虚列、多列、不列或者少列资产、负债、所有者权益；② 虚列或者隐瞒收入，推迟或者提前确认收入；③ 随意改变费用、成本的确认标准或者计量方法，虚列、多列、不列或者少列费用、成本；④ 随意调整利润的计算、分配的方法，编造虚假利润或者隐瞒利润；⑤ 违反国家统一的会计制度规定的其他行为。

10.1.4 会计监督

1．国家监督

（1）监督主体。财政、审计、税务、人民银行、证券监管、保险监管等部门应当依照有关法律、行政法规规定的职责，对有关单位的会计资料实施监督检查。

（2）监督内容。财政部门对各单位的下列情况实施监督：是否依法设置会计账簿；会计凭证、会计账簿、财务会计报告和其他会计资料是否真实、完整；会计核算是否符合本法和国家统一的会计制度的规定；从事会计工作的人员是否具备从业资格。

（3）国家监督的其他相关规定。监督检查部门对有关单位的会计资料依法实施监督检查后，应当出具检查结论。有关监督检查部门已经做出的检查结论能够满足其他监督检查部门履行本部门职责需要的，其他监督检查部门应当加以利用，避免重复查账。

依法对有关单位的会计资料实施监督检查的部门及其工作人员对在监督检查中知悉的国家秘密和商业秘密负有保密义务。

各单位必须依照有关法律、行政法规的规定，接受有关监督检查部门依法实施的监督检查，如实提供会计凭证、会计账簿、财务会计报告和其他会计资料以及有关情况，不得拒绝、隐匿、谎报。

2．社会监督

有关法律、行政法规规定，须经注册会计师进行审计的单位，应当向受委托的会计师事务所如实提供会计凭证、会计账簿、财务会计报告和其他会计资料及有关情况。任何单位或者个人不得以任何方式要求或者示意注册会计师及其所在的会计师事务所出具不实或者不当的审计报告。财政部门有权对会计师事务所出具审计报告的程序和内容进行监督。

3. 内部监督

内部监督是指各单位的会计机构、会计人员对本单位实行的会计监督。各单位应当建立、健全本单位内部会计监督制度。

根据《会计法》规定，单位内部会计监督制度应当符合下列要求：① 记账人员与经济业务事项和会计事项的审批人员、经办人员、财物保管人员的职责权限应当明确，并相互分离、相互制约；② 重大对外投资、资产处置、资金调度和其他重要经济业务事项的决策和执行的相互监督、相互制约程序应当明确；③ 财产清查的范围、期限和组织程序应当明确；④ 对会计资料定期进行内部审计的办法和程序应当明确。

单位负责人应当保证会计机构、会计人员依法履行职责，不得授意、指使、强令会计机构、会计人员违法办理会计事项。

会计机构、会计人员对违反《会计法》和国家统一的会计制度规定的会计事项，有权拒绝办理或者按照职权予以纠正。会计机构、会计人员发现会计账簿记录与实物、款项及有关资料不相符的，按照国家统一的会计制度的规定有权自行处理的，应当及时处理；无权处理的，应当立即向单位负责人报告，请求查明原因，做出处理。

10.1.5　违反《会计法》的法律责任

违反《会计法》的法律责任主要有行政责任和刑事责任。对违反《会计法》有关规定，情节轻微，不构成犯罪的，应当予以行政制裁，包括行政处罚和行政处分。对违反《会计法》有关规定，造成严重后果，构成犯罪的，根据《刑法》有关规定追究刑事责任。

（1）违反《会计法》规定，有下列行为之一的，由县级以上人民政府财政部门责令限期改正，可以对单位并处 3 000 元以上 5 万元以下的罚款；对其直接负责的主管人员和其他直接责任人员，可以处 2 000 元以上 2 万元以下的罚款；属于国家工作人员的，还应当由其所在单位或者有关单位依法给予行政处分：不依法设置会计账簿的；私设会计账簿的；未按照规定填制、取得原始凭证或者填制、取得的原始凭证不符合规定的；以未经审核的会计凭证为依据登记会计账簿或者登记会计账簿不符合规定的；随意变更会计处理方法的；向不同的会计资料使用者提供的财务会计报告编制依据不一致的；未按照规定使用会计记录文字或者记账本位币的；未按照规定保管会计资料，致使会计资料毁损、灭失的；未按照规定建立并实施单位内部会计监督制度或者拒绝依法实施的监督或者不如实提供有关会计资料及有关情况的；任用会计人员不符合《会计法》规定的。

有上述所列行为之一，构成犯罪的，依法追究刑事责任。会计人员有上述所列行为之一，情节严重的，由县级以上人民政府财政部门吊销其会计从业资格证书。

（2）伪造、变造会计凭证、会计账簿，编制虚假财务会计报告或者隐匿、故意销毁依法应当保存的会计凭证、会计账簿、财务会计报告，构成犯罪的，依法追究刑事责任。尚不构成犯罪的，由县级以上人民政府财政部门予以通报，可以对单位并处5 000元以上10万元以下的罚款；对其直接负责的主管人员和其他直接责任人员，可以处3 000元以上5万元以下的罚款；属于国家工作人员的，还应当由其所在单位或者有关单位依法给予撤职直至开除的行政处分；对其中的会计人员，并由县级以上人民政府财政部门吊销其会计从业资格证书。

（3）授意、指使、强令会计机构、会计人员及其他人员伪造、变造会计凭证、会计账簿，编制虚假财务会计报告或者隐匿、故意销毁依法应当保存的会计凭证、会计账簿、财务会计报告，构成犯罪的，依法追究刑事责任；尚不构成犯罪的，可以处5 000元以上5万元以下的罚款；属于国家工作人员的，还应当由其所在单位或者有关单位依法给予降级、撤职、开除的行政处分。

（4）单位负责人对依法履行职责、抵制违反《会计法》规定行为的会计人员以降级、撤职、调离工作岗位、解聘或者开除等方式实行打击报复，构成犯罪的，依法追究刑事责任；尚不构成犯罪的，由其所在单位或者有关单位依法给予行政处分。对受打击报复的会计人员，应当恢复其名誉和原有职务、级别。

（5）财政部门及有关行政部门的工作人员在实施监督管理中滥用职权、玩忽职守、徇私舞弊或者泄露国家秘密、商业秘密，构成犯罪的，依法追究刑事责任；尚不构成犯罪的，依法给予行政处分。

违反《会计法》有关规定，将检举人姓名和检举材料转给被检举单位和被检举人个人的，由所在单位或者有关单位依法给予行政处分。

【案例聚焦】

杨某离任本村会计职务后，将本村会计资料“科目余额表”移交给本村新任会计李某，但并未移交会计凭证。杨某在该乡人民政府工作人员多次督促下，仍不移交。该乡人民政府委托会计事务所对该村账目审计监督时，杨某仍不提供会计账簿、会计凭证。公安机关传唤杨某询问该事后，其才将隐藏在家中的本村会计凭证、会计账簿移交给会计事务所。经会计事务所审计，该村近年来财务收入324.2万元，支出286.2万元。

法院审理后认为，被告人杨某故意隐藏本村会计凭证、会计账簿拒不交出，涉及金额在50万元以上，情节严重，已构成隐匿会计凭证、会计账簿罪。遂依照《中华人民共和国刑法修正案》第一条第一款之规定，杨某被判处拘役2个月，并处罚金20 000元。

10.2　审计法

10.2.1　审计和审计法概述

1．审计的概念和特点

审计是指审计机关依法独立检查被审计单位的会计凭证、会计账簿、财务会计报告及其他与财政收支、财务收支有关的资料和资产，监督财政收支、财务收支真实、合法和效益的行为。

审计的特点如下：

（1）独立性。审计机关依照法律规定独立行使审计监督权，不受其他行政机关、社会团体和个人的干涉。

（2）客观性。审计机关和审计人员办理审计事项，应当客观公正，实事求是，廉洁奉公，保守秘密。

（3）强制性。审计活动是具有强制性的国家监督活动，被审计单位和有关人员，必须积极配合，不得阻挠、拒绝，不得设置障碍，不得隐瞒真相和伪造证据，否则，要追究直接责任人员和有关人员的法律责任。

2．审计的类型

按审计主体的不同，我国的审计体系包括国家审计、内部审计和社会审计。

国家审计是指国家审计机关和审计人员通过审查会计凭证、会计账簿、会计报表，查阅有关文件、资料，检查现金、实物、有价证券，向有关单位和个人调查等方式，依法对被审计单位的财政收支、财务收支的真实、合法和效益进行审查和评价的经济监督活动。

内部审计是指部门、单位内部的审计机构和审计人员对本单位及下属单位的财务收支及有关的经济活动，进行内部审查和评价的活动。

社会审计是指依法成立的社会审计机构和审计人员接受委托人的委托，对被审计单位的财务收支及有关经济活动，进行公证、评价的服务活动。

3．审计法的概念

审计法是由国家制定或认可，并由国家以强制力保证实施的，具有普遍约束力的，调整审计活动中形成的各种审计关系的法律规范的总称。审计法有广义和狭义之分。

广义上的审计法是指各种审计法律规范的总和，从性质上看，既包括国家审计法，也包括内部审计法和社会审计法；从法律形式的效力层次上看，既包括宪法，全国人大及其常务委员会制定的审计法律，也包括国务院制定的审计行政法规，地方人大及其常委会制定的地方审计法规以及国务院各部门和地方人民政府制定的审计行政规章等。

狭义上的审计法专指国家审计法律，即 1994 年 8 月 31 日八届全国人大常委会第九次会议通过，并于 2006 年 2 月 28 日第十届全国人大第二十次会议修正的《中华人民共和国审计法》

（简称《审计法》）。为了配合《审计法》的实施，国务院于1997年10月21日发布了《中华人民共和国审计法实施条例》，并于2010年2月2日国务院第100次常务会议修订通过。

4．审计法的基本原则

（1）依法审计原则。依法审计是审计监督的一项基本原则，要求审计机关和审计人员应当依照法律规定行使审计监督权，开展各项审计活动。依法审计原则的内容主要包括：审计机关的职权只能由法定的审计机关行使；审计机关必须依照法律规定的职责、权限和程序开展审计监督活动；审计机关必须依法做出审计结果。

（2）独立审计原则。审计机关独立行使审计监督权，主要指审计机关在组织、人员、经费和工作上的独立性，以保证审计监督的客观性、公正性、权威性和有效性。

（3）客观公正原则。客观公正就是审计机关在行使审计监督权时必须公平、正当、实事求是，它是审计人员职业道德的重要内容。审计机关和审计人员办理审计事项，应当客观公正，实事求是，廉洁奉公，保守秘密。

5．审计监督范围

审计监督范围主要包括国务院各部门、地方人民政府及其各部门、国有金融机构和企业事业组织及其他依照本法应当接受审计的单位或事项。审计监督的内容主要是国家财政收支和与国有资产有关的财务收支。审计机关在对国家财政收支和财务收支进行审计过程中，应当对其是否真实、是否合法、是否有效益实施监督，以保障国有资产的安全完整，促进其保值增值。

10.2.2　审计机关和审计人员

1．审计机关的架构

国务院设立审计署，在国务院总理领导下，主管全国的审计工作，履行《审计法》和国务院规定的职责。审计长是审计署的行政首长。

地方各级审计机关在本级人民政府行政首长和上一级审计机关的领导下，负责本行政区域的审计工作，履行法律、法规和本级人民政府规定的职责。

省、自治区人民政府设有派出机关的，派出机关的审计机关对派出机关和省、自治区人民政府审计机关负责并报告工作，审计业务以省、自治区人民政府审计机关领导为主。

2．审计机关的职责

（1）对国家财政收支进行审计监督。审计机关对本级各部门（含直属单位）和下级政府预算的执行情况和决算，以及预算外资金的管理和使用进行审计监督。审计署在国务院总理领导下，对中央预算执行情况进行审计监督，向国务院总理提出审计结果报告；地方各级审计机关分别在省长、自治区主席、市长、州长、县长、区长和上一级审计机关的领导下，对本级预算执行情况进行审计监督，向本级人民政府和上一级审计机关提出审计结果报告。

（2）对中央银行的财务收支和国有金融机构的资产、负责、损益，进行审计监督。

（3）对国家事业组织的财务收支进行审计监督。

（4）对国有企业的资产、负债、损益进行审计监督；对国家资产占控股地位或者主导地位的企业进行审计监督。

（5）对国家建设项目的预算执行情况和决算，进行审计监督。

（6）对政府部门管理的和社会团体受政府委托管理的社会保障基金、社会捐赠资金及其他有关基金、资金的财务收支，进行审计监督。

（7）对国际组织和外国政府援助、贷款项目的财务收支，进行审计监督。

（8）对其他法律、行政法规规定应当由审计机关进行审计的事项，依照《审计法》和有关法律、行政法规的规定，进行审计监督。

（9）对与国家财政收支有关的特定事项进行专项审计调查。

（10）对各部门、国有金融机构和企业事业组织的内部审计，进行业务指导和监督。

（11）对依法独立进行社会审计的机构，依照有关法律和国务院的规定，进行指导、监督和管理。

3．审计机关的权限

（1）审计机关有权要求被审计单位按照规定报送与财政、财务收支有关的资料。

（2）审计机关有权检查与财政、财务收支有关的资料和资产。

（3）审计机关有权就审计事项的有关问题向有关单位和个人进行调查，并取得有关证明材料。

（4）审计机关有权制止被审计单位正在进行的违反国家规定的财政收支、财务收支行为；制止无效的，经县级以上审计机关负责人批准，有权通知财政部门和有关主管部门暂停拨付与违反国家规定的财政、财务收支行为直接有关的款项；已经拨付的暂停使用。

（5）审计机关认为被审计单位所执行的与上级主管部门的规定与法律、行政法规相抵触的，有权建议主管部门纠正；主管部门不予纠正的，有权提请有处理权的机关依法处理。

（6）审计机关在保守国家秘密和被审计单位的商业秘密，遵守国务院有关规定的情况下，有权向政府有关部门通报或向社会公布审计结果。

（7）审计机关对被审计单位拒绝或拖延提供与审计事项有关的资料的，或者拒绝、阻碍检查的，有权责令改正，可以通报批评，给予警告；拒不改正的，依法追究责任。

（8）审计机关发现被审计单位转移、隐匿、篡改、毁弃与财政、财务收支有关的资料的，有权予以制止。

（9）审计机关发现被审计单位转移、隐匿违法取得的资产的，有权予以制止，或者申请人民法院采取保全措施。

（10）审计机关对本级各部门（含直属单位）和下级政府违反预算的行为或者其他违反国家

规定的财政收支行为，有权在法定职权范围内，依照法律、行政法规的规定做出处理。

（11）审计机关对违反国家规定的财务收支行为，有权在法定职权范围内，依照法律、行政法规的规定，责令限期缴纳应当上缴的收入，限期退还违法所得，限期退还被侵占的国有资产，以及采取其他纠正措施，并可给予处罚。

（12）审计机关对违反审计法的有关规定或违反国家其他有关规定，负有直接责任的主管人员和其他直接责任人员，依法应当给予行政处分的，有权提出给予行政处分的建议。

【案例聚焦】

2003年，审计署推出审计结果公开制度。6月25日，李金华代表审计署，提交了一份长达22页的审计报告，并首次在第一时间全文公布了牵涉很多重要部门的审计报告。一大批中央部委被公开曝光，被点名批评的有财政部、原国家计委、教育部、民政部、水利部等，其中，财政部被点名达9次之多，报告在用词上也少有以前的含糊和温和，而代之以“疏于管理和监督”等严厉的字眼。2004年6月23日，李金华代表国务院向全国人大常委会提交了一份很有分量的审计清单。审计报告，“揭盖子”占到9成以上篇幅。报告中的18项内容，每一项都足够震撼。人们用“审计风暴”来形容报告所带来的冲击波。

4. 审计人员

审计人员实行审计专业技术资格制度，具体按照国家有关规定执行。审计机关根据工作需要，可以聘请具有与审计事项相关专业知识的人员参加审计工作。

审计人员办理审计事项，有下列情形之一的，应当申请回避，被审计单位也有权申请审计人员回避：① 与被审计单位负责人或者有关主管人员有夫妻关系、直系血亲关系、三代以内旁系血亲或者近姻亲关系的；② 与被审计单位或者审计事项有经济利益关系的；③ 与被审计单位、审计事项、被审计单位负责人或者有关主管人员有其他利害关系，可能影响公正执行公务的。

审计人员的回避，由审计机关负责人决定；审计机关负责人办理审计事项时的回避，由本级人民政府或者上一级审计机关负责人决定。审计机关负责人在任职期间没有下列情形之一的，不得随意撤换：① 因犯罪被追究刑事责任的；② 因严重违法、失职受到处分，不适宜继续担任审计机关负责人的；③ 因健康原因不能履行职责1年以上的；④ 不符合国家规定的其他任职条件的。

10.2.3 审计程序

审计程序，是指审计机关和审计人员对审计项目实施审计的一系列工作过程。根据《审计法》的规定，审计工作程序一般经过四个阶段。

1．准备阶段

审计机关根据审计项目计划确定的审计事项组成审计组，并应当在实施审计 3 日前，向被审计单位送达审计通知书。被审计单位应当配合审计机关的工作，并提供必要的工作条件。

2．实施阶段

审计人员通过审查会计凭证、会计账簿、会计报表，查阅与审计事项有关的文件、资料，检查现金、实物、有价证券，向有关单位和个人调查等方式进行审计，并取得证明材料。审计人员向有关单位和个人进行调查时，应当出示审计人员的工作证件和审计通知书副本。

3．报告阶段

审计组对审计事项实施审计后，应当向审计机关提出审计报告。审计报告报送审计机关前，应当征求被审计单位的意见。被审计单位应当自接到审计报告之日起 10 日内，将其书面意见送交审计组或者审计机关。

4．审定和决定阶段

审计机关审定审计报告，对审计事项做出评价，出具审计意见书；对违反国家规定的财政收支、财务收支行为，需要依法给予处理、处罚的，在法定职权范围内做出审计决定或者向有关主管机关提出处理、处罚意见。

审计机关应当自收到审计报告之日起 30 日内，将审计意见书和审计决定送达被审计单位和有关单位。审计决定自送达之日起生效。

10.2.4　违反《审计法》的法律责任

根据《审计法》的有关规定，违反《审计法》的法律责任可以分为两类，一是被审计单位及有关人员的法律责任，二是审计人员的法律责任。

1．被审计单位及有关人员的法律责任

（1）被审计单位违反《审计法》规定，拒绝或者拖延提供与审计事项有关的资料的，或者拒绝、阻碍检查的，审计机关责令改正，可以通报批评，给予警告；拒不改正的，依法追究责任。

（2）被审计单位转移、隐匿、篡改、毁弃会计凭证、会计账簿、会计报表以及其他与财政收支或者财务收支有关的资料的，审计机关认为对负有直接责任的主管人员和其他直接责任人员依法应当给予行政处分的，应当提出给予行政处分的建议，被审计单位或者其上级机关、监察机关应当依法及时做出决定；构成犯罪的，由司法机关依法追究刑事责任。

（3）被审计单位转移、隐匿违法取得的资产的，审计机关认为对负有直接责任的主管人员和其他直接责任人员依法应当给予行政处分的，应当提出给予行政处分的建议，被审计单位或者其上级机关、监察机关应当依法及时做出决定；构成犯罪的，由司法机关依法追究刑事责任。

（4）对被审计单位违反国家规定的财务收支行为，审计机关、人民政府或者有关主管部门

在法定职权范围内，依照法律、行政法规的规定，责令限期缴纳应当上缴的收入，限期退还违法所得，限期退还被侵占的国有资产，以及采取其他纠正措施，并可依法给予处罚。

（5）对被审计单位违反国家规定的财政收支、财务收支行为负有直接责任的主管人员和其他直接责任人员，审计机关认为依法应当给予行政处分的，应当提出给予行政处分的建议，被审计单位或者其上级机关、监察机关应当依法及时做出决定；构成犯罪的，依法追究刑事责任。

（6）报复陷害审计人员，构成犯罪的，依法追究刑事责任；不构成犯罪的，给予行政处分。

2．审计人员的法律责任

审计人员滥用职权、徇私舞弊、玩忽职守，构成犯罪的，依法追究刑事责任；不构成犯罪的，给予行政处分。

练 习 题

一、单项选择题

1．根据《会计法》规定，从事会计工作的人员应当具备的基本任职资格是（　　）。

A．具有初级会计专业技术资格　　B．取得会计从业资格证书

C．具有中专以上会计专业学历　　D．取得注册会计师资格证书

2．根据会计法律制度的有关规定，在办理会计工作交接手续中，发现“白条顶库”现象，应采取的做法是（　　）。

A．由监交人员负责查清处理　　B．由接管人员在移交后负责查清处理

C．由移交人员在规定期限内负责查清处理　D．由会计档案管理人员负责查清处理

3．根据《会计档案管理办法》的规定，会计档案保管期限分为永久和定期两类。定期保管的会计档案，其最长期限是（　　）。

A．10年　　B．15年　　C．25年　　D．30年

4．某国有企业会计科出纳员因工作调动需办理工作交接手续，根据《会计基础工作规范》的规定，负责监交的人员应是（　　）。

A．该单位一般会计人员　　B．该单位会计机构负责人

C．该单位负责人　　D．当地财政部门派出人员

5．我国《会计法》第三条规定：“各单位必须依法设置会计账簿，并保证其真实、完整。”该法律规范属于（　　）。

A．授权性规范　　B．禁止性规范　　C．义务性规范　　D．任意性规范

二、多项选择题

1．根据《会计档案管理办法》的规定，下列各项中，属于会计档案的有（　　）。

A．信贷计划　　B．会计档案销毁清册

C．辅助账　　　　　　　　　　　　D．银行存款余额调节表

2．下列行为中，不符合会计法律制度规定的有（　　）。

A．某市财政局对本行政区域内的单位执行国家统一的会计制度情况进行检查

B．某医院在行政办公室设置了会计人员并指定符合条件的会计主管人员

C．某大型国有企业同时设置了总会计师和分管会计工作的副总经理

D．某镇财政所对一名会计人员做出吊销会计从业资格证书的决定

3．根据效力等级的不同，我国会计法律制度分为会计法律、会计法规、会计规章和会计规范性文件四个层次。下列各项中，属于会计法规的有（　　）。

A．国务院发布的《总会计师条例》　　　B．国务院发布的《企业财务会计报告条例》

C．省级人大常委会发布的地方会计管理条例

D．财政部发布的《财政部门实施会计监督办法》

4．根据《会计法》的规定，下列各项中，出纳人员不得兼任的工作有（　　）。

A．会计档案保管　　　　　　　　　B．收入费用账目登记

C．固定资产卡片登记　　　　　　　D．债权债务账目登记

5．根据《会计法》的规定，下列各项中，必须取得会计从业资格的有（　　）。

A．注册会计师　　B．注册税务师　　　C．会计主管人员　　　D．会计机构负责人

三、案例分析题

振光有限责任公司是一家中外合资经营企业，2014年度发生了以下事项：

（1）1月21日，公司接到市财政局通知，市财政局要来公司检查会计工作情况。公司董事长兼总经理胡某认为，公司作为中外合资经营企业，不应受《会计法》的约束，财政部门无权来检查。

（2）3月5日，公司会计科一名档案管理人员生病临时交接工作，胡某委托单位出纳员李某临时保管会计档案。

（3）4月15日，公司从外地购买一批原材料，收到发票后，与实际支付款项进行核对时发现发票金额错误，经办人员在原始凭证上进行更改，并加盖了自己的印章，作为报销凭证。

（4）6月30日，公司有一批保管期满的会计档案，按规定需要进行销毁。公司档案管理部门编制了会计档案销毁清册，档案管理部门的负责人在会计档案销毁清册上签了字，并于当天销毁。

要求：根据上述情况和会计法律制度的有关规定，回答下列问题：

（1）公司董事长兼总经理胡某认为合资经营企业不受《会计法》约束的观点是否正确？为什么？

（2）该公司由出纳员临时保管会计档案的做法是否符合法律规定？为什么？

（3）该公司经办人员更改原始凭证金额的做法是否符合法律规定？为什么？

（4）该公司销毁会计档案的做法是否符合法律规定？为什么？

第 11 章

劳动合同法与社会保险法

学习目标

通过本章的学习，要求：理解劳动者和劳动合同的概念；掌握劳动合同的订立、履行、变更、解除和终止的法律要求；掌握劳动合同的内容；熟悉劳动基准和劳动争议处理的法律规定；掌握社会保险法相关内容。

引导案例

张某是网络公司技术部门的一名员工，2012 年与该公司签订了无固定期限的劳动合同。2015 年以来，张某所在的公司为摆脱困境，决定采取减人增效的办法。经与企业工会协商，公司职代会通过了一项协商解除劳动合同的方案，其中规定：公司提出与员工协商解除劳动合同，员工在方案公布后一周内书面同意与公司协商解除劳动合同的，公司在法定经济补偿金之外再给予额外奖励金。方案公布一周后，张某才向公司递交了协商解除劳动合同的意见书，并要求公司按规定支付法定经济补偿金和额外奖励金。公司表示张某提交协商解除劳动合同意见时超过了公司规定的期限，公司可以同意与张某协商解除劳动合同，但不同意支付经济补偿金和额外奖励金，双方于是发生争议。

思考题：

张某与公司的劳动合同协商解除后，张某是否可以要求公司支付额外奖励金和经济补偿金？

11.1 劳动合同法

11.1.1 劳动合同与劳动合同法概述

1．劳动合同的概念

劳动合同，又称劳动契约、劳动协议，是指劳动者与用人单位之间确立劳动关系，明确双方权利和义务的书面协议。

这里所说的劳动关系是指在劳动者为用人单位提供劳动，用人单位支付劳动者报酬的基础上形成的一种相对稳定的社会经济关系。劳动关系不以书面劳动合同的签订为其建立的前提条件，而是依据用工之日这个事实。

【相关提示】

我国《劳动法》规定，劳动者与用人单位之间建立劳动关系应当订立劳动合同。劳动合同是确立劳动者和用人单位劳动关系的基本前提，是调整劳动关系的基本法律形式。

2．劳动合同的法律特征

劳动合同除具有合同的一般特征外，还具有本身的法律特征：

（1）劳动合同的主体具有特定性。即劳动合同的主体一方是劳动者，另一方是用人单位。在我国用人单位是指国家机关、事业单位、社会团体、企业、个体经济组织、民办非企业单位等组织，劳动者是指依法与用人单位建立劳动关系的自然人。

（2）劳动合同的内容具有明确性。劳动合同的内容明确双方当事人的权利义务，在此特指劳动关系建立之后劳动权利和劳动义务的分配，突出表现在不仅仅劳动合同双方当事人之间可以约定合同内容，更强调劳动法律、法规对劳动内容和形式的限制性规定，如对劳动合同书面形式的严格要求。

（3）劳动合同在时间上具有连续性。一般通过劳动合同建立的劳动关系是长期稳定的。劳动合同的完成不是一次性交易，而是劳动者持续付出劳动的继续性过程，即便是以完成一定工作任务为期限的劳动合同亦是如此。这种连续性决定了劳动合同难以回溯，即便劳动合同无效，劳动者已付出劳动的，用人单位也应当向劳动者支付报酬。

（4）劳动合同体现的是国家干预下的当事人意思自治。劳动合同是在国家干预下的当事人意思自治，而民事合同是没有国家干预的，体现的是当事人意思自治。也就是说，当两个人在签民事合同的时候，只要合同的内容不侵犯国家利益、公共利益，也不侵害第三者的利益，基本上都不受国家的干预。但是劳动合同却不同，尽管用人单位和劳动者之间约定的是他们双方之间的事，但是他们约定合同内容时以不违反劳同合同法的规定为限。

3．劳动合同法立法概况

众所周知，劳动合同是规范劳动关系最基本的法律形式；在法律上完善劳动合同制度，是夯实劳动关系基础的必然要求。尽管我国从 20 世纪 80 年代中期就开始进行劳动合同制度改革试点，1995 年 1 月 1 日施行的《劳动法》正式确立了劳动合同制度，全国陆续开始推行全员劳动合同制度，但受制于多方面因素，劳动合同制度实施情况并不理想。

为此，2007 年全国人大常委会审议通过了《中华人民共和国劳动合同法》，自 2008 年 1 月

1日起施行（修改方案于2012年12月28日通过，自2013年7月1日起施行）。劳动合同法作为一部构建和发展和谐稳定劳动关系的重要法律，自公布施行以来，对于规范双方当事人的权利和义务，保护劳动者的合法权益，发挥了重要作用。用人单位增强了依法用工的意识，提高了劳动合同的签订率。

《劳动合同法》是自《劳动法》颁布实施以来，我国劳动和社会保障法建设中的又一个里程碑。《劳动合同法》的颁布实施，对于更好地保护劳动者合法权益，构建和发展和谐稳定的劳动关系，促进社会主义和谐社会建设，有十分重要的意义。

【相关提示】

《劳动法》是劳动领域里的基本法，其主要内容是一些原则规定，其主要条款反映的是立法精神、立法原则。《劳动法》下面要有若干个配套的法律，才能构成劳动领域里的一个整体法律。《劳动合同法》就是《劳动法》的子法之一，它跟《劳动法》构成下位法和上位法的关系。

4.《劳动合同法》的适用范围

《劳动合同法》第二条规定的适用范围包括：

（1）中华人民共和国境内的企业、个体经济组织、民办非企业单位、依法成立的会计师事务所、律师事务所等合伙组织和基金会等组织（简称用人单位）与劳动者建立劳动关系，订立、履行、变更、解除或者终止劳动合同，适用劳动合同法。

【相关提示】

民办非企业单位是指企业事业单位、社会团体和其他社会力量以及公民个人利用非国有资产举办的，从事非营利性社会服务活动的社会组织。它的一个明显特征是：不是由政府或者政府部门举办的。

（2）国家机关、事业单位、社会团体和与其建立劳动关系的劳动者，订立、履行、变更、解除或者终止劳动合同，依照劳动合同法执行。

（3）事业单位与实行聘用制的工作人员订立、履行、变更、解除或者终止劳动合同，法律、行政法规或者国务院另有规定的，依照其规定；未作规定的，依照劳动合同法有关规定执行。

5.劳动合同法规定的基本制度

（1）劳动规章制度。劳动规章制度，是指由用人单位制定的，本单位全体劳动者在劳动过程中予以遵照和执行的劳动行为准则。

《劳动合同法》规定："用人单位应当依法建立和完善劳动规章制度，保障劳动者享有劳动权利、履行劳动义务。用人单位在制定、修改或者决定有关劳动报酬、工作时间、休息休假、劳动安全卫生、保险福利、职工培训、劳动纪律以及劳动定额管理等直接涉及劳动者切身利益的规章制度或者重大事项时，应当经职工代表大会或者全体职工讨论，提出方案和意见，与工会或者职工代表平等协商确定。在规章制度和重大事项决定实施过程中，工会或者职工认为不适当的，有权向用人单位提出，通过协商予以修改完善。用人单位应当将直接涉及劳动者切身利益的规章制度和重大事项决定公示，或者告知劳动者。”

（2）三方协商机制。《劳动合同法》规定了协调劳动关系的三方机制，其参与协调的三方主体分别是人民政府劳动行政部门、工会和企业代表如企业联合会、商会等组织，三方机制所要解决的问题是有关劳动关系的重大问题。

11.1.2 劳动合同的订立

1. 劳动合同订立的法律原则

订立劳动合同，应当遵循合法、公平、平等自愿、协商一致、诚实信用的原则。依法订立的劳动合同具有约束力，用人单位与劳动者应当履行劳动合同约定的义务。

（1）合法原则。合法原则是指劳动合同订立要遵守国家的法律、法规的要求，确保劳动主体合法、劳动合同内容合法、劳动合同程序合法。

（2）公平原则。法律以追求公平正义为依归。公平原则是指在符合法律规定的前提下，劳动者和用人单位公正合理地确定双方的权利义务。公平原则主要规制用人单位不能滥用优势地位，强迫劳动者订立不公平的合同。《劳动合同法》的立法目的倾斜保护劳动者合法权益，公平原则旨在平衡劳动者和用人单位实质上的不平等，从而达致实质公平。

（3）平等自愿原则。平等原则是指劳动合同的缔约双方具有平等的法律地位，享受同等的法律保护；自愿原则是劳动合同当事人完全按照个人意志自主决定是否订立合同、订立合同的内容等，是意思自治的体现。自愿原则与平等原则紧密相连，双方当事人在平等的基础上自愿订立劳动合同。

（4）协商一致原则。协商一致原则是平等自愿原则的进一步延伸，是指劳动者与用人单位在订立劳动合同的过程中自主磋商，就合同内容达成一致意见。

（5）诚实信用原则。诚实信用原则是指双方当事人在订立劳动合同时要诚实守信，不欺诈不隐瞒，真诚履行所承担的各项义务。此项原则是道德的法律化原则，是和谐劳动关系健康发展的前提。

2. 劳动合同的种类

根据我国《劳动合同法》的规定，我国劳动合同以劳动期限为标准主要分为以下三大类。

（1）固定期限劳动合同。固定期限劳动合同，又称定期劳动合同，是指劳动者与用人单位约定了合同终止时间的劳动合同。期限届满，劳动合同即行终止。用人单位与劳动者协商一致可以订立固定期限劳动合同。

（2）无固定期限劳动合同。无固定期限劳动合同，又称不定期劳动合同，是指用人单位与劳动者约定无确定终止时间的劳动合同。用人单位与劳动者协商一致可以订立固定期限劳动合同。

为更好保障劳动者合法权益，我国《劳动合同法》第十四条规定："有下列情形之一，劳动者提出或者同意续订、订立劳动合同的，除劳动者提出订立固定期限劳动合同外，应当订立无固定期限劳动合同：

1）劳动者在该用人单位连续工作满10年的；

2）用人单位初次实行劳动合同制度或者国有企业改制重新订立劳动合同时，劳动者在该用人单位连续工作满10年且距法定退休年龄不足10年的；

3）连续订立二次固定期限劳动合同，且劳动者没有劳动合同法规定的情形，续订劳动合同的。用人单位自用工之日起满一年不与劳动者订立书面劳动合同的，视为用人单位与劳动者已订立无固定期限劳动合同。"

【案例聚焦】

2007年6月18日，李某某与上海某经济技术合作公司签订为期一年的劳动合同，约定派遣李某某至劳氏船级社（亚洲）上海代表处（简称上海代表处）任验船师。合同到期后续订期限至2010年6月17日的劳动合同，用工单位不变。2009年2月，劳氏公司注册成立。2009年5月8日，劳氏公司向李某某出具工龄连续认定承诺书承认其在劳氏船级社（亚洲）上海代表处工作期间的工龄的有效性。同年5月20日，李某某、劳氏公司签订了期限自2009年7月1日至2010年6月17日止的劳动合同。2010年5月14日，劳氏公司书面告知李某某合同至2010年6月17日到期后将不再续签，合同到期后，劳氏公司为李某某办理了退工手续。同年6月12日，李某某向上海市黄浦区劳动人事争议仲裁委员会申请仲裁，要求与劳氏公司恢复劳动关系，签订无固定期限的劳动合同。仲裁机关做出不支持李某某申诉请求的裁决。李某某不服仲裁裁决，向原审法院提起诉讼。

法院认为，《劳动合同法》规定，连续订立二次固定期限劳动合同，且劳动者没有劳动合同法第三十九条和第四十条第一项、第二项规定的情形，劳动者提出或者同意续订、订立劳动合同的，除劳动者提出订立固定期限劳动合同外，应当订立无固定期限劳动合同。本案中，虽然在第二次劳动合同期满前，劳氏公司提出不再续约，但当李某某提出要求签订无固定期限劳动合同时，劳氏公司应当与李某某签订无固定期限劳动合同。

（3）以完成一定工作任务为期限的劳动合同。以完成一定工作任务为期限的劳动合同，是指用人单位与劳动者约定以某项工作的完成为合同期限的劳动合同。用人单位与劳动者协商一致可以订立以完成一定工作任务为期限的劳动合同。它一般适用于完成单项工作任务、项目承包方式完成承包任务、季节性原因临时用工的劳动合同等。

3．劳动合同订立的主体

（1）劳动者。劳动者是为用人单位提供劳动力的自然人，常常也称职工、工人和雇员。劳动法律关系所涉及的劳动者，是指依据劳动法律和劳动合同规定，在用人单位从事体力或脑力劳动，并获取劳动报酬的自然人。

作为劳动者，必须具备法律规定的下列条件：需年满 16 周岁（只有文艺、体育、特种工艺单位录用人员可以例外）；有劳动权利能力和行为能力。

【相关提示】　用人单位可不与四类人签合同

已经退休的单位返聘人员；外单位退休、下岗人员；事业单位停薪留职人员；在校实习生。

（2）用人单位。用人单位，又称用工单位，常常也称企业主、资方、雇主、雇佣人等。我国在法律上统一称为用人单位，是指依法招用和管理劳动者，对劳动者承担有关义务者。

用人单位应有用人权利能力和行为能力。

用人单位招用劳动者时，应当如实告知劳动者的工作内容、工作条件、工作地点、职业危害、安全生产状况、劳动报酬，以及劳动者要求了解的其他情况。

用人单位招用劳动者，不得扣押劳动者的居民身份证和其他证件，不得要求劳动者提供担保或者以其他名义向劳动者收取财物。

用人单位有权了解劳动者与劳动合同直接相关的基本情况，劳动者应当如实说明。

【案例聚焦】

2014 年 7 月杨某在向某公司应聘时，称自己毕业于北京某名牌大学并提供学历证明，后公司将杨某录用为公司企划部部长。2015 年 7 月，杨某被发现学历作假，他原本毕业于某专科院校。同年 8 月，公司与杨某解除了劳动合同。后杨某向劳动争议仲裁委员会申请仲裁，要求公司支付 2.8 万元经济补偿金，被劳动争议仲裁委员会驳回申诉请求，杨某又向法院起诉，仍然败诉。

4．劳动合同订立的形式

用人单位自用工之日起即与劳动者建立劳动关系。建立劳动关系，应当订立书面劳动合同。

对于已建立劳动关系，未同时订立书面劳动合同的，应当自用工之日起一个月内订立书面劳动合同。用人单位与劳动者在用工前订立劳动合同的，劳动关系自用工之日起建立。

非全日制用工双方当事人可以订立口头协议。

【案例聚焦】

2014年2月9日，杨某被聘请进入澧县某有限责任公司从事物流管理工作，同年3月被任命为副科长。不久，公司发生股权变动，杨某主动提出解除劳动关系，公司多方挽留无果，杨某于当年7月30日正式离职，双方劳动关系终结。

在杨某被聘用期间，双方未签订书面劳动合同，聘用期间的月工资为1 600元。2014年12月，杨某以公司侵害了他合法权益为由，向澧县劳动争议仲裁委员会申请劳动仲裁，请求裁决澧县某有限责任公司给付因未签订书面劳动合同的双倍工资和解除劳动关系的经济补偿金。

法院经审理认为，杨某与公司的劳动关系自用工之日起成立，根据《劳动合同法》第十条规定，已建立劳动关系，未同时签订书面劳动合同的，应当自用工之日起一个月内签订书面劳动合同，同时《劳动合同法》第八十二条规定，用人单位自用工之日起超过一个月不满一年未与劳动者签订书面劳动合同的，应当向劳动者每月支付两倍的工资。法院遂依法判决澧县氮金有限责任公司支付给杨某未签订书面劳动合同的双倍工资7 543元。

11.1.3 劳动合同的内容

劳动合同的内容可分为必备条款和约定条款。必备条款是劳动合同一般应当具有的条款；约定条款是当事人可以选择适用的条款。

1．必备条款

《劳动合同法》规定，劳动合同应当具备以下条款。

（1）用人单位的名称、住所和法定代表人或者主要负责人。

（2）劳动者的姓名、住址和居民身份证或者其他有效身份证件号码。

（3）劳动合同期限。劳动合同期限分为固定期限、无固定期限和以完成一定工作任务为期限三种。

（4）工作内容和工作地点。

（5）工作时间和休息休假。

工作时间是指劳动者为履行劳动义务，在法律规定的标准下，根据劳动合同和集体合同的规定提供劳动的时间，即劳动者在一昼夜或一周内从事生产或工作的时间，也就是劳动者每天应工作的时数或每周应工作的天数。

休息休假是指劳动者在任职期间，在国家规定的法定工作时间以外，不从事生产和工作而自行支配的休息时间和法定节假日。

【相关提示】

我国的法定假日有：元旦，放假 1 天；春节，放假 3 天；清明节，放假 1 天（农历清明当日）；劳动节，放假 1 天；端午节，放假 1 天；中秋节，放假 1 天；国庆节，放假 3 天。

（6）劳动报酬。劳动报酬是指用人单位根据劳动者劳动的数量和质量，以货币形式支付给劳动者的工资。工资总额由六部分构成：计时工资、计件工资、奖金、津贴和补贴、加班加点工资以及特殊情况下支付的工资。工资应当以法定货币支付，不得以实物及有价证券替代货币支付。工资必须在用人单位与劳动者约定的日期支付。

在法定休假日和婚丧假期间以及劳动者依法参加社会活动期间，用人单位应当依法支付工资。用人单位在劳动者完成劳动定额或规定的工作任务后，根据实际需要安排劳动者在法定标准工作时间以外工作的，应当按照国家标准支付加班加点工资。

【相关提示】

日工资计算公式：

日工资=月实得工资/20.92×70%；小时工资=月实得工资/167.4×70%

法定假日用人单位安排加班的，须在正常支付员工工资的基础上，按不低于员工本人日或小时工资的 300%另行支付加班工资。

正常工作日内延长工作时间的加班加点工资，或者按小时工资的 150%支付工资，或者按“做一小时还一小时”的方式安排补休。

休息日加班工作的，或者按“做一休一”调休，或者按 200%支付日或小时工资。但按劳部发（95）309 号文第六十二条规定，经批准实行综合计算工作时间的企业（如商业零售业等）可不受此限，仅需将每月累计超过 167.4 小时（法定节假日除外）的工作视为加班，并按 150%计发加班加点工资。

国家实行最低工资保障制度。

（7）社会保险。社会保险的主要项目包括养老社会保险、医疗社会保险、失业保险、工伤保险、生育保险等。

【案例聚焦】

2015 年 6 月，小刘被某食品公司录取，入职后公司告知小刘试用期三个月，每月工资 4 000 元，试用合格后公司才为其办理社会保险。小刘当时找工作心切，就答应了公司的要求。入职一个月之后，小刘发现公司的做法不妥，就与公司沟通希望能够及时缴纳社会保险。但是公司坚持认为试用期未满，拒绝为小刘缴纳社保。无奈，小刘以公司未缴纳社会保险费为由提出解除劳动关系，并向公司邮寄了书面解除劳动关系通知书。后小刘通过仲裁及诉讼程序要求该食品公司支付解除劳动关系经济补偿金。

法院经过审理后认为，及时为员工缴纳社会保险是用人单位的法定义务。在小刘与食品公司建立劳动关系后，食品公司未能及时为小刘缴纳社会保险，存在不履行法定义务的行为。小刘以食品公司未依法为其缴纳社会保险费为由书面提出解除劳动关系依据合法。最后，法院判决食品公司按照小刘的工作年限及工资标准支付小刘解除劳动关系经济补偿金 2 000 元。

（8）劳动保护、劳动条件和职业危害防护。

（9）法律、法规规定应当纳入劳动合同的其他事项。

社会保险的主要项目包括养老社会保险、医疗社会保险、失业保险、工伤保险、生育保险等。

需注意的是，劳动合同中缺少必备条款中的一些条款并不必然无效。

2．约定条款

根据《劳动合同法》第十七条第二款的规定，劳动合同除前款规定的必备条款外，用人单位与劳动者还可以在法律、法规规定的框架下约定以下事项。

（1）试用期。试用期指劳动关系处于非正式状态，劳动者对用人单位是否符合自己要求进行了解的期限。试用期包含在劳动合同期限内，劳动合同仅约定试用期的，试用期不成立，该期限为劳动合同期限；同一用人单位与同一劳动者只能约定一次试用期；以完成一定工作任务为期限的劳动合同或者劳动合同期限不满三个月的，不得约定试用期；劳动者在试用期的工资不得低于本单位相同岗位最低档工资或者劳动合同约定工资的 80%，并不得低于用人单位所在地的最低工资标准。

【案例聚焦】

2013 年 7 月毕业后，许小姐与一家公司签订了为期两年的劳动合同，约定试用期为两个月。尽管试用期内工资微薄，但许小姐十分珍惜这份来之不易的工作。许小姐每天都在早上 8 点前赶到公司埋头工作，常常加班至晚上八九点。没想到，在离试用期结束仅差两天时，这家公司却以“你不适合在本公司工作”为由将许小姐辞退。许小姐对此十分不解，要求公司说明辞退自己的理由。对此，公司人事主管冷冰冰地甩下一句话：“试用期内辞退员工，不需要任何理由。”

从现行规定来看，一些用人单位在试用期内“廉价试用”劳动者的不合理现象一时还难以根治，不过，劳动者在试用期内的工资报酬仍受到法律保障。

根据有关规定，劳动者在试用期内的工资收入不得低于用人单位新进正式员工工资的

80%，否则应予补足；试用期内，员工与用人单位间应认定为存在事实劳动关系，如劳动者被用人单位无端辞退，其有权通过劳动仲裁途径依法维权。当然，劳动者如要求劳动仲裁，需收集工资单、出勤打卡记录等证据来证明劳动关系的存在。

（2）服务期。用人单位为劳动者提供专项培训费用，对其进行专业技术培训的，可以与该劳动者订立协议，约定服务期。

劳动者违反服务期约定提前终止劳动合同的，应当按照约定向用人单位支付违约金。违约金的数额不得超过用人单位提供的培训费用。对已经履行部分服务期限的，用人单位要求劳动者支付的违约金不得超过服务期尚未履行部分所应分摊的培训费用。

在特定情形下，劳动者可以在服务期内依照法律规定解除劳动合同，用人单位不得要求劳动者支付违约金。

【案例聚焦】

2009 年 7 月，刘某大学毕业后与北京某公司签订了为期五年的劳动合同。一年后，公司选送他到上海某专业培训机构进行培训，并约定刘某在培训结束后为公司服务五年，如果提前解除合同，刘某应当承担违约金 5 万元。在上海培训后刘某即回到北京公司工作。2014 年 7 月，双方的劳动合同期限届满，刘某提出不再续签。公司认为，虽然劳动合同期届满，但是双方培训协议还没有到期，刘某应当续签劳动合同至服务期满，否则应当向公司支付违约金。而刘某认为，续签劳动合同应当本着平等自愿、协商一致的原则，公司无权强迫；另外，培训协议是从属于劳动合同的，现在劳动合同到期，双方劳动关系终止，培训协议也应随之终止。因此，自己没有违约，不需要向公司支付违约金。双方为此产生了争执。

本案中刘某的劳动合同先于培训协议到期，公司要求刘某按照服务期限续签劳动合同或者按照培训期协议承担违约责任并无不当。刘某应当继续履行劳动合同至服务期满，或者承担服务期尚未履行部分应当分摊的培训费用。

（3）培训。培训是指劳动合同中约定由用人单位为劳动者提供专项培训费用，对其进行专业技术培训。《劳动合同法》第二十二条对专项培训及服务期做出了规定，“用人单位为劳动者提供专项培训费用，对其进行专业技术培训的，可以与该劳动者订立协议，约定服务期”。

（4）保守秘密。保守秘密指在劳动中约定由劳动者对用人单位的秘密负保密义务的合同条款。《劳动合同法》第二十三条规定了保密义务，“用人单位与劳动者可以在劳动合同中约定保守用人单位的商业秘密和与知识产权相关的保密事项。对负有保密义务的劳动者，用人单位可以在劳动合同或者保密协议中与劳动者约定竞业限制条款，并约定在解除或者终止劳动合同后，在竞业限制期限内按月给予劳动者经济补偿。劳动者违反竞业限制约定的，应当按照约定向用人单位支付违约金”。

（5）补充保险和福利待遇等其他事项。补充保险指用人单位在国家规定的实施政策和实施条件下为本单位职工所建立的一种辅助性保险。福利待遇指用人单位和有关社会服务机构为满足劳动者生活的共同需要和特殊需要，在工资和社会保险之外向职工及其亲属提供一定货币、实物、服务等形式的物质帮助。

（6）医疗期。医疗期是指企业职工因患病或非因工负伤停止工作，治病休息，但不得解除劳动合同期限。

企业职工因患病或非因工负伤，需要停止工作，进行医疗时，根据本人实际参加工作年限和在本单位工作年限，给予3个月到24个月的医疗期。

医疗期内用人单位与职工不得解除劳动合同。医疗期内合同终止，则合同必须延续至医疗期满，职工仍然享受医疗期内待遇。

11.1.4 劳动合同的效力

劳动合同的效力根据效力的有无，可分为劳动合同的生效和劳动合同的无效。

1．劳动合同的生效

劳动合同的生效是指劳动合同具有法律约束力的起始时间。劳动合同成立，并不意味劳动合同一定生效。《劳动合同法》第十六条对劳动合同的生效做出了规定，"劳动合同由用人单位与劳动者协商一致，并经用人单位与劳动者在劳动合同文本上签字或者盖章生效。劳动合同文本由用人单位和劳动者各执一份"。

2．劳动合同的无效

劳动合同的无效，是指由当事人订立，但严重缺乏合同生效要件国家不予承认其法律效力的劳动合同。劳动合同无效分为全部无效和部分无效。

《劳动合同法》第二十六条对劳动合同的无效做出了规定，"下列劳动合同无效或者部分无效：① 以欺诈、胁迫的手段或者乘人之危，使对方在违背真实意思的情况下订立或者变更劳动合同的；② 用人单位免除自己的法定责任、排除劳动者权利的；③ 违反法律、行政法规强制性规定的"。

劳动合同部分无效，不影响其他部分效力的，其他部分仍然有效。劳动合同被确认无效的后果是，劳动者已付出劳动的，用人单位应当向劳动者支付劳动报酬。

11.1.5 集体合同、劳务派遣与非全日制用工

1．集体合同

（1）集体合同的一般规定。集体合同，又称集体协约，是指用人单位与企业职工一方为规范劳动关系而订立的，以全体劳动者的共同利益为中心内容的书面协议。我国《劳动合同法》第五十一条规定，"企业职工一方与用人单位通过平等协商，可以就劳动报酬、工作时间、休息

休假、劳动安全卫生、保险福利等事项订立集体合同。集体合同草案应当提交职工代表大会或者全体职工讨论通过。集体合同由工会代表企业职工一方与用人单位订立；尚未建立工会的用人单位，由上级工会指导劳动者推举的代表与用人单位订立”。

集体合同与劳动合同相比具有以下特点：① 当事人不同。集体合同的双方当事人分别是代表职工的工会和用人单位，而劳动合同当事人为单个劳动者和用人单位。② 内容不同。集体合同内容针对用人单位内的全体劳动者的共同权利义务为内容。③ 目的不同。集体合同的目的是为了在其效力范围内规范劳动关系。④ 效力不同。集体合同的法律效力一般高于劳动合同的效力。⑤ 在形式和适用范围等方面也有区别。

（2）集体合同的特殊规定。

1）专项集体合同。专项集体合同，是指用人单位与企业职工一方根据法律、法规、规章的规定，就集体协商的某项内容签订的专项书面协议。我国《劳动合同法》第五十二条规定，“企业职工一方与用人单位可以订立劳动安全卫生、女职工权益保护、工资调整机制等专项集体合同”。专项集体合同的订立程序、合同期限、解除或变更依照集体合同的同类规定。

2）行业性集体合同和区域性集体合同。行业性集体合同，主要指在一定地域的一定行业内，由地方工会或者其他行业性工会联合组织与一定行业的企业代表，为保护行业内的全体劳动者合法权益就劳动安全卫生、工作时间、休息休假等事项所协商订立的集体合同。区域性集体合同，主要是指在县级以下区域内，由区域工会与该区域内的企业方面代表，就劳动报酬、工作时间、保险福利等事项所协商订立的集体合同。目前，区域性集体合同还主要适用于县级以下的区域内。我国《劳动合同法》第五十三条规定，在县级以下区域内，建筑业、采矿业、餐饮服务业等行业可以由工会与企业方面代表订立行业性集体合同，或者订立区域性集体合同。

2. 劳务派遣

（1）劳务派遣的概念和特征。劳务派遣，又称人才派遣、人才租赁、劳动派遣、劳动力租赁，是指由劳务派遣机构与派遣劳工订立劳动合同，由要派企业（实际用工单位）向派遣劳工给付劳务报酬，劳动合同关系存在于劳务派遣机构与派遣劳工之间，但劳动力给付的事实则发生于派遣劳工与要派企业（实际用工单位）之间。

劳动合同用工是我国企业的基本用工形式。劳务派遣用工是补充形式，只能在临时性、辅助性或替代性的工作岗位上实施。

临时性工作岗位是指存续时间不超过六个月的岗位；辅助性工作岗位是指为主营业务岗位提供服务的非主营业务岗位；替代性工作岗位是指用工单位的劳动者因脱产学习、休假等原因无法工作的一定期间内，可以由其他劳动者替代工作的岗位。

劳务派遣与（个别）劳动合同相比，具有如下特征：① 劳务派遣中有三个主体，劳动者的雇佣和使用相分离。三主体是劳务派遣单位（用人单位）、劳动者及用工单位，劳动者与劳务派遣单位建立劳动关系，但实际使用劳动者的是用工单位，用工单位与劳务派遣单位签订劳务派遣协议。② 劳动合同的期限为两年以上的固定期限合同，按月支付报酬，在无工作期间，也应按照最低工资标准支付。

（2）对劳务派遣的法律规制。

1）劳务派遣单位（用人单位）。经营劳务派遣业务应当具备的条件包括注册资本不得少于人民币200万元、有与开展业务相适应的固定的经营场所和设施等。经营劳务派遣业务，应当向劳动行政部门依法申请行政许可。

劳务派遣单位派遣劳动者应当与接受以劳务派遣形式用工的单位订立劳务派遣协议。劳务派遣单位应当将劳务派遣协议的内容告知被派遣劳动者。劳务派遣单位不得克扣用工单位按照劳务派遣协议支付给被派遣劳动者的劳动报酬。劳务派遣单位和用工单位不得向被派遣劳动者收取费用。

2）用工单位。《劳动合同法》第六十二条规定，用工单位应当履行下列义务：执行国家劳动标准，提供相应的劳动条件和劳动保护；告知被派遣劳动者的工作要求和劳动报酬；支付加班费、绩效奖金，提供与工作岗位相关的福利待遇；对在岗被派遣劳动者进行工作岗位所必需的培训；连续用工的，实行正常的工资调整机制。用工单位不得将被派遣劳动者再派遣到其他用人单位。

3）劳动者。《劳动合同法》第六十三条规定，被派遣劳动者享有与用工单位的劳动者同工同酬的权利。用工单位无同类岗位劳动者的，参照用工单位所在地相同或者相近岗位劳动者的劳动报酬确定。第六十四条规定，被派遣劳动者有权在劳务派遣单位或者用工单位依法参加或者组织工会，维护自身的合法权益。第六十五条规定，被派遣劳动者可以依照《劳动合同法》第三十六条、第三十八条的规定与劳务派遣单位解除劳动合同。

【案例聚焦】

2015年起，深圳一家快递公司进行用工制度“改革”，小袁和他的同事被公司安排转为与一家劳务派遣公司签订劳动合同。虽然工作内容、工作岗位没有发生任何变化，但是他们的工资却从之前的每月3 500元减少至每月2 500元，社会保险待遇也大幅削减。小袁说，目前直接与该快递公司签订劳动合同的员工不到30%。

《劳动合同法》第六十三条规定，被派遣劳动者享有与用工单位的劳动者同工同酬的权利。用工单位无同类岗位劳动者的，参照用工单位所在地相同或者相近岗位劳动者的劳动报酬确定。该快递公司的行为明显违法。

3. 非全日制用工

（1）非全日制用工的界定。非全日制用工，是指以小时计酬为主，劳动者在同一用人单位一般平均每日工作时间不超过4小时，每周工作时间累计不超过24小时的用工形式。

非全日制用工，是全日制用工的一种补充用工形式，它可以建立多重劳动关系。从事非全日制用工的劳动者可以与一个或者一个以上用人单位订立劳动合同；但是，后订立的劳动合同不得影响先订立的劳动合同的履行。

（2）对非全日制用工的法律规制。

1）劳动合同的形式。《劳动合同法》第六十九条第一款规定，非全日制用工双方当事人可以订立口头协议。

2）工资标准。非全日制用工小时计酬标准不得低于用人单位所在地人民政府规定的最低小时工资标准。非全日制用工劳动报酬结算支付周期最长不得超过十五日。

3）特殊规定。非全日制用工双方当事人不得约定试用期。非全日制用工双方当事人任何一方都可以随时通知对方终止用工。终止用工时用人单位不向劳动者支付经济补偿。

11.1.6　劳动合同的履行、变更、终止和接触

1. 劳动合同履行

劳动合同履行是指劳动合同双方当事人依照劳动合同约定的内容，完成各自义务的过程。依法订立的劳动合同具有约束力，用人单位与劳动者应当按照劳动合同的约定，全面履行各自的义务。

（1）劳动合同履行的原则。

1）实际履行原则。要求劳动合同双方当事人严格按照劳动合同约定的标的来履行，不得擅自以其他标的替代，也不得以违约金或赔偿金等形式予以替代履行。

2）全面履行原则。要求劳动合同的当事人双方必须按照劳动合同所约定的时间、地点、内容、方式、期限等全部条款履行自己的全部义务。劳动合同的全面履行实际上也就是双方当事人全部义务的完全履行。

3）协作履行原则。要求双方当事人在履行劳动合同的过程中应当互相给予对方必要的协作。劳动者与用人单位应互相配合、互相体谅，为对方履行义务提供条件与必要的协助，以实现和谐稳定的劳动关系。

4）亲自履行原则。要求劳动合同双方当事人必须以自己的行为履行约定的义务，不得由他人代替。这主要是由劳动关系很强的人身依赖性和不可代替性决定的。

（2）特殊情形下劳动合同履行。

1）用人单位变更名称等时劳动合同的履行。《劳动合同法》第三十三条规定："用人单位变更名称、法定代表人、主要负责人或者投资人等事项，不影响劳动合同的履行。"这是因为这些事项的变更未改变用人单位独立承担民事责任的性质。

2）用人单位合并或分立时劳动合同的履行。《劳动合同法》第三十四条规定："用人单位发生合并或者分立等情况，原劳动合同继续有效，劳动合同由承继其权利和义务的用人单位继续履行。"这是因为用人单位的合并、分立，它的权利和义务由变更后的用人单位享有和承担。

2．劳动合同的变更

劳动合同的变更，是指劳动者与用人单位对依法成立的、尚未履行或尚未履行完成的劳动合同内容所作的修改或增删的法律行为。劳动合同依法订立后，双方当事人必须全面履行合同规定的义务，任何一方不得擅自变更劳动合同，但在符合法定或约定的情况下，合同当事人可以对合同内容进行变更。

（1）劳动合同变更的原因。

1）基于劳动合同双方当事人的协商一致。一般而言，用人单位和劳动者在不违反法律、行政法规规定的情况下，遵循平等自愿、协商一致、诚实信用原则，就可以变更劳动合同约定的内容。

2）基于情势变更。情势变更是引起劳动合同变更的另一个重要原因，主要包括以下情形：订立劳动合同所依据的法律法规被依法修改或废止；用人单位由于政策原因或企业产业调整等内部原因发生变化；劳动者由于健康状况、职业技能水平或其他原因，导致履行原合同内容对劳动者已形成负担；不可抗力或客观经济情况的重大变化等。

（2）劳动合同的变更形式。变更劳动合同，应当采取书面形式，必须由双方当事人签字或盖章后生效。变更后的劳动合同文本由用人单位和劳动者各执一份。对劳动合同中约定的条款进行变更，一般经过提议、答复、协议三个步骤。

3．劳动合同的解除

劳动合同的解除，是指当事人双方在劳动合同期限届满之前，因当事人一方或双方的意思表示而终止劳动合同关系的法律行为。根据解除劳动合同方式不同，劳动合同的解除可分为单方解除和协商解除。单方解除又分劳动者单方解除和用人单位单方解除。《劳动合同法》规定了劳动合同解除的三种情况。

（1）协商解除劳动合同。《劳动合同法》第三十六条规定，用人单位与劳动者协商一致，可以解除劳动合同。协商解除需符合以下条件：① 劳动合同依法成立生效、尚未全部履行前；② 双方自愿、平等协商达成一致意见。

在合同履行过程中，主动提起解除劳动合同的一方当事人应尽到提前通知的义务。如果是用人单位提出解除劳动合同并经劳动者同意的，用人单位还要向劳动者支付相应的经济补偿金。

（2）劳动者单方解除劳动合同。劳动者提前30日以书面形式通知用人单位，可以解除劳动合同。劳动者在试用期内提前3日通知用人单位，可以解除合同。

1）劳动者立即解除劳动合同的情形。如果用人单位以暴力、威胁或者非法限制人身自由的手段强迫劳动者劳动的，或者用人单位违章指挥、强令冒险作业危及劳动者人身安全的，劳动者可以立即解除劳动合同，不需事先告知用人单位。

2）劳动者随时解除劳动合同的情形。用人单位未按照劳动合同约定提供劳动保护或者劳动条件的；用人单位未及时足额支付劳动报酬的；用人单位未依法为劳动者缴纳社会保险费的；

用人单位的规章制度违反法律、法规的规定，损害劳动者权益的；因《劳动合同法》规定的情形致使劳动合同无效的；法律、行政法规规定劳动者可以解除劳动合同的其他情形。

【案例聚焦】

李某是一国有企业职工，与企业签有三年期限的劳动合同。在劳动合同期限内，李某听说在某外商投资企业工作每月月薪 3 600 元，相比之下原企业每月只有 1 800 元的工资太低，遂向原企业口头提出解除劳动合同。原企业未马上做出答复。15 日后，李某离开原企业，已到了外资企业上班。李某的离开，给原企业的生产造成了影响，原企业要求李某回厂上班，但李某以已向企业提出了解除劳动合同为由而拒不回厂。于是原企业向劳动仲裁委员会提起申诉，要求李某承担违约赔偿责任。劳动仲裁委员会经审理，认定李某违反合同约定，应承担违约赔偿责任，外资企业承担连带赔偿责任。

（3）用人单位单方解除劳动合同。

1）用人单位即时解除劳动合同的情形。劳动者在试用期间被证明不符合录用条件的；劳动者严重违反用人单位的规章制度的；劳动者严重失职、营私舞弊，给用人单位造成重大损害的；劳动者同时与其他用人单位建立劳动关系，对完成本单位的工作任务造成严重影响，或者经用人单位提出，拒不改正的；因劳动者采取欺诈、胁迫的手段或者乘人之危，使用人单位在违背真实意思的情况下订立或者变更劳动合同，致使劳动合同无效的；劳动者被依法追究刑事责任的。

2）用人单位预告解除劳动合同的情形。劳动者患病或者非因工负伤，在规定的医疗期满后不能从事原工作，也不能从事由用人单位另行安排的工作的；劳动者不能胜任工作，经过培训或者调整工作岗位，仍不能胜任工作的；劳动合同订立时所依据的客观情况发生重大变化，致使劳动合同无法履行，经用人单位与劳动者协商，未能就变更劳动合同内容达成协议的。有以上情形之一，用人单位提前 30 日以书面形式通知劳动者本人或者额外支付劳动者 1 个月工资后，可以解除劳动合同。

3）用人单位经济性裁员解除劳动合同的情形。用人单位依照企业破产法规定进行重整的；生产经营发生严重困难的；企业转产、重大技术革新或者经营方式调整，经变更劳动合同后，仍需裁减人员的；其他因劳动合同订立时所依据的客观经济情况发生重大变化，致使劳动合同无法履行的。

4）解除劳动合同的消极条件。劳动者有以下情形的，用人单位不得解除劳动合同：从事接触职业病危害作业的劳动者未进行离岗前职业健康检查，或者疑似职业病病人在诊断或者医学观察期间的；在本单位患职业病或者因工负伤并被确认丧失或者部分丧失劳动能力的；患病或者非因工负伤，在规定的医疗期内的；女职工在孕期、产期、哺乳期的；在本单位连续工作满 15 年，且距法定退休年龄不足 5 年的；法律、行政法规规定的其他情形。

4．劳动合同的终止

劳动合同终止是指劳动合同的法律效力依法被消灭。有广义和狭义之分，广义上包括劳动合同解除。我国《劳动合同法》上的劳动合同终止采狭义规定，不包括劳动合同解除。

《劳动合同法》第四十四条规定："有下列情形之一的，劳动合同终止：① 劳动合同期届满；② 劳动者开始依法享受基本养老保险待遇的；③ 劳动者死亡，或者被人民法院宣告死亡或者宣告失踪的；④ 用人单位被依法宣告破产的；⑤ 用人单位被吊销营业执照、责令关闭、撤销或者用人单位决定提前解散的；⑥ 法律、行政法规规定的其他情形。"

5．劳动合同解除和终止的经济补偿

（1）经济补偿。经济补偿是按照《劳动合同法》规定，在劳动者无过错的情况下，用人单位与劳动者解除或者终止劳动合同而依法应给予劳动者的经济上的补助，也称经济补偿金。

（2）用人单位应当向劳动者支付经济补偿的情形。

1）由用人单位提出解除劳动合同并与劳动者协商一致而解除劳动合同的。

2）劳动者符合随时通知解除和不需事先通知即可解除劳动合同的规定情形而解除劳动合同的。

3）用人单位符合提前30日以书面形式通知劳动者本人或者额外支付劳动者1个月工资后可以解除劳动合同的规定情形而解除劳动合同的。

4）用人单位符合可裁减人员规定而解除与劳动者的劳动合同的。

5）除用人单位维持或者提高劳动合同约定条件续订劳动合同，劳动者不同意续订的情形外，劳动合同期满终止固定期限劳动合同的。

6）以完成一定工作任务为期限的劳动合同因任务完成而终止的。

7）用人单位被依法宣告破产终止劳动合同的。

8）用人单位被吊销营业执照、责令关闭、撤销或者用人单位决定提前解散而终止劳动合同的。

9）法律、行政法规规定解除或终止劳动合同应当向劳动者支付经济补偿的其他情形。

（3）经济补偿的支付标准。经济补偿，一般根据劳动者在用人单位的工作年限和工资标准来计算具体金额，并以货币形式支付给劳动者。

1）经济补偿按劳动者在本单位工作的年限，每满1年支付1个月工资的标准向劳动者支付。6个月以上不满1年的，按1年计算；不满6个月的，向劳动者支付半个月工资的经济补偿。

2）劳动者在劳动合同解除或者终止前12个月的平均工资低于当地最低工资标准的，按照当地最低工资标准计算。劳动者工作不满12个月的，按照实际工作的月数计算平均工资。

3）劳动者月工资高于用人单位所在直辖市、设区的市级人民政府公布的本地区上年度职工月平均工资3倍的，向其支付经济补偿的标准按职工月平均工资3倍的数额支付，向其支付经济补偿的年限最高不超过12年。

11.1.7　劳动争议的解决及违反劳动合同的法律责任

1．劳动争议解决

（1）劳动争议解决概述。劳动争议解决机制是由劳动争议处理机构和相互衔接的争议处理程序共同构成的解决劳动争议的制度体系。我国现行的劳动争议解决体制大致概括为“一调一裁二审”，对部分劳动争议案件实行有限制的“一裁终局”。

（2）劳动争议协商和解制度。发生劳动争议后，劳动者可以与用人单位自行协商和解，也可以请工会或者第三方共同与用人单位协商，达成和解协议。如果协商不成，则可以直接进入劳动争议的法定解决程序。和解协议不具备法律约束力，但对支付工资报酬、加班费、经济补偿或赔偿金等特定事项达成的协议具有法律效力。

（3）劳动争议调解制度。劳动争议调解指的是基层群众组织对发生的劳动争议以协商方式，使劳动者和用人单位达成协议，从而解决纠纷。劳动争议调解由基层群众性组织承担。

调解的程序是当事人提出调解申请，调解组织经审查申请后，由调解组织主持召开调解会议，基于事实依法在当事人之间调和。

当事人申请劳动争议调解可以书面申请，也可以口头申请。

调解协议的效力经调解达成协议后，调解协议书对双方当事人具有约束力，当事人应当履行。一方当事人在协议约定期限内不履行调解协议的，另一方当事人可以依法申请仲裁。因支付拖欠劳动报酬、工伤医疗费、经济补偿或者赔偿金事项达成调解协议，用人单位在协议约定期限内不履行的，劳动者可以持调解协议书依法向人民法院申请支付令。

自劳动争议调解组织收到调解申请之日起 15 日内未达成调解协议的，当事人可以依法申请仲裁。

2．劳动争议仲裁

（1）劳动争议仲裁的概念及特点。劳动争议仲裁是指当事人将劳动争议提交劳动争议仲裁委员会，由其对双方的争议进行处理，并做出具有约束力的裁决，从而解决劳动争议。

劳动争议仲裁具有公正性、及时性和强制性的特点。

（2）劳动争议仲裁机构。

1）劳动争议仲裁机构包括劳动（人事）争议仲裁委员会及其办事机构、仲裁庭以及仲裁员。劳动争议仲裁委员会由劳动行政部门代表、工会代表和企业方面代表组成，其组成人员应当是单数。劳动争议由劳动合同履行地或用人单位所在地的劳动争议仲裁委员会管辖。

2）案件管辖。劳动争议由劳动合同履行地或者用人单位所在地的劳动争议仲裁委员会管辖；双方当事人分别向劳动合同履行地和用人单位所在地的劳动争议仲裁委员会申请仲裁的，由劳动合同履行地的劳动争议仲裁委员会管辖。

3）受案范围。因确认劳动关系发生的争议；因订立、履行、变更、解除和终止劳动合同发生的争议；因除名、辞退和辞职、离职发生的争议；因工作时间、休息休假、社会保险、福利、培训以及劳动保护发生的争议；因劳动报酬、工伤医疗费、经济补偿或者赔偿金等发生的争议；法律、法规规定的其他劳动争议。

（3）劳动争议申请仲裁的时效。劳动争议申请仲裁的时效期间为一年。自当事人知道或者应当知道其权利被侵害之日起计算。当事人申请劳动争议仲裁后，可以自行和解。达成和解协议的，可以撤回仲裁申请。

（4）劳动争议申请仲裁的时效和程序。《劳动争议调解仲裁法》、《劳动人事争议仲裁办案规则》对仲裁的程序进行了规范。具体程序为：

1）申请和受理。申请人申请仲裁，应当提交书面仲裁申请，并按照被申请人人数提交副本。书写仲裁申请确有困难的，可以口头申请，由劳动争议仲裁委员会记入笔录，经申请人签名或盖章确认。

2）开庭准备。准备工作包括向被申请人送达申请书、向申请人送达答辩书、组成仲裁庭并通知当事人仲裁庭组成情况、告知当事人提出回避申请的权利以及将开庭日期、地点书面通知双方当事人。

3）审理。开庭审理时，仲裁员应当听取申请人的陈述和被申请人的答辩，主持庭审调查、质证和辩论，征询当事人最后意见，并进行调解。

4）裁决。劳动争议仲裁委员会裁决劳动争议案件实行仲裁庭制。仲裁庭由三名仲裁员组成，设首席仲裁员。简单劳动争议案件可以由一名仲裁员独任仲裁。

仲裁庭在做出裁决前，应当先行调解，调解达成协议的，仲裁庭应当制作调解书，调解书经双方当事人签收后，发生法律效力。

调解不成或者调解书送达前，一方当事人反悔的，仲裁庭应当及时做出裁决。仲裁庭裁决劳动争议案件，应当自劳动争议仲裁委员会受理仲裁申请之日起 45 日内结束。自收到仲裁裁决书之日起 15 日内不起诉的，裁决书发生法律效力。

【相关提示】

下列劳动争议，除法律另有规定外，仲裁裁决为终局裁决，裁决书自做出之日起发生法律效力：

（1）追索劳动报酬、工伤医疗费、经济补偿或者赔偿金，不超过当地月最低工资标准 12 个月金额的争议；

（2）因执行国家的劳动标准在工作时间、休息休假、社会保险等方面发生的争议。

3．劳动争议诉讼

劳动争议诉讼指劳动争议当事人不服劳动争议仲裁委员会的裁决，在规定的期限内向人民法院起诉。人民法院依照民事诉讼程序，依法对劳动争议案件进行审理的活动。

劳动争议诉讼是解决劳动争议的最终程序。

用人单位所在地或者劳动合同履行地的基层人民法院享有对劳动争议的诉讼管辖权。在我国劳动争议案件适用民事诉讼的简易程序审理，一般案件适用普通一审程序审理，实行二审终审制。法院审理的对象主要是劳动权利义务。

【相关提示】

劳动争议仲裁是人民法院受理劳动争议案件的前提条件。如果不经过劳动争议仲裁委员会的仲裁，法院是不予受理的。

11.1.8　违反劳动合同的法律责任

1. 用人单位的法律责任

（1）用人单位直接涉及劳动者切身利益的规章制度违反法律、法规规定的，由劳动行政部门责令改正，给予警告；给劳动者造成损害的，应当承担赔偿责任。

（2）用人单位提供的劳动合同文本未载明劳动合同法规定的劳动合同必备条款或者用人单位未将劳动合同文本交付劳动者的，由劳动行政部门责令改正；给劳动者造成损害的，应当承担赔偿责任。

（3）用人单位自用工之日起超过一个月不满一年未与劳动者订立书面劳动合同的，应当向劳动者每月支付二倍的工资。

用人单位违反劳动合同法规定不与劳动者订立无固定期限劳动合同的，自应当订立无固定期限劳动合同之日起向劳动者每月支付二倍的工资。

【案例聚焦】

从2007年9月底开始，深圳某生产销售通信设备的民营通信科技公司开始实行一项内部调整：包括掌门人任正非在内的所有工作满8年的员工，在2008年元旦前，7 000人都要先后办理主动辞职手续，再竞聘上岗，与公司重新签订1~3年的劳动合同。全部辞职老员工均可获得公司支付的赔偿。

该公司的目的是想把员工前面的工龄一笔勾销，重新计算工龄，避免出现员工连续工作10年签订无固定期限劳动合同的情况。按照《劳动合同法》第十四条规定，在同一单位工作10年或以上的员工应当签订无固定期限劳动合同。

（4）用人单位违反劳动合同法规定与劳动者约定试用期的，由劳动行政部门责令改正；违法约定的试用期已经履行的，由用人单位以劳动者试用期满月工资为标准，按已经履行的超过法定试用期的期间向劳动者支付赔偿金。

（5）用人单位违反劳动合同法规定，扣押劳动者居民身份证等证件的，由劳动行政部门责令限期退还劳动者本人，并依照有关法律规定给予处罚。

用人单位违反劳动合同法规定，以担保或者其他名义向劳动者收取财物的，由劳动行政部门责令限期退还劳动者本人，并以每人 500 元以上 2 000 元以下的标准处以罚款；给劳动者造成损害的，应当承担赔偿责任。

【案例聚焦】

2015 年 2 月，王某应聘到上海一家酒店上班。王某要求缴纳 500 元押金，用于员工服装等费用。半年后，王某离职，她要求该酒店退还 500 元，但该公司以王某已经穿了其中一套工作服为由，只答应退还其中的 200 元。

在本案中，酒店违反规定，以员工服装等费用向劳动者收取财物的，应由由劳动行政部门责令限期退还劳动者本人，并以每人 500 元以上 2 000 元以下的标准处以罚款。

劳动者依法解除或者终止劳动合同，用人单位扣押劳动者档案或者其他物品的，依照上述规定处罚。

（6）用人单位有下列情形之一的，由劳动行政部门责令限期支付劳动报酬、加班费或者经济补偿；劳动报酬低于当地最低工资标准的，应当支付其差额部分；逾期不支付的，责令用人单位按应付金额 50%以上 100%以下的标准向劳动者加付赔偿金：

1）未按照劳动合同的约定或者国家规定及时足额支付劳动者劳动报酬的；

2）低于当地最低工资标准支付劳动者工资的；

3）安排加班不支付加班费的；

4）解除或者终止劳动合同，未依照劳动合同法规定向劳动者支付经济补偿的。

（7）劳动合同依照劳动合同法规定被确认无效，给对方造成损害的，有过错的一方应当承担赔偿责任。

（8）用人单位违反劳动合同法规定解除或者终止劳动合同的，应当依照劳动合同法规定的经济补偿标准的二倍向劳动者支付赔偿金。

（9）用人单位违反劳动合同法规定未向劳动者出具解除或者终止劳动合同的书面证明，由劳动行政部门责令改正；给劳动者造成损害的，应当承担赔偿责任。

（10）用人单位招用与其他用人单位尚未解除或者终止劳动合同的劳动者，给其他用人单位造成损失的，应当承担连带赔偿责任。

【案例聚焦】

刘某原是 A 公司的产品质量检验员，2013 年入职时与 A 公司签订了三年劳动合同。由于 A 公司效益不好，刘某决定“跳槽”。2015 年一次招聘会中，B 公司的福利、待遇都十分符合刘某的心意，并顺利地通过了各项考核。

几天以后，刘某向A公司人事部口头提出要求解除劳动关系，未获同意。刘某不以为然，次日依旧去B公司上班，并与B公司签订了三年劳动合同。B公司不知刘某身有旧约，为其办理了招工录用登记备案手续。

事隔不久，A公司得知刘某已被B公司录用，遂向劳动争议仲裁委员会申请仲裁，理由是B公司与尚未解除劳动关系的王先生签订了劳动合同，并且办理了招工录用手续，给企业造成了经济损失，要求B公司承担连带赔偿责任。对此，B公司深感委屈。

劳动仲裁部门经过调查审理后认为，根据《中华人民共和国劳动法》第九十九条规定："用人单位招用尚未解除合同的劳动者，对原单位造成经济损失的，该用人单位应当依法承担连带赔偿责任。"遂依法做出裁决，B公司应当承担连带赔偿责任。

2. 劳动者的法律责任

劳动者承担赔偿责任的情形主要有：

（1）劳动者的过错导致合同无效给用人单位造成损失的。

（2）劳动者违反劳动合同法规定解除劳动合同，或者违反劳动合同中约定的保密义务或者竞业限制，给用人单位造成损失的。

（3）劳动者尚未与用人单位解除或者终止劳动合同，又与其他用人单位建立劳动关系，给其他用人单位造成损失的等。

3. 劳动行政部门和其他有关主管部门及其工作人员的法律责任

劳动行政部门和其他有关主管部门及其工作人员玩忽职守、不履行法定职责，或者违法行使职权，给劳动者或者用人单位造成损害的，应当承担赔偿责任；对直接负责的主管人员和其他直接责任人员，依法给予行政处分；构成犯罪的，依法追究刑事责任。

4. 其他主体的法律责任

（1）劳务派遣单位的法律责任。劳务派遣单位违反劳动合同法规定的，由劳动行政部门和其他有关主管部门责令改正；情节严重的，以每人1 000元以上5 000元以下的标准处以罚款，并由工商行政管理部门吊销营业执照；给被派遣劳动者造成损害的，劳务派遣单位与用工单位承担连带赔偿责任。

（2）非法用工单位的法律责任。对不具备合法经营资格的用人单位的违法犯罪行为，依法追究法律责任；劳动者已经付出劳动的，该单位或者其出资人应当依照劳动合同法有关规定向劳动者支付劳动报酬、经济补偿、赔偿金；给劳动者造成损害的，应当承担赔偿责任。

（3）发包的组织与个人承包经营者的法律责任。个人承包经营违反劳动合同法规定招用劳动者，给劳动者造成损害的，发包的组织与个人承包经营者承担连带赔偿责任。

11.2 社会保险法

11.2.1 社会保险法概述

社会保险是国家依法对遭遇劳动风险的职业劳动者，提供一定物质补偿和帮助的社会保障法律制度。促进社会保险制度的完善，是一个不断发现和化解劳动关系中不和谐因素、实现劳动关系平衡的动态过程。

1. 社会保险概念界定

社会保险是指国家通过立法强制实行的，由劳动者、企业（雇主）或社区，以及国家三方共同筹资，建立保险基金，对劳动者因年老、工伤、疾病、生育、残废、失业、死亡等原因丧失劳动能力或暂时失去工作时，给予劳动者本人或供养直系亲属物质帮助的一种社会保障制度。它具有保障劳动者基本生活、维护社会安定和促进经济发展的作用。社会保险包括养老保险、医疗保险、失业保险、工伤保险和生育保险五个项目。

2. 社会保险的特征

社会保险和其他保险经济行为相比较，有以下基本特征。

（1）社会共济。社会保险在全社会范围内统一筹集资金，建立保险基金，实行互助共济，集合多数人的力量来均衡分担少数人遭遇的社会风险。社会保险首先是国家和社会基本政策的直接体现，是维持社会政治、经济秩序稳定和社会经济正常发展的战略性手段。它要求社会效益重于经济效益，不能以经济效益的好坏决定社会保险项目的取舍和保障水准的高低。必要时国家可以暂时牺牲局部的经济效益，确保社会保险政策的实施，以求整个社会的稳定。

（2）责任分担。社会风险应由全体社会成员共同承担，个人、用人单位、国家都应承担社会保险责任。社会保险是所有社会劳动者的一项基本权利。社会保险对所属成员具有普遍保障责任，不论其年龄、就业年限、收入水平和健康状况如何，一旦丧失劳动能力或失业，政府和企业作为保险人一方即应依法提供收入损失补偿以保障其基本生活需要。一旦社会保险财务出现赤字时，国家财政负有补偿的责任。

社会保险是国家调节个人收入差距的手段。社会保险待遇给付一般不与个人劳动贡献直接关联，分配原则是基本生活保障的实际需要。此外，社会保险分配政策的制定，是以有利于低收入阶层为原则的，因为同样的危险事故，对于低收入劳动者所造成的威胁大于高收入劳动者。

（3）国家干预和主导。社会保险具有强制性，通过立法强制单位和个人参加，政府参与组织社会保险的组织和运作。社会保险是由国家通过立法形式强制实施的一种保障制度。所谓强制，是指凡属于法律规定范围的成员都必须无条件地参加社会保险并按规定履行纳费义务。社会保险的纳费标准和待遇项目、保险金的给付标准等均由国家或地方政府的法律、法规统一确定，劳动者个人作为被保险人一方对于是否参加社会保险及参加的项目和待遇标准均无权自由选择与更改。只有强制征集保险基金，才能获得稳定可靠的经济来源，实现基本国策的要求。

3．社会保险的作用

社会保险是现代社会经济生活的重要方面，是一项重要的社会政策，它既是劳动者享有的维持基本生活的权利，也是政府应承担的义务，对保障人民基本生活、维护社会稳定、促进经济发展起着重要作用。其作用主要表现在：它能够保障人民生活基本需要，维护社会稳定，起到社会“安全网”和“稳定器”的作用。社会保险的作用具体体现在以下几方面。

（1）防范风险，包括人身风险与工作风险。人身风险又包括年老、疾病、工伤、生育风险，工作风险包括失业风险。社会保险将个人风险转化为社会风险，让社会为个人风险买单，避免个人遭遇风险时因独木难支而陷于困境甚至绝境，保障其生存尊严。

（2）维稳功能。社会保险是社会稳定的“调节器”，不仅可以使社会成员产生安全感，还能缓解社会矛盾。社会成员的老、弱、病、残、孕以及丧失劳动能力，在任何时代和任何社会制度下都是无法避免的客观现象。社会保险就是当社会成员遇到这种情况时给予适当的补偿以保障其基本生活水平，从而防止不安定因素的出现。

（3）利于实现社会公平。社会保险可以通过强制征收保险费，设立保险基金，对收入较低或失去收入来源的社会成员给予物质帮助，在一定程度上实现社会的公平分配。

（4）利于劳动力的再生产。对于那些暂时退出劳动岗位的社会成员，社会保险可以确保其基本的生活需要，使劳动力的供给和再生产成为可能。劳动者在劳动过程中必然会遇到各种意外事件，造成劳动力再生产过程的停顿。而社会保险就是劳动者在遇到上述风险事故时给予必要的经济补偿和生活保障，使劳动力得以恢复。

4．社会保险法

《社会保险法》于 2010 年 10 月 28 日通过，并定于 2011 年 7 月 1 日起正式实施。这标志着中国在保持对经济发展高度关注的同时，对民生的关注已经提高到更高的立法层面。

所谓的社会保险法，是指国家通过立法设立社会保险基金，使劳动者在暂时或永久丧失劳动能力以及失业时获得物质帮助和补偿的一种社会保障制度。

《社会保险法》作为一部重要的社会保障法律法规，它的出台和实施具有重要的社会意义。《社会保险法》规范了社会保险关系，规定了用人单位和劳动者的权利与义务，强化了政府责任，明确了社会保险行政部门和社会保险经办机构的职责，确定了社会保险相关各方的法律责任。《社会保险法》的颁布实施，使社会保险制度更加稳定、运行更加规范，使相关各方、特别是广大劳动者有了维护自身合法权益的有力武器，并必将带动一系列单项法规、规章和规范性文件的制定实施，从而使社会保险体系建设全面进入法制化的轨道。

11.2.2　社会保险的内容

《社会保险法》对基本养老保险、基本医疗保险、工伤保险、失业保险、生育保险等社会保险做出了较为全面的规定，保障公民在年老、疾病、工伤、失业、生育等情况下依法从国家和社会获得物质帮助的权利，是我国社会保障涵盖面最全面的一部社会保障基本法。

1．基本养老保险

基本养老保险制度，是指缴费达到法定期限且个人达到法定退休年龄后，国家和社会提供物质帮助以保证年老者稳定、可靠的生活来源的社会保险制度，其目标是实现“老有所养”。基本养老保险制度由三部分组成，即职工基本养老保险制度、新型农村社会养老保险制度、城镇居民社会养老保险制度。

2．基本医疗保险

基本医疗保险制度，是指按照国家规定缴纳一定比例的医疗保险费，在参保人因患病和意外伤害而发生医疗费用后，由医疗保险基金支付其医疗保险待遇的社会保险制度，其目标是实现“病有所医”。基本医疗保险制度由三部分组成，即职工基本医疗保险制度、新型农村合作医疗制度和城镇居民基本医疗保险制度。

3．工伤保险

工伤保险制度，是指由用人单位缴纳工伤保险费，对劳动者因工作原因遭受意外伤害或者职业病，从而造成死亡、暂时或者永久丧失劳动能力时，给予职工及其相关人员工伤保险待遇的一项社会保险制度。

4．失业保险

失业保险制度，是指国家为失业而暂时失去工资收入的社会成员提供物质帮助，以保障失业人员的基本生活，维持劳动力的再生产，为失业人员重新就业创造条件的一项社会保险制度。

5．生育保险制度

生育保险制度是指由用人单位缴纳保险费，其职工或者职工未就业配偶按照国家规定享受生育保险待遇的一项社会保险制度。

【案例聚焦】 生育医疗费用待遇　一人缴费夫妻共享

小李和小张高中毕业后一起考到了北京的一所大学，在大学时代成为情侣。两个人毕业后都留在了北京工作，并且结了婚。但是小李没有找到能够解决户口的单位。工作了几年，小李的单位都没有办法为其缴纳生育保险。因为担心高额的生育费用无法报销，小李和小张一直都不敢生育。现在他们所盼望的就是哪一天小李的单位能够给她缴纳了生育保险，那样他们就能够生下自己的宝宝。

其实，《社会保险法》规定，职工应当参加生育保险，由用人单位按国家规定缴纳生育保险费，职工不缴纳生育保险费。用人单位已缴纳生育保险费的，其职工享受生育保险待遇；职工未就业配偶按国家规定享受生育医疗费用待遇。所需资金从生育保险基金中支付。

生育保险待遇包括生育医疗费用和生育津贴。该条规定将未就业的职工配偶纳入生育保险，改变了原有生育保险只保参保人员的做法，充分体现我国社会保障制度是要保障公民在年老、患病、工伤、失业、生育等情况下依法获得物质帮助权利的建制本意。在本案中，小张和小李的担心显然是多余的。

11.2.3　社会保险费征缴

《社会保险费征缴暂行条例》第六条规定，社会保险费实行集中、统一征收。社会保险费的征收机构由省、自治区、直辖市人民政府规定，可以由税务机关征收，也可以由社会保险经办机构征收。所谓统一征收，是指在一个统筹地区内，由一个机构负责全部五项社会保险费的征收。

1．关于个人社会保险登记的规定

（1）职工由用人单位代为办理个人社会保险登记。用人单位应自用工之日起 30 日内为其职工向社保经办机构申请办理社会保险登记。用人单位未办理社保登记的，由社保经办机构核定其应当缴纳的社会保险费，这是本法的新规定，对此，《社会保险费征缴暂行条例》只规定了罚款。实践中，社保经办机构可以通过查阅用人单位职工名册、工资表等资料，获取该用人单位有关职工人数、工资总额等数据，核定其应当缴纳的社会保险费。

（2）灵活就业人员自行办理个人社会保险登记。自愿参加社会保险的无雇工的个体工商户、未在用人单位参加社会保险的非全日制从业人员以及其他灵活就业人员，应当自行办理社会保险登记。

（3）个人社会保障号。个人社会保障号即公民身份号码，即身份证号码，由 18 位数字组成，前 6 位为行政区域代码，第 7~14 位为出生日期码，第 15~17 位为顺序码，第 18 位为校验码。

2．社会保险费的缴纳

（1）用人单位缴费。用人单位应当根据职工人数和缴费工资基数增减变化等情况，在每月规定日期前，向社会保险费征收机构报送社会保险费申报表，代扣代缴明细表以及其他有关资料。在完成自行申报后，用人单位应当按申报的数额按时足额缴纳社会保险费。

社会保险费非因不可抗力等法定事由不得缓缴、减免。所谓不可抗力，是指自然灾害、战争、经济危机等用人单位不能避免和控制的造成用人单位无法按时足额缴纳社会保险费的客观因素。如果用人单位因为经营不善、管理混乱等自身原因导致无法按时足额缴纳社会保险费的，不得缓缴、减免。

（2）职工缴费。职工个人应当缴纳的社会保险费由用人单位代扣代缴，用人单位应当按月将缴纳社会保险费的明细情况告知职工本人。代扣代缴是用人单位的法定义务，用人单位不得拒绝代扣代缴，也不得转由职工自行缴纳。同样，缴纳社会保险费也是职工的法定义务，职工不得拒绝用人单位依法代扣代缴社会保险费。

（3）灵活就业人员缴费。灵活就业人员，可以直接向社会保险费征收机构缴纳社会保险费。灵活就业人员缴纳社会保险费应当按照国家规定的标准，根据自己的收入水平，量力而行，同样需具备连续性、长期性。

3．相关责任

（1）关于社会保险费征收机构义务的规定。

1）依法征收义务。征收机构的所有征收行为必须有法律、法规依据，并且按照法律、法规规定的原则、标准和程序进行，不得超越职权、多征、少征或者违法法定程序征收。

2）按时征收义务。社会保险费的征收既不能提前，也不能拖延，而应在规定的时间内及时征收。

3）足额征收义务。社会保险费的征收既不能超过应缴数额，也不能少于应缴数额，而应严格按照依法确定的应缴数额征收。

4）告知义务。征收机构应当按照规定定期将缴费情况以书面形式告知用人单位和个人，不得拖延或者隐瞒情况。缴费单位和个人也有权按照规定查询缴费记录；社保经办机构征收社会保险费的，应当至少每年向缴费个人发送一次个人账户通知单，至少每半年向社会公告一次社会保险费征收情况，接受社会监督。

（2）用人单位未按时足额缴纳社会保险费的情形。

1）责令限期缴纳或者补足。用人单位未按时足额缴纳社会保险费的，社会保险费征收机构首先应当责令其限期缴纳或者补足。由用人单位自己改正违法行为，履行法定义务，是社会成本最小的处理方式。征收机构不能随意省略这一程序，剥夺用人单位自己改正的机会。

2）查询存款账户。社会保险费征收机构责令用人单位限期缴纳或者补足，用人单位逾期仍未缴纳或者补足社会保险费的，征收机构可以向银行和其他金融机构查询用人单位的存款账户。对于社会保险费征收机构依法进行的查询，银行和其他金融机构应当予以配合，及时提供用人单位存款账户信息，不得拒绝、拖延。

3）请有关部门划拨社会保险费。用人单位在银行和其他金融机构的存款账户有余额的，社会保险费征收机构可以申请县级以上有关行政部门做出划拨社会保险费的决定，书面通知其开户银行或者其他金融机构划拨社会保险费。目前，只有税务机关、海关等有权采取划拨的强制执行方式。行使划拨权必须依法进行，首先由征收机构向县级以上有关行政部门提出申请，县级以上行政部门经审查认为符合条件的，做出划拨社会保险费的决定，并书面通知其开户银行或者其他金融机构划拨社会保险费。

4）要求用人单位提供担保。用人单位在银行或其他金融机构的存款账户余额少于应缴社会保险费的，社会保险费征收机构可以就该账户余额申请县级以上有关行政部门做出划拨社会保险费的决定，并书面通知其开户银行或者其他金融机构划拨社会保险费。对剩余的社会保险费，征收机构可以要求该用人单位提供担保，签订延期缴费协议。用人单位在延期缴费协议规定的期限内未履行缴纳社会保险费义务的，征收机构可以根据延期缴费协议的规定，对用人单位用于担保的财产依法进行处置，以处置所得抵缴社会保险费。

5）申请人民法院扣押、查封、拍卖。用人单位未足额缴纳社会保险费且未提供担保的，社会保险费征收机构可以申请人民法院启动强制执行程序。人民法院经审查认为符合条件的，可以做出扣押、查封决定，将用人单位相当于应缴社会保险费的财产予以扣押、查封，并可以将扣押、查封的财产依法进行拍卖，以拍卖所得抵缴社会保险费。

11.2.4　社会保险基金

1．社会保险基金的类别

按照一个社会保险险种设立一个独立基金的原则，分别有职工基本养老保险基金、职工基本医疗保险基金、工伤保险基金、失业保险基金和生育保险基金。

2．社保基金的财务规则

（1）分别建账、分账核算。各项社会保险在保险目的、覆盖人群、筹资模式、运行模式、支付项目等方面不尽相同，应彼此保持相对独立性，分别建立账户，分别设置会计科目和编制会计报表，原则上不允许各社保基金之间调剂使用。

（2）执行统一的会计制度。社保基金关系到巨额资金，必须规范财务行为，执行统一的会计制度，规范基金收支行为，才能使社保基金的运行情况让人一目了然，更好地接受监督和检查，也能切实加强对社保基金的管理，维护参保人的合法权益。

（3）专款专用。社保经办机构、社保行政主管部门乃至各级人民政府及其工作人员，都不得违反社保基金专款专用的基本原则。社保基金主要用于社会保险待遇支出，除了有关国家规定的支持项目外，一律不得支出。除了依照法律法规规定做一定的投资运行外，不得挪作他用，更不得侵占。

3．社保基金的统筹层次

社保基金的统筹层次越高，基金的规模和调剂使用的范围就越大。社保基金统筹层次低是我国社保制度存在的突出问题之一。目前，除基本养老保险基金多数地方做到省级统筹外，其他四项社保基金的统筹层次很多还处于县市一级，全国共有一万多个相对独立的社保基金，背离了社会共济的社保基本原则。

提高统筹层次，可以整合机构，发挥整体优势，降低运行成本。但提高统筹层次不是要实行一个待遇标准，在一个省内经济发展水平不同地区之间的待遇标准可以有所差异。提高社保基金的统筹层次存在客观障碍，最大的障碍来自财政分灶吃饭问题，一旦提高统筹层次，必然会上收基金收入，形成“富帮穷”，一些基金结余较多的地方会有抵触情绪。

4．收支平衡

社保基金收入主要有社会保险费缴纳、国家财政补助和基金收益。支出主要是社会保险待遇支出。社保经办机构的运行成本、管理成本由财政负担，不属于基金支出项目。为保证收支平衡目标的实现，应当通过预算手段，事先做出征缴计划、财政补助及其他资金来源计划，同时做出社会保险待遇支出计划及其他法定支出计划，使收支情况一目了然。

【相关提示】

（1）收支平衡是指每项社保基金的收支平衡，进而实现整个社保基金的收支平衡。

（2）收支平衡主要是对实行现收现付制的社保基金提出的。我国职工基本医疗保险、工伤保险、失业保险和生育保险都实行现收现付制，当期收入用于当期支出，收支平衡是其应有之义。职工基本养老保险实行部分积累制，统筹部分实行现收现付，需要做到收支平衡，而个人账户部分实行积累制度，不用于当期支付，而是储蓄式积累，待参保人达到退休年龄后按月发放给参保人本人。个人账户的收支并非同步发生的，而是参保人年轻时缴费与年老时享受待遇之间的收支平衡。

5．政府补贴

社会保险制度是国家建立并强制缴费的制度，应当由国家信用来担保社会保险制度的正常运行。社会保险基金一旦发生支付不足，出现支付缺口时，应当由财政予以补贴。财政兜底责任，应当主要由统筹地区政府财政承担。

6．社保基金按照统筹层次设立预算

我国国家预算实行一级政府一级预算体制，分别设立中央、省、市、县、乡五级预算。由于各项社保基金的统筹层次不一，在不同行政区域内形成大大小小的基金，有的是县统筹，有的是地市统筹，有的是省内统筹，故社保基金的预算与财政预算层级不是一一对应的，而是由统筹地区设立社保基金预算，在预算中明确统筹地区内各级政府的责任。社保基金预算由统筹地区设立，体现了事权与财权的统一。

各项社保基金按险种规范收支内容、标准和范围，分别编制预算。社保基金预算包括职工基本养老保险、职工基本医疗保险、工伤保险、失业保险、生育保险等，并分别有相应的基金收入预算和基金支出预算项目。编制收入预算应当考虑的因素有统筹地区上年度基金预算执行情况、本年度经济社会发展水平预测以及社会保险工作计划等因素，包括社会保险参保人数、缴费人数、缴费工资基数等。编制支出预算应当考虑的因素有统筹地区本年度享受社保待遇人数变动、近期社会发展状况、社会保险政策调整、社会保险待遇标准变动等。

【相关提示】

社会保险基金专款专用，任何组织和个人不得侵占或挪用。社会保险基金在保证安全的前提下，按照国务院规定投资运营实现保值增值，从而为社会保险基金投资运营奠定了法律基础，明确了提高社会保险基金统筹层次的方向。该法规定，基本养老保险基金逐步实行全国统筹，其他社会保险基金逐步实行省级统筹。

7．社保基金预算制定程序的规定

在预算中，主要涉及预算草案和决算草案的编制、审核、批准等环节及相应权限。根据预算法的规定，预算草案是指未经法定程序审查和批准的政府年度收支计划，编制由具体实施收支计划的部门承担，主要是根据本部门或者本机构的实际情况，拟订本部门或者本机构的年度收支计划。预算草案审核由本级政府财政部门承担，主要是依法对各部门预算初步草案进行审查和汇总，统一编制出本级政府的预算草案。预算草案的批准主要由各级人大负责，使预算草案成为正式预算。决算草案是对本年度预算收支情况的最终反映，一般由财政部门负责编制本级政府决算草案，经本级人民政府审核后，报同级人大批准。

依据国务院《关于试行社会保险基金预算的意见》的规定，统筹地区的社保基金预算草案由社保经办机构编制，在税务机关征收社会保险费的地区，由社保经办机构与税务机关编制，本级政府人力资源和社会保障部门作为主管部门，对各险种预算草案进行审核汇总，财政部门负责审核。最后由财政部门和人力资源和社会保障部门联合报本级人民政府审批。

8．社保基金保值增值

（1）按照国务院规定投资运营。投资运营必然存在市场风险，甚至亏损风险。因此为了保证基金安全，最大限度降低市场风险。国家对社保基金能够投资运营以及如何投资运营有一个发展的过程。目前，有关部门正在积极研究起草个人账户其他部分的投资运营管理办法，通过规范和建立投资运营机制，促进基金的保值增值。

（2）禁止性规定。

1）不得违规投资运营。国家对于投资运营的资金、运营方式、运营主体、投资渠道和结构等都有严格要求，为最大限度降低投资风险，必须严格按照国家规定通过稳健渠道投资运营，不得以任何形式违规投资运营。

2）不得用于平衡其他政府预算。社保基金是专项资金，专款专用，单独核算，不能与财政资金混同。政府预算中有政府公共预算、政府性基金预算、国有资本经营预算以及社会保障基金预算，各级政府不得将社保基金用于平衡其他政府预算。

3）不得用于兴建办公场所和支付经办机构运营费用。办公场所的修建应当符合国家规定标准，其资金来源应当是财政专项资金。经办社会保险有一定的费用支出，包括办公场所、人员经费、基本运行费用、管理费用等。为了保证基金的完整性和安全性，也体现政府办社会保险制度的特点，我国多个文件明确社保经办机构的运行费用和管理费用由财政承担。

练　习　题

一、单项选择题

1．用人单位和劳动者已建立劳动关系，但却未同时订立书面劳动合同，用人单位自用工之日起超过1个月不满1年未与劳动者订立书面劳动合同的，用人单位的正确做法是（　　）。

A．无须向劳动者支付经济补偿

B．向劳动者每月支付两倍的工资，并与劳动者补订书面劳动合同

C．无须向劳动者支付经济补偿，但是应当向劳动者支付其实际工作时间的劳动报酬

D．向劳动者支付1年的工资

2．根据《劳动合同法》的规定，以下属于劳动合同必备条款的是（　　）。

A．劳动报酬　　B．试用期　　C．保守商业秘密　　D．福利待遇

3．王某因劳动合同终止而失业，已办理登记并有求职要求，此系王某首次失业，已知王某与用人单位累计缴纳失业保险费满7年。王某领取失业保险金的最长期限是（　　）。

A．6个月　　B．12个月　　C．18个月　　D．24个月

4．张某准备到甲公司应聘工作。如果合同期限为2年，试用期满后第一个月工资为3 000元。该合同下列其他约定正确的是（　　）。

A．试用期为3个月　　B．试用期工资不低于2 400元

C．试用期满后开始计算劳动合同期限　　D．试用期内劳动者可以随时解除劳动合同

5．下列情形中，用人单位不必向劳动者支付经济补偿的是（　　）。

A．用人单位被依法宣告破产终止劳动合同的

B．劳动者主动向用人单位提出解除劳动合同并与用人单位协商一致解除劳动合同的

C．用人单位被吊销营业执照而终止劳动合同的

D．用人单位被责令关闭、撤销而终止劳动合同的

二、多项选择题

1．下列情形中，劳动者提出或者同意续订、订立劳动合同的，除劳动者提出订立固定期限劳动合同外，应当订立无固定期限劳动合同的有（　　）。

A．用人单位与劳动者协商一致的　　B．用人单位初次实行劳动合同制度的

C．距法定退休年龄不足10年的

D．连续订立二次固定期限劳动合同，且没有规定情形的

2．下列情形中，劳动者解除劳动合同，用人单位不得要求劳动者支付违约金的有（　　）。

A．用人单位未按照劳动合同约定提供劳动保护

B．用人单位未及时足额支付劳动报酬

C．用人单位未依法为劳动者缴纳社会保险费

D．用人单位违反法律、行政法规强制性规定

3．根据社会保险法律制度的规定，关于社会保险基金管理运营的下列表达中，正确的有（　　）。

A．社会保险基金专款专用

B．按照社会保险险种分别建账、分账核算

C．社会保险基金存入财政专户，通过预算实现收支平衡

D．基本养老保险基金逐步实行省级统筹，其他社会保险基金逐步实行市级统筹

4．劳动合同解除后，用人单位应当向劳动者支付经济补偿的情形有（　　）。

A．由用人单位提出解除劳动合同并与劳动者协商一致而解除劳动合同的

B．用人单位符合可裁减人员规定而解除劳动合同的

C．用人单位决定提前解散而终止劳动合同的

D．用人单位被依法宣告破产终止劳动合同的

5．下列情形中，属于劳动争议适用范围的有（　　）。

A．因确认劳动关系发生的争议　　B．因变更劳动合同发生的争议

C．因辞退发生的争议　　D．因工作时间发生的争议

三、案例分析题

2013 年 11 月 28 日，上海××生活用品公司与刘某签订劳动合同。尽管××生活用品公司对学历并没有提出要求，但是刘某签约时仍然向该告公司提供了大学英语教育专业本科毕业证书及学位证书。该公司任命刘某为公司培训部副经理，月工资 4 000 元，合同期为 1 年。合同签订当天，刘某开始入职工作。2014 年 3 月 26 日，上海××生活用品公司接到刘某的病假条，请假日期从 2014 年 3 月 26 日至 4 月 1 日。但是 4 月 1 日后，刘某再未到岗工作，也未再与公司联系续假问题。上海××生活用品公司后来经鉴定得知，刘某的毕业证系伪造。上海××生活用品公司据此认为刘某存在欺诈行为，遂于 5 月 1 日向当地劳动争议仲裁委员会申请仲裁，请求裁决确认双方劳动合同无效，并拒绝支付刘某 2014 年 3 月 1 日至 5 月 11 日的工资和与刘某解除劳动合同的经济补偿金。

问题：

（1）上海××生活用品公司与刘某之间的劳动合同是否有效？

（2）用人单位和劳动者在订立劳动合同时应遵循哪些原则？

（3）劳动合同无效的情况下，如何对待劳动者已经在用人单位付出的劳动？

（4）上海××生活用品公司与刘某解除劳动合同是否需要支付经济补偿金？

参考文献

[1] 财政部会计资格评价中心．经济法基础．北京：中国财政经济出版社，2015.
[2] 于雷．市场规制法律问题研究．北京：北京大学出版社，2013.
[3] 刘文华．经济法（第 4 版）．北京：中国人民大学出版社，2012.
[4] 财政部会计资格评价中心．中级经济法．北京：中国财政经济出版社，2011.
[5] 刘文华，孟雁北.经济法练习题集（第 3 版）．北京：中国人民大学出版社，2014.
[6] 赵威．经济法（第 4 版）．北京：中国人民大学出版社，2014.
[7] 李昌麒．经济法学（第 2 版）．北京：法律出版社，2008.
[8] 法律出版社法规中心．经济法学生常用法律手册（2014 应试版）．北京：法律出版社，2014.
[9] 高程德．经济法（民商法）（第 14 版）．上海：上海人民出版社，2009.
[10] 杨映忠．孙顺强．刘新智．经济法．北京：清华大学出版社，2012.
[11] 胡智强．颜运秋．经济法．北京：清华大学出版社，2011.
[12] 于杨曜．董溯战．经济法．上海：华东理工大学出版社，2010.
[13] 陈小燕．物权法研究．北京：人民出版社，2008.
[14] 丁丽瑛．知识产权法专论．北京：科学出版社，2008.
[15] 吴佩江．税法教程新编（第 3 版）．北京：科学出版社，2009.
[16] 林红珍．经济法．上海：立信会计出版社，2012.